中国养老金投资者获得感洞察报告 2023

INSIGHT REPORT ON THE SENSE OF GAIN FOR CHINESE PENSION INVESTORS 2023

中国证券报
深圳数据经济研究院 ◎ 编

新华出版社

图书在版编目（CIP）数据

中国养老金投资者获得感洞察报告 2023 / 中国证券报，深圳数据经济研究院编 .
-- 北京：新华出版社，2024.5
ISBN 978-7-5166-7398-0

Ⅰ . ①中⋯　Ⅱ . ①中⋯ ②深⋯　Ⅲ . ①退休金—投资管理—研究报告—
中国　Ⅳ . ① F249.213.4

中国国家版本馆 CIP 数据核字（2024）第 099773 号

中国养老金投资者获得感洞察报告 2023

著者：中国证券报　深圳数据经济研究院
出版发行：新华出版社有限责任公司
　　　　　（北京市石景山区京原路 8 号　邮编：100040）
印刷：三河市君旺印务有限公司

成品尺寸：210mm×285mm　1/16　　印张：13.75　　字数：300 千字
版次：2024 年 6 月第 1 版　　　　　印次：2024 年 6 月第 1 次印刷
书号：ISBN 978-7-5166-7398-0　　　定价：80.00 元

微店	视频号小店	抖店	京东旗舰店	请加我的企业微信
微信公众号	喜马拉雅	小红书	淘宝旗舰店	扫码添加专属客服

《中国养老金投资者获得感洞察报告》

聚焦全民养老需求　谱写养老金融大文章

肖　钢

由中国证券报和深圳数据经济研究院精心策划并组织编纂的《中国养老金投资者获得感洞察报告》即将付梓。在我国养老金融进入新征程之际，此书既深入分析我国养老金投资管理行业的现状，又从投资者的角度传达了对养老金融未来发展的期待，为市场监管者和参与者提供了有价值的参考。

截至 2023 年底，我国 60 岁及以上老年人口达 2.97 亿，占总人口比重达 21.1%。据预测，到 2035 年中国将进入"重度老龄化社会"，届时 60 岁以上老年人口数量将超过 4 亿。《国家积极应对人口老龄化中长期规划》明确指出，人口老龄化是社会发展的重要趋势，是人类文明进步的体现，也是我国今后较长一段时间的基本国情。中国政府高度重视"养老"问题，并将其作为重点工作内容，以确保所有老年人能够享受到"老有所养、老有所依、老有所乐、老有所安"的优质生活。

2023 年中央金融工作会议强调了养老金融的重要性，并提出了做好养老金融大文章的要求。近年来，我国养老金体系逐步健全，养老金覆盖人数不断增加，养老金总额稳步增长。目前，我国基本养老保险参保人数已超过 10 亿人，累计资金结余超过 8 万亿元，为广大城镇职工和城乡居民提供了稳定的退休收入保障。

2022 年，《个人养老金实施办法》的发布标志着我国个人养老金制度的正式实施，这是我国健全养老金体系道路中的一个重要里程碑。个人养老金制度的实施标志着由国家、企业、个人共同承担养老责任的"三支柱"体系正式形成，为国民提供了多元化、多层级的养老投资选择。2024 年《政府工作报告》指出"在全国实施个人养老金制度，积极发展第三支柱养老保险"，进一步推动个人养老金制度的完善。

结合国际经验和我国国情来看，养老金融的发展不仅需要政策的引导，更离不开社会力量的参与。具体而言，一是要充分发挥金融机构的作用，以市场化方式运作养老金，实现对其保值增值的目标，并为养老产业投融资提供多元化渠道；二是要积极鼓励投资者的参与，既可以增加养老金供给，也能提升投资者未来的养老收入。

重视养老金投资者的获得感对于提高社会资本的投资信心、增加国民养老金积累、提升国民生活幸福感以及促进社会经济健康发展具有重要意义。同时，提升养老金投资者的获得感也能反向促进基金市场发展。通过释放养老金融市场潜能，能为基金市场引入长期稳定的资金来源，并根据养老金投资产品的属性，推动基金市场形成稳健的投资风格和良好的收益表现。

中国证券报作为国内最具权威性的证券媒体，长期以来始终坚守职责，给广大读者提供及时和精准的市场信息，并通过客观报道和深度分析，为投资者提供有价值的决策参考，推动资本市场健康发展。此次中国证券报与深圳数据经济研究院联合全国社会保障基金理事会及十几家拥有养老金投资管理经验的公募基金共同编撰《中国养老金投资者获得感洞察报告》，正当其时，意义深远。编委会积极吸收和借鉴国际经验，并运用定量和定性的分析方法，深入剖析了我国养老金投资市场，为金融机构和养老金投资者总结了诸多有价值的内容，助力养老金融高质量发展。

碧海长空，笃行致远，是为序。

（作者系中国证监会原主席）

助力多层次养老投资　大力提升投资者获得感

徐寿松

2023 年 10 月召开的中央金融工作会议提出，"做好科技金融、绿色金融、普惠金融、养老金融、数字金融五篇大文章"。养老金融的社会价值和战略意义被推至前所未有的新高度。面对日益严峻的人口深度老龄化问题，丰富养老金融产品供给，提高养老金投资运作效率，提升养老金投资者获得感已刻不容缓。

为更好适应和满足国民的养老需求，我国多层次、多支柱养老保险体系在逐步构建，养老投资规模不断扩大，但面临结构发展不均衡、供需结构不匹配、产品创新不足和服务能力较弱等挑战。人社部数据显示，截至 2023 年 12 月，我国基本养老保险（"第一支柱"）参保人数达 10.6 亿；截至 2023 年三季度末，企业年金和职业年金（"第二支柱"）积累基金规模超过 5.2 万亿元，参加人数达 7400 万；个人养老金（"第三支柱"）于 2022 年 11 月 25 日在全国 36 个城市及地区试行，截至 2023 年 6 月底，参加人数达 4030 万，累计缴费总额超 200 亿元。可以看到，尽管我国初步构建了以三大支柱为主的世界上保障规模最大的养老金融体系，但当前我国养老金支出主要依靠第一支柱的基本养老保险基金支出，第二支柱企业年金和职业年金的覆盖率仍较低，而第三支柱发展时间较短，这意味着个人和企业的补充作用不足，尚未形成有效的养老金补充和支持体系。

个人养老金制度建立，有利于推进多层次、多支柱养老保险体系建设，促进养老保险制度可持续发展，满足人民群众日益增长的多样化养老保险需要。从长期来看，个人养老金在投资过程中需要特别注重提高投资收益水平，促进资金保值增值；需要更加关注收益的可持续性和风险的可控性，不断提升个人养老金产品与参加人风险承受水平的适配性，从而更好地服务于个人养老需求。

为进一步推动养老金融的高质量发展，需要继续扩大第一、第二、第三支柱养老金和国家战略储备基金的规模，培育养老金管理机构专业能力，加大产品创新，提升养老金融的运作效率和风险管理能力，提升养老金融投资者的获得感。其中，大力推动第三支柱养老金更好形成市场规模，有助于长期资金不断流入，对更好地发挥多层次、多支柱养老保险体系作用具有重大意义，也可以为资本市场注入长期且稳定的资金，打造资本市场稳健发展的"压舱石"。

作为一家深耕中国资本市场 30 余年的权威财经媒体，中国证券报发挥自身影响力、引导力和传播力，紧密围绕养老金融行业发展重要议题，邀请全国社会保障基金理事会和十多家基金公司及有关专家共同编写了《中国养老金投资者获得感洞察报告》，希望能够从完善养老金制度以及优化养老金资产管理等多个方面建言献策，助力发展多层次、多支柱养老保险体系，切实提升养老金投资者的获得感，共同拥抱养老金融发展的大时代。

（作者系中国证券报有限责任公司党委书记、董事长、总编辑）

守护"银发一族" 传递金融温度

截至 2023 年末,我国 60 岁及以上人口占全国人口的比重达 21.1%,其中 65 岁及以上人口占全国人口比重为 15.4%,标志着我国已进入老龄化社会。习近平总书记在党的二十大报告中明确提出,实施积极应对人口老龄化国家战略,发展养老事业和养老产业,推动实现全体老年人享有基本养老服务。积极应对人口老龄化,扩大基本养老服务覆盖面,提升老年群体的获得感、幸福感、安全感,对实现我国经济社会的可持续和高质量发展具有重大意义。

当前,我国已经建立了三支柱的养老保障制度,基本养老保险的参保人数突破 10 亿,已积累养老金规模超 6 万亿元。如何实现养老金资产的保值增值,提升养老金的管理水平和配置效率,构建兜底性、普惠型、多样化的养老服务体系,满足老年人不断增长的多层次养老需求,是进一步完善我国养老制度体系、做好养老金融这篇大文章的主要着力点。《中国养老金投资者获得感洞察报告》旨在对养老金投资的来源、运作机制以及相关政策法规进行全面解析,提升各方主体对养老投资体系的认识,为进一步健全和完善我国养老保障体系提供参考。

《中国养老金投资者获得感洞察报告》从养老金融的基本概念出发,结合我国养老投资体系的发展和改革历程,对我国养老投资的管理模式、资产配置和收益情况进行深入分析,并在此基础上总结当前养老投资体系的特点和有待完善之处。部分海外国家的养老制度建设起步较早、发展时间较长,目前已经形成了较为成熟的养老保障体系,其中不乏值得学习和借鉴的地方。本书选取了美国和澳大利亚作为三支柱养老金体系的典型代表,对其机制设计、行业监管和政策支持等情况进行梳理,以期为我国的养老制度建设提供借鉴。

此外,个人养老金作为第三支柱的重要组成部分,对健全多层次、多支柱养老保险体系具有重要意义。《中国养老金投资者获得感洞察报告》对个人养老金的产品和市场运营情况进行了重点分析,勾勒出中国个人养老金投资者的基本画像,对完善个人养老金的产品和市场机制、提升个人养老金投资参与率具有重要的借鉴意义。

新征程中,实施积极应对人口老龄化国家战略,需要各方主体的共同参与和努力,形成共建共治共享的老龄社会治理共同体。希望《中国养老金投资者获得感洞察报告》能够成为各界关注养老金融发展、参与养老保障体系建设的重要参考,为推动我国养老金融事业迈向新的发展阶段贡献力量。让我们携手同心,共同打造老有所养、老有所安的美好未来!

普惠金融和养老金融是公募基金高质量发展的根本遵循

《关于加强证券公司和公募基金监管加快推进建设一流投资银行和投资机构的意见（试行）》中指出，"落实好科技、绿色、普惠、养老、数字金融等'五篇大文章'的战略布局"。其中，普惠金融和养老金融的大文章，充分体现了以人民为中心的价值取向，代表了人民大众财富管理的需求。我们认为，对公募基金而言，这既是高质量发展的根本遵循，也是"考卷"。

养老事业关乎国计民生，养老金融带有普惠属性。在做好普惠金融和养老金融方面，公募基金亦面临困难和挑战——一是基金持有人盈利体验不佳，获得感不强；二是随着经济增速中枢下行、市场波动加剧，投资收益面临挑战，同时客户对基金管理净值波动的能力提出更高的要求；三是养老金融亟待发展，养老金融工具亟待丰富。

江向阳
博时基金管理有限公司董事长

公募基金是面向个人投资者和中小投资者的普惠金融产品，具有监管严格、运作规范、信息披露透明、起投门槛低、申购赎回便捷等优势，服务养老投资一直是基金公司重要的服务内容。公募基金要以投资者为本，着力提升公司研究能力和股票定价能力，着力提升多资产配置能力和风险管理能力，着力提升客户服务能力，持续为投资者创造更多价值。

通过此次参与中国证券报的养老金投资课题研究，博时基金梳理了养老金的投资模式、发达国家在养老金投资方面的运作经验，以及中国养老金投资的特点与情况，希望与同人一道，着力打造"以投资人为核心"的行业生态，坚定把握金融工作的政治性和人民性，充分发挥金融机构的功能性和专业性，做好普惠金融和养老金融，在助力提高投资者获得感的道路上行稳致远。

寄语

迈入养老金投资管理3.0时代

今年的政府工作报告提到，2024年要在全国实施个人养老金制度，积极发展第三支柱养老保险。人社部近期也表示，在36个城市及地区先行实施的个人养老金制度，运行平稳，先行工作取得积极成效，下一步将推进个人养老金制度全面实施。时不我待，我们欣喜地看到，伴随资管行业多年来积累的经验，我国个人养老金业务起步平稳，即将迈入高质量发展的新阶段。

因应个人养老金业务发展的大趋势，在对市场趋势、竞争格局、自身禀赋的充分思考以后，招商基金明确了"做强第一支柱、做大第二支柱、做有特色的第三支柱"的战略目标，在每一个养老金融细分领域中充分发挥自身优势。在此基础上，我们在全市场率先提出了"迈入养老金投资管理3.0时代"

徐 勇
招商基金管理有限公司总经理

的发展方向，即养老金融规划和养老解决方案能力为核心竞争力的时代——以养老金客户最终退休的待遇领取目标为核心，在充分计算客户第一、第二支柱替代率的基础上，打通三个支柱为客户提供养老金融规划，构建客户养老金融配置组合，提供一揽子投顾服务及相应解决方案。

这两年，我们进一步加强养老金投研体系建设。广义的养老金投资管理能力应当是"资产配置能力＋类属资产投资能力"的结合体。我们一是加强公司大投研平台对养老金投资支持的同时，为养老金投资部门引进了多位专职资深研究员，从养老金自身特性出发为投资经理提供更适配的深度研究支持。二是在原有七大产业链研究小组的架构上设置资产配置研究小组，同步为养老金投资部门引进专职资产配置研究人员，强化了资产配置研究力量对养老金投资的支持。三是加强体系化的风险控制与纪律约束，通过系统化控制保障投决会对资产配置、行业配置、个股配置的决策执行到位，降低波动风险的同时提升组合业绩一致性。四是加强养老金组合业绩精细化管理，强化客户服务部门、风控评估部门、投资管理部门的沟通与协调，定期回顾组合业绩，制定分级管理预案，确保组合管理精细有效。

这两年，我们深入触达养老金投资管理的客户需求，进一步升级养老金融客户服务体系。

打造并推出涵盖三个支柱的招商基金养老金融业务子品牌，统合原有三个支柱业务的品牌形象沉淀和内含，全新推出了以"养老有招"为核心的品牌宣传与服务体系。同时，着力提升客户服务团队专业性，通过业务培训、专业学习等形式增强一线业务人员对组合投资的专业认知程度，尝试建立各类组合分级管控预案，对不同情况的组合采用投资、销售、投后、风控协同小组监控并提出解决方案。

为更好地给公司养老金融业务长远发展积蓄力量，我们从投资管理能力、业务发展模式、客户服务体系等维度做了一些尝试，也取得了一定的效果。对招商基金来说，养老金融过去是，未来也将持续是公司战略规划中的重要一环，我们希望立足长远，肩负起基金行业普惠金融、回馈社会的重大使命。我们也期待与各方一起形成合力，用传承接续过往，用变革迎接机遇，用突破构建生态，共同拥抱养老金融发展的大时代！

寄 语

帮助投资者既能"养老"更能"享老"

让人们优雅地老去，是一个时代最大的善意。面对人口老龄化，政府实招硬招不断落地，既利当前，又惠长远。"养老科技"首次写入政府工作报告，"养老金融"写入五篇大文章。养老既是人生大事、家中要事，也是社会大事、国之大者。中国构建养老金融生态圈的步伐积极而稳健。

所当乘者势也，不可失者时也。老龄化和长寿时代带来了前所未有的挑战，也带来了万亿级养老的新蓝海，为公募基金注入了更多可为空间。作为服务养老第三支柱的重要力量，公募基金有望发挥自身优势，更好地发挥普惠金融、服务养老保障事业的积极作用。我国公募基金在养老金投资管理方面已深耕20余年，积极全面参与了各类养老金资金的投资管理，是我国养老金市场化投资管理的主力军。建设好养老金第三支柱，是时代赋予公募基金的新使命。

养老金是百姓安心养老的物质保障，是社会可持续发展的财富基础。南方基金积极参与养老金融建设，为

杨小松
南方基金管理股份有限公司总经理

行业发展建言献策。作为拥有养老金投资管理"全牌照"的基金公司，南方基金在各项养老金投资管理业务上持续深耕，形成了包含全国社保、基本养老、企业年金、职业年金和公募养老产品在内的养老资产管理体系，管理的各类养老资产规模位居行业前列。截至2023年底，南方基金养老金资产规模突破6500亿元，基金公司养老金管理规模排名跃居第三位，职业年金覆盖全国，企业年金飞速发展。2014年至2023年，南方基金企业年金单一含权组合收益率全行业排名第三，企业年金管理规模突破2000亿元大关。我们着眼于服务国家养老体系建设，站在公司战略全局的高度，搭建完善的养老金服务团队，致力于为客户创造长期可持续的价值，助力养老事业高质量发展。

初心不与年俱老，奋斗永似少年时。"银发"浪潮方兴未艾，我们深感责任之重、期盼之切。南方基金将以党的二十大精神为纲领，贯彻金融服务实体经济的宗旨，坚持"为客户持续创造价值"的使命，深刻把握金融工作的政治性、人民性，帮助更多中国投资者既能"养老"更能"享老"，以高质量、可持续的资管能力助力国民养老体系的发展。

寄 语

强化养老金投资管理的核心能力

2024 年是个人养老金制度由试点向全国推广的关键一年，今年的政府工作报告明确提出了"在全国实施个人养老金制度"。

个人养老金制度是发展第三支柱的关键一步，对于改善我国养老体系"第一支柱独大，第二、第三支柱覆盖不足"的现状具有重要意义。制度实施一年来，个人养老金的开户人数超过 5000 万，可供选择的个人养老金产品达 739 只。

开局之年取得积极进展的同时，我们也注意到，个人养老金制度试点运行中的开户人数、缴存人数、投资人数三者的绝对数量还有着较大的发展空间。背后所反映的焦点和难点，包括政策惠及面积较小、养老金融产品创新不足、养老投顾服务普遍缺位、居民养老意识有待唤醒等。现阶段个人养老金在投资体验感和获得感上，还有着相当的提升空间。

高 阳
天弘基金管理有限公司总经理

公募基金作为中国养老金发展的重要参与者，发挥资产端、负债端的双重功能参与第三支柱，助力养老体系的稳妥完善与平稳发展，责无旁贷。

在资产端，公募基金要强化养老金投资管理的核心能力，推动资产配置和收益来源多样化，力争实现长期可观的业绩回报；要强化产品供给能力，完善养老产品线，布局不同持有期限、不同风险收益特征的产品，并围绕投资者多样化的养老需求，持续推动产品创新。

在负债端，公募基金要持续发力养老投顾业务，为投资者提供全流程的账户管理和全生命周期的客户陪伴；要综合运用线上、线下等各种方式，开展投资者养老金融教育，向更多老百姓科普养老知识。

《中国养老金投资者获得感洞察报告》系统地向投资者展示了养老金融市场的全貌，并以"获得感"为主题，以客户视角出发，揭示了行业发展的现状、规律与方向。作为报告的参与方之一，天弘基金提供了基于客户真实行为的分析与观点，提出了"以识别个人风险承受能力"为核心的养老投资理念，希望能有助于提高投资者对于养老金融的认知与信任。

期待未来和各行业伙伴勠力同心、携手同行，共同做好养老金融这篇大文章。

寄 语

为每一份托付全力以赴

养老服务关乎个人及家庭福祉，是民生保障体系最重要的内容之一，推动养老服务高质量发展是积极应对人口老龄化的重要举措。过去十年，我国养老服务领域取得了非凡成就，制度框架日益健全、服务体系日臻完善。尤其是 2022 年 11 月，个人养老金制度正式落地，标志着我国多层次、多支柱养老保障制度框架基本形成。

万家基金作为专业资产管理机构，长期关注国内养老金制度及养老金资产管理业务的发展，把养老金业务作为公司战略发展的重点。2018 年下半年至 2019 年，公司专注养老方向的产品开发和政策研究，获准首批设立养老目标基金，并作为基金行业代表之一，参与了人社部组织的第三支柱制度建设课题组，为个人养老金制度建言献策。同期，公司发布特

方一天
万家基金管理有限公司董事长

色养老子品牌——"家养老·时光不负每一次投入"，聚焦养老投教与服务。2020 年至 2021 年，公司深入研究养老金业务流程，深刻理解养老金投资理念，专注于投资管理能力的持续提升，为养老金资产管理奠定了坚实基础。2022 年，个人养老金制度正式落地，公司旗下全部四只养老目标基金产品均入围首批个人养老金基金名录。2023 年公司协办第九届全国社会保障学术大会养老金分论坛，与养老业界专家学者共同探讨"多层次养老体系建设与结构优化"相关话题，助力养老体系高质量发展。我们以"为万千投资者提供专业养老金融服务"为使命，致力于以专业的投资能力为持有人个人养老贡献力量。

作为成立逾 21 年的老牌公募基金管理公司，万家基金已形成具有较强市场影响力的主动权益、固定收益、量化投资和组合投资四大业务线，产品齐全、业绩优异。截至 2023 年末，旗下主动管理权益类基金近十年、近七年业绩在全市场公募持牌机构中排名前十；主动管理固收类基金近五年业绩在固收中型基金公司中排名前三；量化指数增强基金业绩持续领先，特色指数产品丰富多元；组合投资基金业绩稳健，养老产品丰富多样。公司资产管理规模超过 4000 亿元，非货币基金管理规模近 1600 亿元，在全市场 156 家公募持牌机构中排第 28 名，累计服务投资者

近 5400 万，近年来三度问鼎"金牛基金管理公司"，两度获评"最受信赖金牛基金公司"，并荣获 2022 年度"逆向销售金牛奖"等在内的 20 座金牛奖。

笃志前行，虽远必达。养老金投资需坚持长期投资的理念，万家基金将矢志不渝，为每一份托付全力以赴，为更多投资者养老金的保值增值贡献一份力量。

寄 语

共创养老金融新生态

　　2023年11月，个人养老金制度迎来落地一周年。一年来，在社会各方的共同努力下，个人养老金制度有序运行，个人养老金产品稳定扩容，已成为满足民众养老需求的重要途径。根据国家社会保险公共服务平台数据，截至2023年末，市场共有753只个人养老金产品，其中包括储蓄类465只、基金类162只、保险类107只、理财类19只，养老金融市场在不断壮大和规范发展。

　　养老金融作为"五篇大文章"之一在中央金融工作会议上被正式提出，也是第一次作为国家金融重点工作被提到，其重要意义和深远影响不言而喻。推动个人养老金发展是增强人民群众获得感、幸福感、安全感的重要举措，关乎每位投资者的切身利益，是一项利国利民的长远战略。对于投资者来说，要在充分了解自己的资产配置需求、风险承受能力

生柳荣
建信基金管理有限责任公司
党委书记、董事长

以及资金属性特征的基础上，设定合理的投资预期，并有坚持长期持有、价值投资的理念，进而配置不同的养老投资产品。

　　经过长期实践，公募基金形成了公开透明、运作规范、投资专业、产品丰富的特点，与个人养老金普惠性的定位以及着眼长期的理念相一致，可以为投资者提供不同风险收益特征、不同投资策略的养老投资产品。Wind数据显示，截至2023年末，已设置Y份额的养老目标基金产品达到180只，总规模约58亿元，个人养老金基金已初具规模，但在投资者参与度、缴费投资率等方面还有进一步提升空间。从另一个角度看，这也表明个人养老金的发展空间非常大。对于一项新事物，需要稳中求进，合理引导，政策鼓励，专业运作。

　　养老投资是一场长期旅程。当下，发展养老第三支柱是资管机构的重要使命和重大机遇。建信基金始终致力于打造"投资—投顾—投教"一体化的养老服务解决方案，形成养老服务闭环，建设全链条的养老服务生态，切实帮助投资者解决养老投资痛点。我们有幸参与此次课题研究，从养老投资、养老投顾、养老投教三个部分对个人养老金投资相关内容进行系统性梳理和总结，

希望帮助投资者唤起"长时间周期养老"意识。

　　莫道桑榆晚，为霞尚满天。在人口老龄化程度不断加深、个人养老金制度持续完善、居民养老投资理念日益提升的背景下，未来个人养老金发展潜力巨大。值得关注的是，经过两年的探索，建设银行已初步建立起"1314"养老金融服务体系，作为国有大行集团一员，建信基金愿与优秀同业一起，共建养老金融服务体系，共享养老金融发展机遇，共创养老金融新生态，有效地推动个人养老金业务的高质量、可持续发展，为助力亿万老百姓"老有所养"积极贡献力量。

寄 语

以全球化视野构建养老投资管理体系

近年来，随着个人养老金顶层制度设计文件——《关于推动个人养老金发展的意见》颁布，一系列配套政策出台，中国个人养老金平稳落地，个人养老金领域也迎来了高质量发展阶段。

2023年底的中央金融工作会议，首次将"养老金融"作为"五篇大文章"之一；2024年1月，国务院办公厅1号文件《关于发展银发经济增进老年人福祉的意见》出台；2024年政府工作报告提出，在全国实施个人养老金制度，积极发展第三支柱养老保险。这些顶层设计进一步引发了社会各界对"养老"这一重要民生话题的持续关注。站在中国养老金融发展的重要历史节点之上，我们肩负的使命不仅是要对财富进行卓有成效的管理，更是应当本着"安不忘虞"的意识，为亿万国民的晚年生活谋福祉。

王琼慧
摩根基金管理（中国）有限公司
首席执行官

经过25年的发展，公募基金以普惠金融的定位、多元资产配置的能力以及管理规范透明的特征，逐步获得了一批有一定风险承受能力的投资者的认同。未来，在养老财富管理中，公募基金也将承担投资人养老规划的重要使命。摩根资产作为扎根中国的全球大型资产管理公司，有责任发挥自己的专业优势，为中国的养老财富管理事业贡献力量。我们依托外方股东的强大资源优势，从2019年起就开始积极开拓养老产品线，打造实力养老投资及业务团队，以全球化的投资视野和组织架构来构建养老投资管理体系，同时在执行中注重本地化调研，致力于为投资者提供更接地气的养老解决方案。

养老金管理不仅要"投"，也要做好"顾"。摩根资产秉持"因民之所利而利之"的理念，以广大用户需求为导向，不断提升服务质量，旨在让更多普通投资者享受到专业、便捷的养老投资服务。此外，我们也一直高度重视投资者陪伴，积极举办面向社会的养老理财普及宣传，希望在我们的不懈努力下，与社会公众一同提升对养老财富管理的认知。

展望未来，摩根资产将发挥全球视野的特色，积极响应并践行国家养老政策，借助丰富的资产管理经验，通过多元化的资产配置和严格的风险控制，助力广大投资者实现养老财富的保值增值，让"老有所养、老有颐养"成为现实。

着力提升长期养老投资体验

公募基金作为重要的机构投资者，在资本市场改革发展中发挥着日益重要的作用，同时作为普惠金融的重要一环，公募基金也承载着提升居民财产性收入、帮助居民实现养老等长期投资需求的重要责任。

从海外市场的发展历史来看，养老金作为稳定的长线资金来源之一，是推动资本市场长期稳定高质量发展的基石。而公募基金行业作为市场承上启下的关键环节，既肩负着服务好居民长期养老需求的功能，也承担着将养老资金妥善服务于中国经济发展的重任。或者说，为居民提供优质的长期养老投资服务，与通过长期价值投资推动中国经济实现高质量发展，是养老金管理的一体两面。只有不断深入开展"合规、诚信、专业、稳健"的公募基金

李选进
汇丰晋信基金管理有限公司总经理

行业文化建设，提升投研能力，严格控制投资过程中的风险，着力提升投资者获得感和投资体验，公募基金行业才能更好地服务于养老等居民长期投资需求，吸引更多长期资金持续入市，推动资本市场、资管行业和中国经济的持续良性发展。

过去 17 年里，汇丰晋信基金已经通过旗下的 2016 生命周期基金和 2026 生命周期基金两款养老目标型产品验证了养老投资在国内市场长期可行。未来汇丰晋信基金希望继续发挥自身优势，通过将海外成功经验与中国本土实践的不断融合，携手全行业一起，为投资人提供更多优质养老投资工具，全心全意为人民服务，支持实体经济，促进共同富裕，坚持高质量发展，以长期投资，汇见美好未来。

目 录

第一章
养老金融概述

引 言

  养老金融是一种新兴服务方式，将金融与养老相结合，旨在为社会成员的养老需求提供金融支持和服务。

  养老金融的发展历程与现代养老金体系的构建密不可分。从古罗马起源的养老金制度，到德国俾斯麦时的基础养老金制度，再到美国通过《社会保障法》建立的现代养老金基础，以及世界银行提出的"三支柱"方案，养老金投资发展经历了漫长而丰富的历程。不同国家的养老金体系各具特色，形成了多样化的养老金管理模式。

  养老金投资者获得感的提升，不仅符合国家重大战略部署，构建养老保障体系，也有助于社会可持续发展和经济稳定增长。通过增强投资者信心与积极性，推动第三支柱养老金市场发展，形成更有效的养老金补充与支持体系，可以实现老年生活保障和经济发展的双赢。

一、养老金融概念

（一）养老金融的内涵

随着我国人口老龄化程度不断加深，养老问题已成为社会关注的焦点，金融在养老产业所起到的融通作用愈加重要。国内的养老金融作为一种新兴的金融服务方式应运而生。养老金融可以被认为是一个金融与养老相结合、通过金融手段为养老服务的概念体系，是指为了应对老龄化挑战，围绕社会成员的各种养老需求所进行的金融活动的总称。养老金融的目标是通过制度安排积累养老资产，同时实现保值增值。

养老金融主要包括两方面：养老金制度和养老金资产管理。养老金制度是指由国家政府出台的一种退休养老的福利制度，当特定公民符合退休条件并申请退休后可以获得以货币形式支付的一种待遇，用于保障公民在退休后的基本生活需要。而养老金资产管理指的是通过金融手段为养老金积累资产、实现保值增值。养老金资产管理的主要方式包括投资建设养老社区、融资支持养老产业、优化适老服务等。

（二）养老金融的定义

1. 养老金融的普适性定义

养老金融是指与养老金相关的各种金融活动，包括养老金的筹集、管理、投资和支付等，即养老金金融。它涉及个人、企业和政府在为老年人提供退休后经济保障方面的一系列金融产品和服务。养老金融的目的是确保人们在退休后能够获得稳定和足够的收入，以维持其生活质量。这也是当前大多数国家针对养老问题所提供的措施。1994年9月，世界银行在《防止老龄危机——保护老年人及促进增长》报告中首次详述了养老金融的"三支柱"框架，强调养老责任应当由政府、企业和个人三方面共同分担。目前，该框架已被广泛接受，并构成了多数国家养老金融体系的基础。

第一支柱的宗旨是确保退休人员的基本生活需求得到满足。它的核心职责是建立并执行基本养老金制度，又称公共养老金（Public Pension Plans），是"三支柱"体系的基石，由政府直接运营管理，并且通常是强制性的。此类养老金的缴费由企业和员工按照一定比例共同承担，是员工薪酬的组成部分，也是退休后的收入来源之一。根据员工和企业的贡献（缴纳费用）和缴纳年限为定价基础，每个月以现金支付的形式向退休员工进行支付的制度。其主要目标是确保退休人群能够获得稳定的收入，以保障生活需求。在中国，这种养老金以基本养老保险的形式出现，是社会保险基金里的五大险种之一。

第二支柱指的是企业年金，也称职业养老金（Occupational Pension Plans），是一种补充性养老金，一般是由企业在基本养老保险的基础上自主建立的补充养老保险制度，其目的是提高员工退休后的收入水平，是员工福利的一部分。这类年金计划通常由第三方机构管理或企业内部的年金理事会负责，允许市场化投资运作。员工可选择在退休时一次性领取或分期领取。由于企业年金通常在税前扣除，所以这部分资金享有税收优惠。

第三支柱则是个人养老金（Private Pension Plans）。与前两种养老金不同，个人养老金的缴纳通常完全由个人承担，由金融机构设立专门的个人养老金账户并提供产品和服务，由个人自主管理的养老储蓄计划。该计划在资金管理上展现出较高的灵活性，并能覆盖更广泛的投资领域，包括但不限于股票、债券、基金等多元化金融产品，具有典型的金融特性。投资者需依据个人经济状况及退休规划来自主决定是否参与此计划，并制定个性化的投资策略。个人养老金计划的回报与市场走势紧密相关，可能会受到经济波动和市场风险的影响，这是潜在投资者需要审慎考量的风险因素。个人养老金计划的优势在于它为个人提供了除国家或社会养老保险外的补充退休收入来源，增强个人退休期的财务安全。此外，在面对国家人口老龄化加剧和劳动力市场收缩的背景下，个人养老金计划能够分担国家基本养老保险压力，减轻因劳动力减少而引发的养老金供给不足风险。在税收方面，个人养老金与前两者相同，都能通过缴纳养老金来降低部分税费。

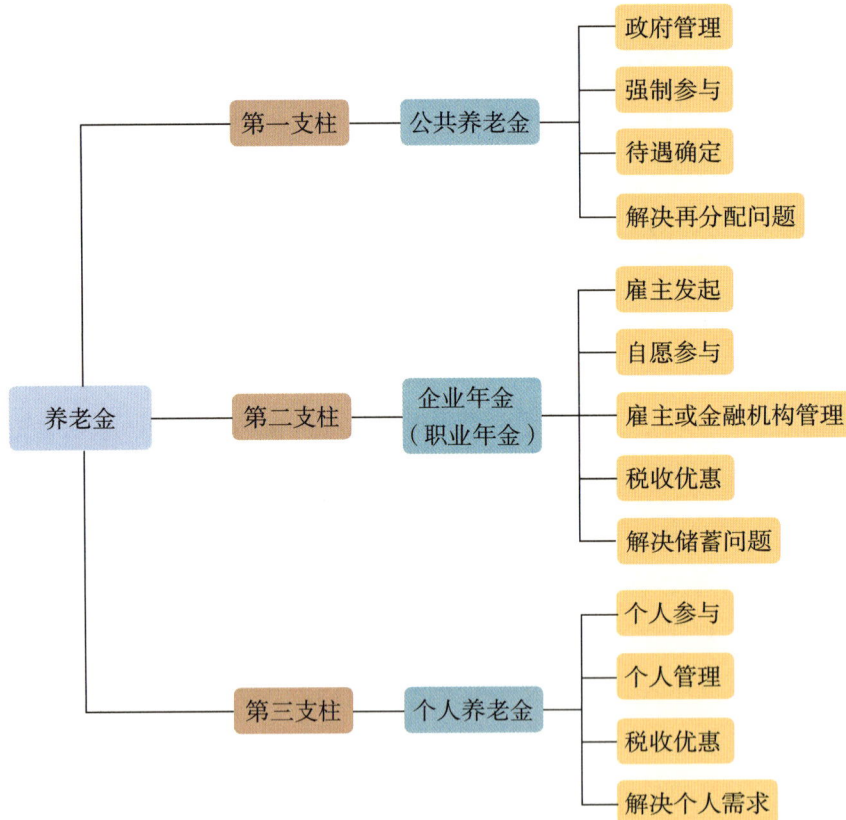

图 1-1　养老金"三支柱"

2. 养老金融的其他定义

从广义的视角出发，养老金融涵盖一切与养老相关产业的服务和投融资行为，即"养老金金融""养老服务金融"和"养老产业金融"三个部分[1]。前文已阐述过"养老金金融"，下文将对"养老服务金融"和"养老产业金融"进行介绍。

---

[1] 董克用，张栋 . 中国养老金融：现实困境、国际经验与应对策略 [J]. 行政管理改革，2017（08）.

养老服务金融指的是在养老金体系之外，由金融机构提供的一系列创新性金融产品和服务。这些服务专门针对社会成员的养老投资、理财、消费以及相关的衍生需求。养老金融服务分为两大类：第一类涵盖了为个人退休规划提供的金融产品，包括养老保险、各类养老金融产品（如养老储蓄计划、退休金投资账户等），以及为老年人量身定制的信贷服务和房产抵押贷款产品（如反向抵押贷款）。这些产品的核心目标是通过市场化的金融活动来满足国民多样化的养老需求。第二类专注于为老年人群体提供创新的金融服务模式。这些服务旨在通过简便易行的操作流程和渠道，减少老年人在金融活动中可能遇到的困难，如金融机构的各类适老化改造和快速办理通道等。

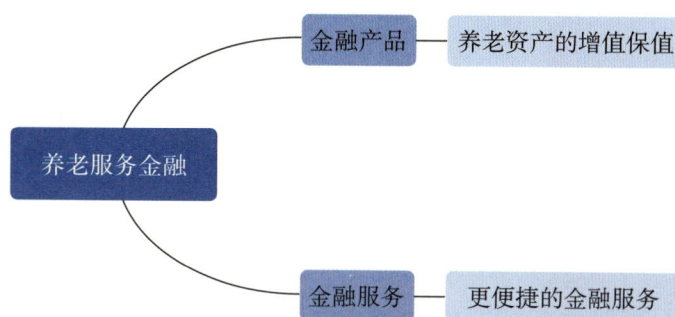

图 1-2 养老服务金融的内涵

养老产业金融是指通过金融行业为养老相关产业提供投融资支持，包括建造养老机构、打造养老社区、购置养老设备等多种养老相关产业，旨在通过金融手段满足养老产业回报周期长、投资额度大的需求基础上，充分发挥金融的市场资源调配功能，促进社会资本参与养老产业领域，为公民提供更加体面和多元化的养老服务，改善养老环境，推动养老产业完成创新升级，实现规模化发展。同时，养老产业金融能够降低政府在养老方面的财政支出，减轻政府财政压力。

二、提高养老金投资者获得感的意义

（一）符合国家重大战略部署

随着我国老龄化问题日益严峻，完善养老金制度已成为应对老龄化的重要课题之一。党的十九大报告指出："积极应对人口老龄化，构建养老、孝老、敬老政策体系和社会环境，推进医养结合，加快老龄事业和产业发展。"党的二十大报告进一步指出，要实施积极应对人口老龄化国家战略和全面建成多层次养老保障体系。民政部发布的《2022年度国家老龄事业发展公报》显示，截至2022年末，全国60周岁及以上老年人口28004万人，占总人口的19.8%；全国65周岁及以上老年人口20978万人，占总人口的14.9%；全国65周岁及以上老年人口抚养比为21.8%。我国已经进入深度老龄化社会，应对人口老龄化成为当前和今后一个时期我国社会经济发展的重要任务。因此，提高养老金投资者获得感，不仅是对国家重大战略部署的积极响应，也是确保养老金制度可持续发展的重要举措。

2023年10月召开的中央金融工作会议明确提出："着力推进科技金融、绿色金融、普惠金融、养老金融、数字金融五方面工作。"这是养老金融第一次出现在中央金融工作会议的文件中，并将发展养老金融作为金融改革的重要议题，具有重要的现实意义和重大战略价值。当前，我国的养老保障体系初步形成，基本养老保险的参保人数突破10亿，企业年金和个人养老金也在加速建设，构成了世界上规模最大的养老金融体系。大力发展养老金融，为加快发展中国特色现代金融体系注入了新内涵，为新时代金融高质量发展注入了新的发展元素。

充分发挥金融的融通媒介和跨期配置功能，大力发展养老金融，通过养老金储备制度化积累养老资产并实现其保值增值，不仅有助于缓解老龄化所带来的问题，还能满足人民群众的多元化养老需求，助力经济高质量发展。

（二）有助于社会可持续发展

随着老龄化趋势不断凸显，老龄人口在社会群体中所占的比重不断扩大，但由于老年人劳动力较低，收入与需求无法匹配，在没有养老金的支持下容易导致社会不安定的情绪增加。因此，发展养老金融，不仅能够满足老年群体的生活保障，也能在一定程度上稳定社会秩序。

从资本市场的角度来看，养老金融的发展对市场资金的长期资金供给具有重要意义。养老资金大部分都属于长期投资基金，多以长期投资为目标，可以为资本市场注入长期且稳定的资金。相比于短期资金，这类长期资金更有利于资本市场的健康发展，可以支持企业进行长期的投资，促进经济的稳定增长。同时，养老金的长期投资性意味着其更加关注收益的可持续性和风险的稳定性，引导市场资本更多地流入此类可持续发展的领域，与经济的可持续发展目标具有一致性，对构建可持续投资标准与框架有积极推动作用。

养老相关产业也会由于养老资金的注入形成可持续发展态势。随着老龄化进程的加快，养老服务需求不断增长，养老产业的发展需要大量的资金投入。而养老金融作为一种专门为满足老年人养老需求而设立的金融服务，可以为养老产业提供融资支持，推动养老产业的发展壮大，面对如医疗、医药、保健等养老需求时能提供多元化、多层次的产品。

（三）更好地发挥第三支柱的作用

国内当前的养老体系共有三个支柱。第一支柱为基本养老保险，也是国内养老金体系最重要、覆盖面最广的部分，由城镇职工基本养老保险和城乡居民基本养老保险两部分组成。第二支柱为企业为员工设立的企业年金和职业年金。第三支柱则是为个人养老金。

《2022年度国家老龄事业发展公报》[①]显示，截至2022年末，全国参加基本养老保险人数为105307万人，比上年末增加2436万人。其中，参加城镇职工基本养老保险人数为50355万人，比上年末增加2281万人；参加城乡居民养老保险人数为54952万人，比上年末增加155万人。截至2022

---

① https://www.gov.cn/govweb/lianbo/bumen/202312/content_6920261.htm.

年末，全国有 12.8 万户企业建立企业年金，参加职工达 3010 万人。个人养老金于 2022 年 11 月 25 日在全国 36 个先行城市及地区建立试点，截至 2023 年 6 月底，个人养老金参加人数达 4030 万人，累计缴费总额超 200 亿元。

相比于西方国家，尽管我国的养老金体系已形成从政府到企业和个人的三支柱体系，但发展结构并不均衡。我国当前的养老金支出主要依靠第一支柱的社保基金支出。第二支柱尚未形成规模，企业年金和职业年金的覆盖率较低，仅覆盖 7000 万人。第三支柱于 2022 年 11 月 25 日正式实施，发展时间较短。这意味着在养老金体系中，个人和企业的补充作用不足，无法形成有效的养老金补充和支持体系。

在这个背景下，提升养老金融投资者的获得感，可以推动第三支柱更好地形成市场规模，有助于养老金的长期流入，对更好地发挥个人养老金作用具有重大意义。

一是能够增强投资者信心。当前我国个人养老金制度成立时间尚短，大部分投资者仍处于观望状态，对个人养老金存在一定的不信任感。投资者对养老金的获得感和投资收益直接影响他们的信心与决策。养老金投资者的获得感不仅关乎情感满足，更是对投资策略与风险管理的肯定。通过稳健的投资政策和良好的投资回报，养老金投资者可获得持续稳定的收益，从而增强对养老金投资的信心。

二是可以激发投资积极性。当前，我国经济面临较大的下行压力，市场波动性和不确定性较高，投资者收益不尽如人意，导致个人养老金投资者投资意愿较低。养老金融投资是一项长期的投资行为，投资者需在较长的时间内持续投入。然而，若投资者无法从投资中获得实际收益或回报，就会逐渐丧失投资热情，甚至可能选择放弃。相反，若投资者能从投资中获得实际收益，并感受到这种收益对养老生活的改善，则能够更加积极地投入到投资中，从而提高投资积极性。

第二章
全国社会保障基金

引 言

社保基金秉持长期、价值、责任投资理念，形成了一套完整的投资运作体系。

未来，社保基金将进一步扩大投资范围，包括风险对冲和新兴产业配置，以更好地实现保值增值目标，并为国家发展战略目标提供更全面的支持。

本章从基金资产配置、投资模式选择、委托投资具体流程以及养老金海外投资等多个方面，详细介绍社保基金会在基金投资运营管理方面的主要做法和取得的经验，帮助投资者更好地理解和应用社保基金的投资运作模式，为保障老年生活和促进经济发展提供坚实支持。

养老金投资运营的经验和实践

全国社会保障基金理事会

在党中央、国务院的正确领导下，在财政部、人力资源和社会保障部等部门的大力支持下，全国社会保障基金理事会（以下简称"社保基金会"）认真履行基金安全和保值增值主体责任，坚持长期投资、价值投资、责任投资的理念，科学研判宏观经济和资本市场形势，积极探索符合我国国情的基金投资运营和保值增值道路，取得了良好的成效。截至 2022 年底，社保基金会负责管理三部分资金：全国社会保障基金（以下简称"社保基金"）是国家社会保障储备基金，用于人口老龄化高峰期养老保险等社会保障支出的补充调剂；基本养老保险基金（以下简称"养老基金"）是各省（自治区、直辖市）人民政府和新疆生产建设兵团委托社保基金会管理的基本养老保险结余及其投资收益；划转国有资本是国务院委托社保基金会负责集中持有的中央企业股权。其中，社保基金权益规模 2.6 万亿元，累计投资收益额 16575.54 亿元，年均投资收益率 7.66%；养老基金权益规模 1.6 万亿元，累计投资收益额 2670.82 亿元，年均投资收益率 5.44%，超过委托期年均保底收益率 2.51 个百分点。

一、基金资产配置

在基金资产配置方面，社保基金会充分借鉴国际同行的先进经验，在实践中不断探索和创新，逐步积累形成了具有自身特色的资产配置模式，为确保基金安全和保值增值发挥了基础性作用。

（一）资产配置体系

社保基金会资产配置体系包括战略资产配置、战术资产配置、季度资产配置执行，以及资产再平衡等。

1. 战略资产配置

战略资产配置是按照风险政策和投资目标的要求，根据各类资产中长期的预期收益、风险和各类资产之间的相关性等因素的变动趋势，使用定性和定量相结合的方法，确定各类资产中长期目标配置比例和比例范围。目前社保基金可投资的五大类资产分别为国内股票、海外股票、实业投资、境内外固定收益、现金及等价物；养老基金可投资的四大类资产分别为股票、股权、固定收益资产、现金及等价物。

战略资产配置需要考虑的投资期限是未来较长时期（通常为5年）。为保证战略资产配置能够适应新形势和新变化，在每年草拟年度战术资产配置计划时，仍需对现行的战略资产配置进行审视，审视内容包括风险政策、投资目标、投资范围、各类资产的风险收益特征等是否发生了变化等。如所审视内容发生重大变化，需及时对战略资产配置进行调整。

2. 战术资产配置

战术资产配置是在战略资产配置设定的各类资产比例范围内，为获得超过战略资产配置计划的投资收益，通过预测各类资产短期风险收益特征，确定各类资产年度内的目标配置比例。战术资产配置强调根据当年宏观经济和资本市场面临的形势，在战略资产配置计划规定的范围内对战略资产配置目标比例做出主动偏离，获取自上而下的超额收益，反映了资产管理机构把握市场短期机会的能力。

战术资产配置通常适宜于流动性好、有二级市场的大类资产类别。当预计某一资产类年内表现较好且风险可控时，通常将该资产类的战术目标比例定为高于战略资产配置比例，即高配，其幅度的大小与投资能力、对预测的信心程度等直接相关；当预计某一资产类年内表现较差且风险较高时，则可采取低配；若对某一类资产没有明显倾向，则可以选择标配。战术资产配置既可能给基金带来正的超额收益，也可能带来负的超额收益，长期稳定的正超额收益是区分资产管理机构优秀与否的最主要指标。

3. 季度资产配置执行

季度资产配置执行是通过对形势分析和年度计划审视，确定基金的季度具体执行计划，也是对战术资产配置的具体落实。季度资产配置执行主要内容包括上季度资产配置计划执行情况分析、宏观经济与资产市场短期形势分析、对年度战术资产配置的审视、监控各大类资产实际比例是否符合有关规定、确认基金整体风险是否符合战略资产配置计划确定的风险政策，以及本季度的具体投资执行方案。

4. 资产再平衡

资产再平衡是对过度偏离年度战术资产配置阈值的大类资产开展的回调操作，也是资产配置体系中最重要的风险控制手段，以避免基金因承受过多的主动风险而无法完成战略资产配置的预期目标。资产再平衡方案的主要内容包括：再平衡的触发原因、再平衡的调整目标，以及再平衡的完成时间。再平衡的调整目标既可以是战术资产配置目标比例，也可以是阈值边界，再平衡幅度取决于大类资产的预期表现和对预测的信心程度。

社保基金和养老基金各大类资产的再平衡阈值范围，原则上为各大类资产年度战术资产配置目标比例上下一定区间，并且每月根据财务数据审视各类资产比例是否在再平衡阈值范围内，在市场波动较大且某类资产接近再平衡条件时，积极做好再平衡预案准备工作。当实际配置比例超出年度战术资产配置的阈值范围时，及时提出再平衡方案。

5. 风险控制

社保基金会坚持统筹发展和安全，强化底线思维、极限思维，在基金投资运营管理中，始终把安全摆在首位，将防风险贯穿于资产配置和投资执行的全过程。构建了党组总体把控，投资决策、风险管理、内部控制三个委员会分工负责，资配投资、风险管理、内部审计三道防线各司其职的风险管控治理体系，牢牢守住不发生重大风险的底线。健全多层级的内部控制和风险管控体系，全面梳理业务风险点和廉政风险点，探索形成既防业务风险又防廉政风险的工作机制，不断提升风险管控效能。

（二）资产配置积累的宝贵经验

经过多年资产配置的实践探索，我们积累了一些有益的经验。概括而言，主要有以下三个方面。

一是坚持人民至上、为民理财，不断增强基金保值增值的使命感、责任感。社保基金和养老基金是人民群众的"养老钱""保命钱"，一丝一毫都不容半点闪失。在资产配置工作中，我们牢固树立以人民为中心的发展思想，牢记为民理财的职责与使命，不断深化对基金性质和保值增值重大意义的理解认识，本着对党和人民事业高度负责的精神，兢兢业业做好基金资产配置工作。在资产配置实践中，正确处理基金安全和保值增值的辩证关系，通过科学设定投资目标、风险限额、风险预算等指标，科学制订和执行各类资产配置计划，有效控制风险敞口，在确保基金安全的前提下实现保值增值。

二是坚守投资纪律，不断强化资产配置的刚性和纪律约束。社保基金会通过战略资产配置、战术资产配置、资产配置执行以及资产再平衡，对各大类资产的配置比例提出明确的纪律约束，这些约束规定了基金进行主观决策的最大范围，有效避免了因为主观决策失误造成的损失，也避免了人性弱点对资产配置造成的影响，尽可能确保决策"不会犯大错"。例如，当股市处于牛市阶段时，基金的股票比例会因为股市上涨出现被动提升，但由于此时市场通常情绪高涨，如果完全依赖于主观判断进行资产配置决策，很容易出现惜售心态，无视市场估值已经明显偏高的事实；而当市场处于熊市阶段的时候，又往往会出现不敢逢低加仓、瞻前顾后的心态。由于社保基金会拥有资产配置比例和纪律性再平衡的严格限制，若市场出现超涨或者超跌，通常会因为触发纪律性再平衡而被动减仓或加仓，不受主观意志影响。历史结果证明，当纪律性再平衡触发时，尽管这种再平衡决策大多跟当时的市场主流情况相反，但市场未来的走势基本都会出现均值回归，证明了纪律性再平衡的正确性。坚守资产配置纪律，也是社保基金会获得较好长期投资回报的重要保证之一。

三是坚持长期投资、价值投资、责任投资理念，在服务国家发展战略中实现保值增值。在社保基金会的资产配置实践中，我们始终坚定对中国经济和资本市场发展的信心，毫不动摇坚持长期投资、价值投资、责任投资理念，把发掘投资内在价值作为资产配置的根本标准，通过设定长期投资目标、实行长期投资战略来获得国民经济增长的长期回报，在实现基金保值增值的同时，也有力支持推动我国资本市场平稳健康发展。相比海外成熟市场，A股市场短期波动偏大。无论市场如何波动，我们始终坚持在配置层面保持战略定力，市场恐慌时坚定买入，有效把握住市场机会。这是社保基金会坚持长期投资的基础，也是社保基金会能够在各种市场环境下持续保持战略定力的底气所在。

（三）未来资产配置的努力方向

当前，世界百年未有之大变局加速演进，国内外宏观经济和市场形势正在发生深刻变化，社保基金会的资产配置工作也面临着新的形势和挑战。下一步，我们将着力做好以下三方面工作。

1. 进一步推动扩大基金投资范围

"分散化是投资中唯一的免费午餐。"经典的马科维茨资产组合理论认为，利用各资产回报的不完全相关性进行分散化投资，可以在不降低预期收益的同时降低组合风险，并且资产相关性越低，分散化投资的效果越好。社保基金和养老基金投资期限较长，建议增加股权（产业）投资基金（对于养老基金）、可交换债资产支持票据等非公开市场股权和债券投资品类，获取一定的非流动性溢价；建议积极争取养老基金海外投资政策，在养老基金境外投资暂时受限的情况下，可以考虑先行开展港股通投资；建议推动社保基金和养老基金开展对公募REITs等新产品的投资。

2. 用好股指期货、国债期货等金融衍生产品的风险对冲特性

从资产配置角度看，相比直接在股票市场进行加减仓交易，以股指期货为代表的金融衍生品拥有操作灵活、交易成本小、落实速度快的优点，并能在股债双杀环境下，有效对冲基金面临的整体亏损，可作为加仓或套保的短期工具使用。目前，社保基金尚不能投资股指期货和国债期货，但《基本养老保险基金投资管理办法》允许养老基金通过套期保值的方式参与股指期货和国债期货投资。当前我国股指期货的市场规模逐年扩大，已经能够满足两个基金的基本需求，值得进一步研究其在资产配置层面的应用。

3. 加大新兴产业配置力度，助力中国产业高质量发展

从全球实践来看，以养老金为代表的长期资金在推动构建现代化产业体系方面具有不可替代的作用，而新兴产业本身也孕育着大量极具潜力的投资机会。未来社保基金会将进一步完善资产配置体系，特别是结合产业体系现代化升级方向，围绕人工智能、数字经济、现金制造等关键领域，加大配置力度，拓宽长期资金参与现代产业投资的渠道，在推动中国产业升级的同时，促进基金保值增值。

二、养老金投资模式的选择

社保基金会于2003年启动委托投资，是国内最早成功运用委托投资管理模式的机构投资者之一。自成立以来，社保基金会立足中国国情和自身实际，学习借鉴国际养老金管理机构经验，逐步完善了自己的投资管理模式，采取直接投资与委托投资相结合的方式开展投资运作。目前，对社保基金会具备优势、风险和收益较低或实施被动投资策略的资产，如银行存款、信托贷款、股权投资、股权投资基金、转持国有股和指数化股票投资等，由社保基金会直接投资运作；对主动投资能力要求较高、风险和收益较高或实施积极投资策略的资产，如境内外股票、债券、证券投资基金及境外用于风险管理的衍生金融工具等，则主要委托市场专业机构管理运作。从资产规模来看，委托投资的资产占比较高。

（一）委托投资的优劣势

委托投资方式下，养老金管理机构作为委托人，与选聘的投资管理人签署委托投资合同，将资产委托给投资管理人进行管理。投资管理人作为受托人，按照委托投资合同和委托人确定的投资策略，在投资方针规定的投资范围、投资限制下开展市场化、专业化投资运作，向委托人报告委托资产的运营情况，接受委托人对委托投资过程的监督。相比直接投资，委托投资的优劣势具体表现在以下几个方面。

1. 委托投资的优势

委托投资能够广泛利用专业机构的投资能力和投资经验，是提高基金投资收益水平的重要途径，在以下方面具有显著优势。

（1）专业化管理。优秀的外部管理人通常具备专业的投资研究团队、丰富的投资管理经验和成熟的投资决策流程，能够为投资者提供更加专业的资产管理服务。通过委托投资，投资者能够利用管理机构的专业能力，实施更复杂的投资策略，获取超额收益。

（2）分散化投资。投资者与外部管理人之间、管理人与管理人之间的投资风格和擅长领域不同，投资者将资金委托给投资风格不同的外部管理人分散投资，能够有效降低组合的风险暴露，更好地控制整体投资组合波动，实现稳健收益。

（3）良性竞争机制。通过浮动管理费、资金的追加和撤回等激励约束手段奖励表现优异的外部管理人，督促表现落后的外部管理人，促进外部管理人不断提高自身投研能力，提升组合投资业绩及服务支持水平，从而在管理人之间形成良性竞争激励机制，保持竞争活力。

2. 委托投资的劣势

委托投资虽然有利于专业化管理、分散化投资，但也存在一些弊端，主要有以下几点。

（1）委托代理问题。当投资者将资金管理委托给外部管理人时，由于双方目标不完全一致，外部管理人可能会采取更高风险的投资策略以获取更高的业绩，但这可能不符合投资者的风险承受能力，产生委托代理问题。

（2）信息不对称。投资者委托资金给外部管理人后，委托人通常处于信息弱势，可能无法与外部管理人同时获得同等详细和及时的投资信息，从而影响委托人对投资决策的有效监督和控制。

（3）内部团队发展局限。从委托机构自身的发展角度看，在委托投资模式下，委托人内部团队无须参与具体投资运作过程，过于依赖委托投资可能会导致委托人在个股个券选择等某些方面的投研能力提升受到影响。

（二）海外养老金委托投资管理的经验

全球养老金管理机构普遍采用直接投资和委托投资相结合的方式进行投资管理，具体方式主要受规模体量、内部投研团队建设及投资区域等因素影响。近年来，面对日趋复杂的投资环境，各国养老金管理机构积极调整投资管理方式，更多采用委托投资，加快推进投资分散化和资产多元化。从主要养老金的投资管理实践来看，有的在成立之初就以直接投资为主并延续至今，如挪威政府全球养老基金始终将委托投资作为全球配置的辅助模式；有的则一直以委托投资为主，如日本政府养老投资基金的内部团队仅负责少部分被动投资策略；还有部分机构经历了投资模式的转换，如加拿大养老金计划基金随着条件成熟从委托投资转为以直接投资为主。以下简要介绍加拿大、日本、挪威的养老金委托投资管理情况。

1. 加拿大养老金计划（CPP）

CPP 建立于 1966 年，是加拿大联邦政府和各省共同管理的强制性缴费的公共养老金计划，由加拿大养老金计划投资委员会（CPPIB）负责进行市场化运作。CPPIB是加拿大管理规模最大的养老金投资机构，截至2023年3月，管理的基金规模达5700亿加元。

投资模式上，1997年第一批CPP基金划入CPPIB时，全部委托给外部投资管理人，采取被动投资方式主要投资于加拿大和外国的公开市场股票。2005年，CPPIB转向主动管理，启动了直接投资。CPPIB通过市场化薪酬机制建立了庞大的专业投研队伍，并在全球设立分支机构，逐渐将大部分基金资产进行直接投资，但同时在海外资产等资产类别的投资运营中进行委托投资，主要用于与其自身形成能力互补。截至2022年末，CPPIB共与62家外部资产管理机构合作，业务涵盖公开市场股票、信贷、利率、货币和大宗商品。

2. 日本政府养老投资基金（GPIF）

GPIF创立于2006年，是日本公共养老基金的专门投资管理机构，负责管理和投资厚生劳动省委托的养老金资产，并定期将部分投资收益汇入政府的特别账户，为国民年金和厚生年金提供稳定的支付保障。GPIF是全球最大的公共养老基金之一，截至2023年3月，管理规模达189.9万亿日元。

GPIF受预算约束，专业人员队伍非常精简，一定程度上制约了其发展直接投资能力。GPIF设立了较低的目标收益水平，投资风格相对保守，大部分基金资产采用被动投资策略，且被动投资在资产组合中的占比不断扩大。投资模式上，GPIF采取委托投资为主、直接投资为辅的运营模式。自成立以来一直将绝大多数资产委托外部专业机构管理，除现金资产、部分采用被动投资策略国内债券、国外债券和非上市股权以外，绝大部分资产基本由外部管理人投资运营，委托投资的资产占比高达七成以上。根据GPIF 2022财年年报，截至2023年3月，GPIF委外投资共148个组合，由38家外部管理人管理，委外投资规模为185.9万亿日元，占比93.01%；直接投资仅有6个组合，投资规模为14.0万亿日元，占比6.99%。

3. 挪威政府全球养老基金（GPFG）

GPFG是挪威的养老储备基金，于2006年由政府石油基金更名而来。GPFG由财政部制定投资政策、进行战略资产配置，定期向议会报告基金的投资及运营情况等，基金的具体投资管理由挪威央行成立的投资管理公司NBIM负责，采用市场化方式运作，并在全球多个地区设立了分支机构。

GPFG流动性要求低，基金的风险容忍度相对较高。投资的权益类资产占比较大，大多数投资组合采用积极投资策略。投资模式上，GPFG并用直接投资和委托投资两种模式，以直接投资为主。在外部委托投资中，NBIM选择在特定领域具有专业投资能力的机构，主要对新兴市场以及发达市场中小市值公司进行投资。2022年末，委外规模占比4.6%，虽然占比不高，但GPFG非常重视委外投资，过去20年与308家外部主动投资管理人合作开展投资，委托投资的范围也随全球市场环境和基金策略的变化而调整。

（三）养老金投资模式选择的主要考虑

委托投资与直接投资模式各有利弊，并不存在孰优孰劣之分，关键是选择适合机构自身的投资运作模式。养老金的投资管理通常包括委托投资、直接投资、委托投资和直接投资相结合三种模式，其中，委托投资和直接投资相结合是大部分养老金投资运营的共同特点。一般而言，养老金管理机构在选择投资模式时，综合考虑法律法规约束、能力优势、风险分散、管理成本等因素。

当外部管理人在某些细分领域更专业、更擅长时，选择委托投资模式可以充分利用管理人在特定领域的专长。投资机构通常有明确的专业分工和投资领域，利用自身资源禀赋在特定市场形成独特优势。投资市场复杂多变，养老金投资特别是主动管理，对管理机构的投资能力提出了更高要求。养老金管理机构即使具备较强的投资管理能力，也很难依靠自身力量在所有市场和投资产品上都占据优势。对于自身优势不明显的领域，采取委托投资可以挑选出细分领域的优秀管理人，发挥其在该领域的专业特长，提高养老金的投资超额收益。此外，在委托投资模式下，多个外部管理人通过适度竞争和优胜劣汰，有助于管理机构提高投资能力，提升投资业绩。

当外部管理人在某些产品的投资操作上较为便利时，选择委托投资模式能够提高投资效率。养老金通常涉及较大规模资金和复杂多样的投资品种，广泛投资于债券、股票、证券投资基金、股权投资基金、非上市股权、期货、房地产、海外资产等多种资产。实际操作时，不仅需要专业交易平台与高效执行系统的支持，还要具备相应的知识与经验。养老金管理机构将资金委托给操作更为便利的外部管理人，可以节省自身人力资源与信息系统支出，也能有效地跟踪市场动态和变化，灵活调整投资策略，在确保投资操作的准确性、提高投资效率的同时，降低操作风险。

当进行多元化投资时，选择委托投资模式有利于分散投资风险。养老金对安全性和稳定性的要求较高，为了平衡收益和风险，取得较好的长期稳定收益，养老金管理机构需要采取多元化投资策略，进行分散投资，无法像专业性投资机构一样，专注于某一市场和既定投资策略。养老金管理机构通过委托投资，将资金分配到多种资产类别、多个投资组合，实施不同的投资策略，由不同的投资管理人进行投资运营，不仅可以利用不同大类资产之间的低相关性优化收益与风险特征，还可利用同一大类资产下不同投资风格来优化投资结构，有助于分散投资风险。

当投资规模较小时，选择委托投资模式能够降低养老金管理机构的管理成本。管理成本是影响养老金收益水平的重要因素。对于养老金而言，由于投资期限长，管理成本对基金积累收益的影响更为明显。直接投资会增加养老金管理机构的管理成本，委托投资成本主要是支付给投资管理人的管理费。从成本角度分析，当养老金在某一个市场或某种产品上的投资规模较大时，直接投资模式有利于形成规模效应以降低成本；而当投资规模较小时，委托投资模式更具成本优势，能够帮助机构节省建立投资研究团队和信息系统开发的大量管理成本。

三、养老金委托投资的主要流程

委托投资绝非简单的"委托外包"，而是通过不断优化对管理人实施有效管理的制度性安排，促其实现投资运营目标。社保基金会在实践中构建了一套较为科学完备的委托投资管理体系，重点在创新设计投资产品、把握市场机会的同时，选聘风格稳定、长期业绩较好的优秀资产管理机构，充分挖掘头部机构的专业能力，不断改进和完善投后管理考评指标体系，及时调整产品投资方针，多措并举提升管理人和投资经理服务社保事业的荣誉感和责任感，最终实现委托人与管理人之间理念相通、责任共担、同频共振、同向发力。

（一）产品设计

产品设计是社保基金会开展委托投资管理的关键环节，决定着管理人投资策略及投资方向，也是决定长期稳定投资收益的重要因素。近年来，社保基金会密切跟踪市场变化，构建与时俱进的策略体系，设计具有长生命周期的投资产品。经过多年发展，围绕大类资产投资基准，从无到有、从小到大，逐步完善产品链布局。与此同时，充分发挥社保基金会委托机构的专业优势，主动顺应政策方向和市场变化，持续创新策略产品体系，服务国家发展战略，助力资本市场稳健发展。股票投资方面，在形成大中小盘全覆盖、主动与被动相结合的产品体系基础上，近年来创新设立长期价值、长期成长投资产品，通过长期集中投资先进行业和优质企业，推动战略性新兴产业和科技创新型企业的成长，促进实体经济高质量发展；设立可持续投资和战略性新兴产品，重点投资于绿色低碳领域和战略性新兴产业，在支持服务国家战略的同时，分享产业结构升级的经济成果。债券投资方面，实现了持有到期类与交易类、长期与短期、利率与信用、综合与专项等多个层次的结合与互补，并通过投资绿色债、基础设施债、小微企业债和扶贫专项债等国家战略相关债券，助力构建新发展格局。我们通过委托投资产品设计在积极把握投资机遇、实现基金保值增值的同时，也充分发挥机构投资者和长期资金作用，支持了实体经济高质量发展。

（二）管理人选聘

社保基金会根据《全国社会保障基金投资管理暂行办法》《基本养老保险基金投资管理办法》等相关办法，按照公开招标的原则开展社保基金和养老基金管理人选聘工作。我们注重选聘风格稳定、长期业绩良好的优秀资产管理机构及投资经理，充分挖掘头部机构的专业能力，并引导管理人加大人才储备和人员梯队建设。目前社保基金会共有24家境内委托投资管理人，包括16家公募基金、2家券商资管、6家保险资管和养老保险公司，基本都是行业头部公司，管理规模和竞争实力持续保持行业前列。

（三）委托资金配置

委托投资的资金配置不只是简单的分配资金，而是制定一套完整的委托投资方案，根据市场条件、产品特点和未来资金流变动情况，确定投资时点、规模、策略等要素，积极发掘细分资产配置和风格化配置带来的超额收益。社保基金会根据整体的战略和战术资产配置计划，结合市场和投资情况，制订委托投资具体配置方案，强化长期业绩导向，充分运用考评结果，将委托资金在不同产品、不同管理人之间进行分配和调整。

（四）投后管理和风险控制

社保基金会在过去十几年的投资实践中，始终坚持长期投资、价值投资、责任投资的理念，通过适度拉长考核周期、优化考评指标体系和完善投资方针等手段持续向管理人传导投资理念。年度考评是投后管理的主要抓手，社保基金会从投资初期开始，一直坚持按三年业绩滚动考核的长周期评价机制对管理人进行考核，发挥长期资金的引领作用，督促管理人获取稳定长期回报。

近年来，社保基金会在不断总结以往经验做法的基础上，探索形成了"定量有数据，定性有依据"的量化考评指标体系，并在考评实践中持续优化完善。

在以过往三年超额收益作为组合绩效考评依据的基础上，不断强化对投资经理的绩效归因和投资过程分析；认真贯彻中央从严打击证券违法行为有关精神，加强依法合规经营情况考评，增加投资经理职业操守考评维度；推动管理人建立融入可持续投资因素的投资决策体系，引导管理人树立长期投资、价值投资、责任投资理念，努力提高长期业绩。同时，高度重视考评结果的应用，通过公开表彰、官网通报等方式，提升管理人和投资经理服务社保事业的荣誉感和责任感。依据考核结果，通过存量资产调整、管理费结构优化等方式，不断强化竞争机制，充分发挥奖优罚劣作用，激发管理人和投资经理的积极性，持续提升基金投资运营效率和收益水平。

此外，社保基金会动态关注外部管理人合规风险，通过日常管理和年度考评等多种形式压实管理人责任，督促管理人深刻理解社保基金的特殊属性，切实提高风险防范意识，不断健全完善风险防控制度体系。

四、养老金开展海外投资经验和启示

全球养老基金为分散投资风险和提高收益，会将部分资金广泛投资于海外各地域、多元化的资产。部分海外大型养老基金通过长期境外投资获得了较为可观的收益。根据《基本养老保险基金投资管理办法》，养老基金的投资范围尚不包含境外资产，但社保基金已开展境外投资并稳健运营了 17 年，取得了长期稳定收益，积累了较为成熟的经验。

（一）海外养老基金积极布局境外资产

全球规模较大的养老基金为稳定长期收益，积极开展海外投资，通过在不同区域的分散投资，对冲经济增长压力，实现资产安全和保值增值。特别是在全球经济分化加剧的背景下，海外投资对稳定养老基金收益发挥了积极作用，如挪威、加拿大、日本等国家养老基金通过提高海外投资比例获得较高长期收益。在海外投资中，大部分养老基金选取委托模式，主要是为了资产多样化、及时把握投资机会及进行知识转移。外部管理人有助于补齐养老金在资源、信息或金融市场等方面的经验或专业技能的短板，同时能够为养老金探索新资产类别和金融市场机会节省内部成本。国际货币和金融机构官方论坛（OMFIF）发布的《全球公共养老金年报（2022 年）》显示，80% 的养老基金投资外国股票采用委托方式，58% 的养老基金投资外国公司债券采用委托方式。

挪威养老基金资产全部投向海外。挪威养老基金前身是 1990 年成立的石油基金，2006 年后更名为政府全球养老基金（GPFG），主要职责是为养老金等财政支出提供长期支持，储备财富实现代际平衡。在挪威经济增长乏力时，GPFG 海外投资取得不错的投资回报，过去十年基金年化投资回报率达

7.14%。此外，基金海外投资范围不断扩大，从债券扩大到股票再至另类。

加拿大养老基金资产约八成投向海外。为弥补养老支出缺口，1997 年加拿大成立公共养老金投资基金（CPPIB）进行全球配置，通过不断提高国际化程度，获得较高投资收益，过去十年基金总资产年化收益率约 10%。从资产结构变化看，2006 年 CPPIB 参考组合中海外资产占比 40%，最新财年中提高到 86%。投资范围也从原来仅投资股票、债券，逐渐扩大到国内外股票、国外政府债、私募股权、私募债权、房地产、基础设施、自然资源、知识产权等资产。

日本公共养老基金一半资产投向海外。为应对人口老龄化，日本于 2006 年成立政府养老金投资基金（GPIF），以弥补未来养老金缺口。从资产结构变化看，2013 年 GPIF 加速布局国外投资，并先后开启基础设施、房地产、私募股权等另类资产投资，海外资产比例高达 50%。在加强国际化运作后，GPIF 长期业绩明显提升，2013—2022 财年年化收益率为 6.15%，高于过去十年 2.02% 的年化收益率。

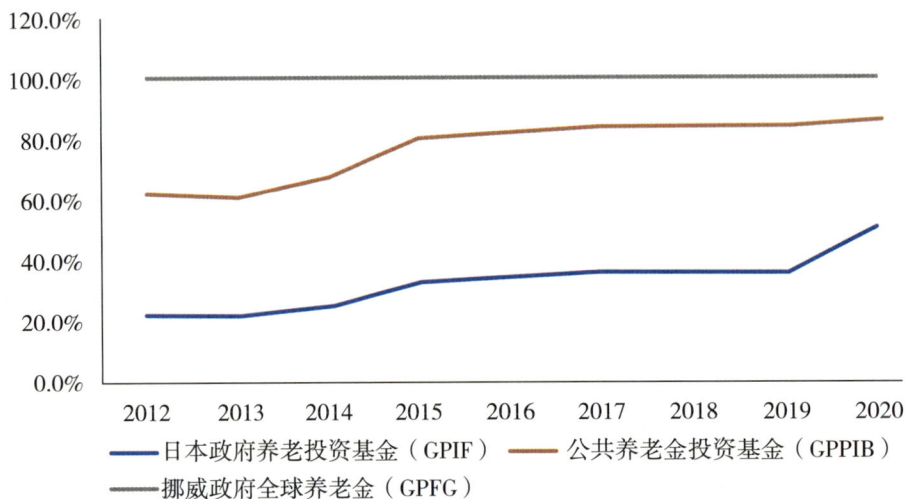

图 2-1 主要养老基金海外资产占比

数据来源：OECD Global Pension Statistics.

（二）社保基金不断提高境外资产专业化运营水平

社保基金会于 2006 年底开展境外投资，是社保基金开展全球分布、分散风险的重要时点，经过十多年的运营，境外资产规模不断壮大。社保基金投资境外的资金来源为以外汇形式上缴的境外国有股减持所得，依照《全国社会保障基金境外投资管理规定》，遵循安全、稳健原则开展投资。财政部、人社部和国家外汇管理局制定社保基金境外投资管理的有关政策，对社保基金境外投资运作情况进行监督。按照规定，社保基金境外投资的比例，按成本计算不得超过社保基金总资产的 20%。

持续提高运营能力，履行基金保值增值职责。社保基金经过多年的探索，积累了较为丰富的境外投资运营经验。境外投资坚持长期价值，通过丰富产品体系，完善产品布局，努力提高长期年化收益率。目前，社保基金境外投资品种包括：（1）境外中资银行和国际公认评级机构最近 3 年对其长期信用评级在 A 级或者相当于 A 级以上的外国银行存款；（2）国际公认评级机构对其评级在 BBB 级或者相当于 BBB 级以上的外国政府债券、国际金融组织债券、外国机构债券和外国公司债券；（3）中国政府或者企业在境外发行的债券；（4）银行票据、大额可转让存单等国际公认评级机构对其评级在 AAA 级或者相当于 AAA 级的货币市场产品；（5）境外证券交易所上市的股票；（6）证券市场公开发行的基金；（7）仅限于风险管理需要的掉期、远期等衍生金融工具，严禁用于投机或放大交易；（8）财政部会同劳动保障部批准的其他投资品种或工具。采取适宜的主动和被动策略、委托管理等多种形式，提高投资运营效率。在成熟市场，主动策略很难获得超额收益，一般采取被动性策略；在不成熟市场，特别是新兴市场，多采取主动策略；在风险因素较多的区域以及相对复杂的产品，一般按照分散化原则委托给擅长的境外管理人投资运作，单个管理人受托的资产不超过境外委托资产总值的 50%，通过管理人主动管理，获得较多的超额收益。注重提升研究能力，夯实境外投资基础。海外宏观和市场研究牢固树立全球视野，深化形势分析研判，把握宏观经济形势和市场机会，增强投资策略的针对性和前瞻性。一方面，深入分析境外大类资产长期收益和风险特性，健全多级资产配置框架，增强穿透性，提高科学性，为战略资产配置提供研究支持。另一方面，关注中短期全球经济形势变化和市场热点，分析背后成因及对各类资产的影响，把握短期投资机会和控制风险，为战术资产配置和资产再平衡提供策略建议。

不断提升规范化水平，落实确保基金安全主体责任。境外投资始终把资金安全、规范化运营摆在重要位置。自 2006 年开展境外投资以来，社保基金会根据《全国社会保障基金境外投资管理暂行规定》，以及国务院、财政部与人力资源和社会保障部的相关批准文件开展境外投资。社保基金会设立境外投资部，拟订境外投资计划，制订资产配置方案，执行投资决策委员会、风险管理委员会和内部控制委员会决策，进行直接和委托投资。社保基金会境外投资坚持高起点运作，与境外知名的资产管理机构开展合作。通过制定严格的筛选条件，社保基金会将财务稳健、资信良好、风险控制能力强，经营资产管理业务经验丰富，管理资产规模大的机构选为境外投资管理人，并对境外委托投资运作情况进行监控和评估，努力实现境外资产的安全和收益增长。目前，一些国际优秀的资产管理公司，成为社保基金的境外管理人，整体业绩长期稳定，为社保基金贡献了正收益。

境外投资致力于加强规范化建设，不断完善境外投资制度建设，规范基金运作。经过多年的持续努力，境外投资建立完善了包括资产配置、投后管理、风险防控，以及委托管理人选聘等一系列规章制度和办法。持续推进境外委托投资业务内控制度、数据标准化、信息系统升级等基础性工程建设，形成遵循规范高效运营的自觉。主动接受外部监督，社保基金会将境外委托资产纳入全国社保基金总资产统一编制财务会计报告，并依照《全国社会保障基金投资管理暂行办法》的规定进行披露，定期向监管部门报告境外投资情况；定期向社会公布基金的收支、管理和投资运营情况，接受社会监督，回应社会关切。

统筹发展和安全，保障社保基金境外资产长期稳定增长。当前全球政治经济形势发生深刻变化，金融市场动荡加剧，投资风险上升，获得中长期稳定较高收益的难度增加。

2022 年，俄乌冲突加剧推升能源和粮食等大宗商品价格，全球通胀水平高企背景下主要经济体收紧流动性，资本市场大幅调整，摩根士丹利全球所有国家红利再投资指数下跌 18.4%，彭博巴克莱全球综合债券指数下跌 16.2%，全球主要养老金收益普遍为负。挪威政府全球养老基金（GPFG）收益率为 –14.1%，瑞典国民养老基金（AP1–AP4）收益率为 –11.9% 至 –5.8%，韩国国民年金（NPS）收益率为 –8.2%。

面对日趋复杂严峻的海外形势，境外投资坚持发展和安全并重，稳妥应对资本市场的大幅波动，坚决守住基金安全底线；保持战略定力，把握市场机遇，积极审慎配置境外资产。作为体量较大的机构投资者，境外投资努力通过分散化投资，不断丰富组合策略和投资产品，加强管理人的考评和管理，兼顾安全和收益，不断做强境外资产，增强应对外部风险的实力，确保基金安全和保值增值，为积极应对人口老龄化积累财富。

社保基金投资情况分析

一、资金配置情况

截至 2022 年末,社保基金资产总额为 2.88 万亿元,其中直接投资资产 0.96 万亿元,占社保基金资产总额的 33.3%;委托投资资产 1.92 万亿元,占社保基金资产总额的 66.7%。由于社保基金的直接投资和委托投资范围有所区别,直接投资的投资范围一般限于风险和收益较低或实施被动投资策略的资产,如银行存款和国债,而委托投资则可投资于风险和收益较高或实施主动投资策略的资产,如境内外股票、债券、证券投资基金及境外用于风险管理的衍生金融工具等,因此相比于委托投资,直接投资收益率较低,自社保基金成立以来,直接投资占比一直在下降。

单位:亿元

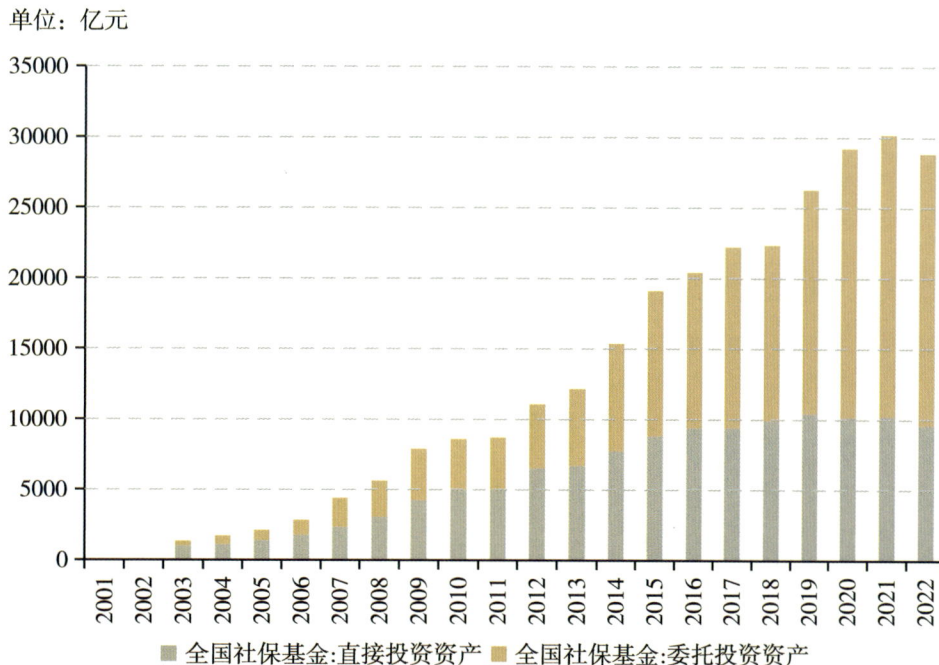

图 2-2 社保基金自成立以来直接投资和委托投资情况

数据来源:《全国社会保障基金理事会社保基金年度报告(2022 年度)》。

目前,社保基金的境内委托投资机构共有 18 家,其中 16 家为基金公司,2 家为证券公司。从管理组合数来看,前三位分别为博时基金、华夏基金和汇添富基金。

从资金来源来看,全国社保基金由中央财政预算拨款、国有资本划转、基金投资收益和以国务院批准的其他方式筹集的资金构成,此外,个人账户中央补助资金也纳入全国社保基金统一运营,作为基金权益核算。截至 2022 年末，财政性拨入全国社保基金资金和股票累计 1.09 万亿元，其中，一般公共预算拨款为 0.36 万亿元，国有股减转持资金和股票 0.28 万亿元，彩票公益金 0.43 万亿元，国有资本经营预算 100 亿元，罚没股票划转充实社保基金 88.7 亿元。

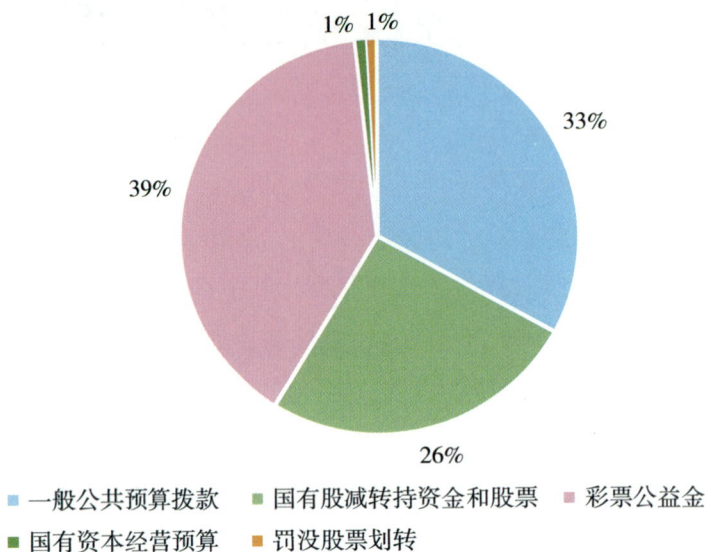

图 2-3 截至 2022 年社保基金财政拨入资金占比情况

数据来源：《全国社会保障基金理事会社保基金年度报告（2022 年度）》。

2023 年 12 月 6 日，财政部发布关于向社会公开征求《全国社会保障基金境内投资管理办法（征求意见稿）》（以下简称《意见稿》）意见的函，对社保基金境内投资的基本原则、投资范围、投资比例、管理费率等进行调整。根据该《意见稿》，社保基金的可投资范围增加了直接股权投资、资产证券化产品、套期保值工具以及养老金产品等，直接投资范围也进一步扩容至近十种。投资比例方面，股权实业投资的投资比例上限由原本的 20% 增加至 30%。

二、投资收益情况

截至 2022 年，社保基金实现累计投资收益 1.66 万亿元，自 2000 年成立以来的年均收益率达 7.66%，剔除通胀后的收益率为 5.42%。2022 年，社保基金出现负收益，收益率为 -5.07%。从历史来看，社保基金还出现过两次浮亏，分别是在 2008 年和 2018 年，主要受美国次贷危机和中美贸易摩擦影响。但从长期来看，个别年份的亏损并不会对社保基金长期收益表现有明显和持续性的影响。

单位：%

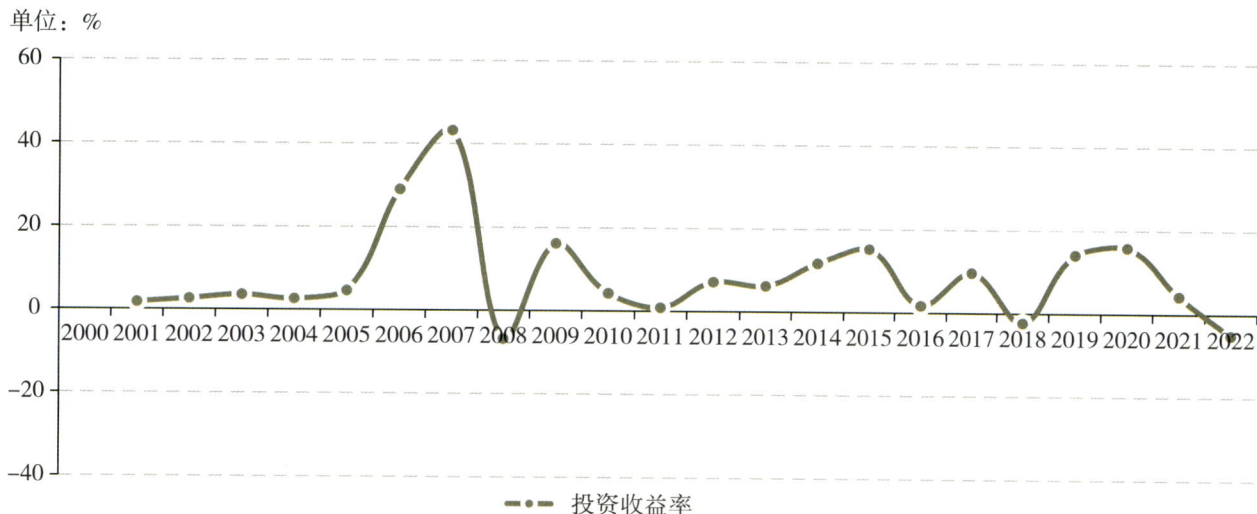

图 2-4 社保基金历年投资收益率

数据来源：Wind；《全国社会保障基金理事会社保基金年度报告（2022 年度）》。

2022 年末，社保基金权益总额为 2.6 万亿元，其中全国社保基金权益 2.5 万亿元，累计投资收益为 1.5 万亿元，占权益比重达 58%，体现出社保基金的保值增值性原则。

单位：亿元

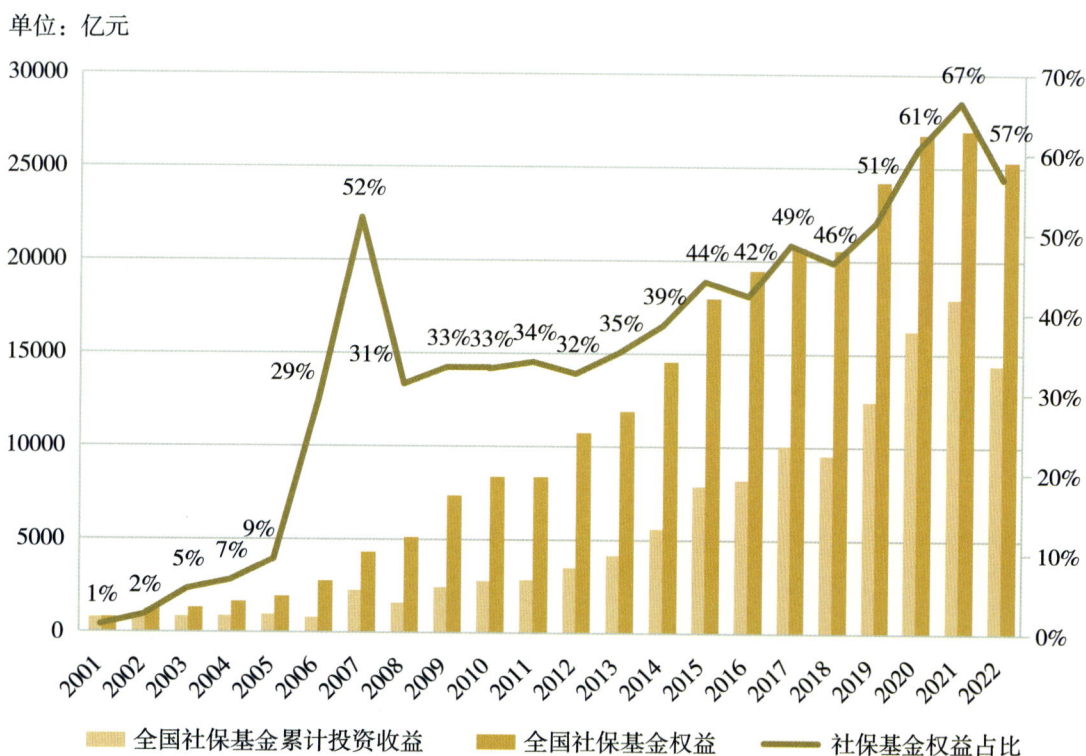

图 2-5 全国社保基金历年基金权益与投资收益情况

数据来源：Wind；《全国社会保障基金理事会社保基金年度报告（2022 年度）》。

第三章
第一支柱
基本养老保险制度

引 言

　　我国的养老金体系不断改革与发展，以全面建设中国特色社会主义发展道路为立足点，以满足国民日益增长的养老需求为落脚点，稳步探索符合中国特色社会主义的养老金体制，致力于建设完善的养老金体制机制以保障老年人的各项需求，扎实推进全体人民共同富裕的伟大蓝图。

　　经过数十年的不懈努力，我国养老金体系跨过了从无到有的攻坚时期，三支柱养老金体系蔚然成型。其中，基本养老保险为我国养老金体系第一支柱亦是核心部分，覆盖城乡就业和非就业人群，为广大老年群体提供最基本的退休收入保障。本章系统梳理了我国三支柱养老金制度的建立和改革过程，并在此基础之上，深入分析了基本养老保险制度的发展现状和投资情况。

一、中国养老金制度的历史变革

中国的养老金发展源自 20 世纪 50 年代前后。新中国成立后，国家便开始布局社会保障制度，至今已发展 70 余年。这期间，中国的养老保障制度一共经过四个阶段的发展和改革，逐渐形成现在的三支柱体系，成为世界上养老制度最完善的国家之一。

（一）社会化养老制度的初步建立（1948—1977 年）

1948 年，我国最早的养老保险制度在东北地区诞生。全国第六次劳动大会提出，在工厂集中的城市或条件具备的地方可以创办劳动的社会保险。同年 11 月，辽沈战役结束，当时的东北局职工运动委员会书记李立三参照苏联的社会保险模式，起草了《东北公营企业战时暂行劳动保险条例》，这是全国范围内首次提出"劳动保险"的概念。同年 12 月，《东北公营企业战时暂行劳动保险条例》正式颁布，这是国内在较大范围内实施的第一部独立的劳动保险法规，从铁路、邮电、矿山、军工、纺织等七大行业开始推行，不仅为当时的东北工人提供了稳定的保障，还为新中国成立初期第一次制定的《中华人民共和国劳动保险条例》奠定了基础。

新中国成立后，百废待兴。1951 年 2 月 26 日，《中华人民共和国劳动保险条例》正式实施，标志着新中国正式建立了社会保障制度。随着社会主义建设的推进，《劳动保险条例》先后经过了数次修订，提高了待遇标准，扩大了保险制度的覆盖范围，实现了除城镇机关和事业单位以外的所有企业职工及其家属的覆盖，由企业缴费、国家兜底，形成了典型的"国家—企业"保障性养老金体制。在劳动保险制度下，职工可以享受工伤待遇、医疗待遇、养老待遇、死亡待遇以及生育待遇。

1952 年、1955 年，政务院和国务院先后颁布《关于全国各级人民政府、党派、团体及所属事业单位的国家工作人员实行公费医疗预防的指示》《国家工作人员公费医疗预防实施办法》和《国家机关工作人员退休处理暂行办法》《国家机关工作人员退职处理暂行办法》，覆盖了机关事业单位的工作人员，实行与工龄挂钩的差别替代率养老金制度，由国家全部负责。到 1956 年，劳动保险覆盖范围达 1600 万人，全国范围内 94% 就职于国营、公私合营、私营企业的职工、签订了含有劳动保险内容的合同或拥有了劳动保险。国家以财政补贴的方式担保各经济单位有足够的资金来源，各经济单位被授予代替国家实施社会保障的权利，能够自行统包统配单位内部职工的工资福利待遇，劳动者不需要承担缴费义务。

1958 年，政务院颁布了《关于工人、职员退休处理的暂行规定》，明确对职工退休制度进行了调整，拓宽了适用人群覆盖范围。同年，《户口登记条例》正式出台，城乡二元户籍制度正式形成，社会保障城乡二元并行的制度根源由此产生。

表 3-1　中国养老金制度初步建设阶段的主要政策

政策名称	颁布时间	覆盖对象	负责部门
《中华人民共和国劳动保险条例》	1951 年 2 月 26 日	实现了除城镇机关和事业单位以外的所有企业职工及其家属的覆盖	企业缴费、国家兜底的典型养老金体制
《国家机关工作人员退休处理暂行办法》《国家机关工作人员退职处理暂行办法》	1955 年 12 月 15 日	机关事业单位的工作人员	国家全部负责
《1956 年到 1967 年全国农业发展纲要》	1956 年 1 月	农村五保户	农村合作社
《关于工人、职员退休处理的暂行规定》	1958 年	国营、公私合营的企业、事业单位和国家机关、企业的工人、职员	实行劳动保险的企业单位由劳动保险基金中支付；未实行劳动保险的企业单位由企业支付；事业单位、国家机关和人民团体由县级民政部门负责

正当我国养老制度刚刚步入快速发展阶段之时，"文化大革命"爆发。由于阶级斗争的广泛开展，大量工会被迫解散，原本应由工会承担的劳动保险职责遭到忽视。随着负责救灾、救济和社会福利的内务部和内务办在政府机构调整中被撤销，国家养老保障体系失去了中央层面的指导和管理。1969 年，财政部提出的《关于国营企业财务工作中的几项制度的改革意见（草案）》中断了劳动保险金的提取，将退休职工的养老支出转给了企业，而相关待遇仍旧遵循先前的政策标准。这一系列变动使得原本由国家、社会承担的养老责任转换为企业承担，使得《劳动保险条例》失去了其应有的效力，全国的社会统筹体系失去功能，养老保障制度变得封闭且碎片化。

（二）社会统筹模式的正式建立（1978—2000 年）

"文化大革命"结束后，国家迅速恢复并调整了养老保障政策，重新聚焦于老年人群体的生活保障问题。1978 年，国家颁布了针对机关事业单位干部的《关于安置老弱病残干部的暂行办法》及针对企业职工的《关于工人退休、退职的暂行办法》，这两项政策标志着退休保障体系的重新规划与实施，确立了以企业为主体承担责任的养老保障模式，为"文革"期间受损的养老制度提供了临时性解决方案。

虽然两个《办法》的施行在短期内缓解了国家的财政经济压力，但这一阶段的养老保障体系仍然是以单位为中心，国家提供最终保障的"国家—单位"养老保障模式，退休金主要由企业和事业单位负责发放，个人不需要缴纳养老保险。由于缺乏个人参与缴费，对于民营企业，特别是小微企业来说，承担员工养老金的压力逐渐加大。此外，不同规模和性质的企业之间在养老待遇上的差异导致了明显的收入不均。在社会保障制度成本不断上升的背景下，这种模式的可持续性也受到了挑战。

1984 年，我国开始在多地试行以地方保险为基础的社会统筹模式。江苏省泰州市、广东省东莞市和江门市、辽宁省黑山县、四川省自贡市等地率先试点实施国企退休社会统筹制度[1]，标志着国企退休

---

[1] 《党指引下的我国社会保障制度百年变迁》。

社会统筹制度的初步建立。1986 年，国务院进一步推动了国企职工退休制度的改革，出台《国营企业实行劳动合同制暂行规定》《国营企业招用工人暂行规定》《国营企业辞退违纪职工暂行规定》和《国营企业职工待业保险暂行规定》等四项规定，明确了退休养老金的来源应由企业和劳动者共同承担，从而正式确立了社会统筹模式，劳动合同制度开始在全国的国企施行。

1993 年，党的十四届三中全会通过的《中共中央关于建立社会主义市场经济体制若干问题的决定》明确提出城镇职工养老金由单位和个人共同负担，采取社会统筹和个人账户相结合的模式。1995 年《国务院关于深化企业职工养老保险制度改革的通知》规定基本养老保险费用由企业和个人共同承担。1997 年 7 月国务院颁布《关于建立统一的企业职工基本养老保险制度的决定》，在全国范围推行社会统筹和个人账户相结合养老保险制度。自此，社会统筹和个人账户结合的城镇职工基本养老保险制度正式建立，为中国的养老保险体系提供了坚实的制度基础。

对于农村地区，从 1958 年开始实行的城乡二元养老制度使得"文革"后针对企业的养老政策并未在农村地区开展开来，所以沿用了"文革"前的"五保供养"制度。1986 年，民政部向国务院提交《关于探索建立农村基层社会保障制度》，提出建立农村基层社会保障制度的建议，并随后在上海郊区、苏南地区进行试点，1987 年开始在全国大范围试行①，农村社会养老保险制度开始逐步建立。1991 年，国务院出台的《关于企业职工养老保险制度改革的决定》首次提出农村养老保险改革的责任归属。1992 年，民政部发布《县级农村社会养老保险基本方案（试行）》，规定了保险对象、资金筹集办法、待遇领取和计发标准、基金统筹层次等内容，并提出建立个人账户，由县级政府设立农保基金管理委员会进行管理。至此，农村养老保险制度改革正式启动。

表 3-2　中国养老金社会统筹转型时期的主要政策

政策名称	颁布时间	覆盖对象	负责部门
《关于安置老弱病残干部的暂行办法》	1978 年	机关事业单位干部	企业单位由企业行政支付；党政机关、群众团体和事业单位，就地安置的，由原工作单位负责；易地安置的，分别由负责管理的组织、人事和县级民政部门另列预算支付
《关于工人退休、退职的暂行办法》	1978 年	企业职工	企业发放
《国营企业实行劳动合同制暂行规定》《国营企业招用工人暂行规定》《国营企业辞退违纪职工暂行规定》《国营企业职工待业保险暂行规定》	1984 年	国营企业职工	国营企业
《县级农村社会养老保险基本方案（试行）》	1992 年	市城镇户口、不由国家供应商品粮的农村人口	个人缴纳、乡镇企业提供集体补助

① 劳动部课题组.中国社会保障体系的建立和完善 [M].北京：中国经济出版社，1994：138.

政策名称	颁布时间	覆盖对象	负责部门
《中共中央关于建立社会主义市场经济体制若干问题的决定》 《国务院关于深化企业职工养老保险制度改革的通知》 《关于建立统一的企业职工基本养老保险制度的决定》	1993—1997年	城镇企业职工	社会统筹和个人账户结合

（三）现代养老制度的完善（2000年至今）

2000年以后，中国经济进入高速发展阶段。但是随着人口老龄化的问题逐渐凸显，基于"社会统筹与个人账户相结合"的养老制度开始"力不从心"。对于改革前已退休的老年人群体和改革前参加工作但改革后才退休的中年人群体，由于缺乏足够的积累，导致社会统筹账户出现了巨大的支付缺口。这迫使各地社保部门动用个人账户资金来填补即期支出，造成个人账户名存实亡，长期处于"空转"状态。挪用个人账户造成的新债，加之未偿还的"隐性负债"旧债和拆东墙补西墙的措施，将养老偿付缺口无限扩大，不仅严重影响了公众缴费的积极性，还偏离了改革初衷。

2000年，国务院选择辽宁省作为完善城镇社会保障体系的试点地区，随后在2005年将试点范围扩大至其他八个省市，深化养老保险制度改革。2007年，劳动和社会保障部联同财政部推出了省级基本养老保险的统一标准，进一步加强了制度的统一性。

2002年，国务院颁布《企业年金暂行条例》，将企业年金纳入法律框架，2004年进一步明确了企业年金计划的管理与运营规范。这标志着中国养老制度从单一模式向双支柱模式的转变。

但随着人口老龄化问题的加剧，双支柱模式开始显现出负担过重的局面。2022年，国务院办公厅发布《关于推动个人养老金发展的意见》，旨在推动个人养老金发展的新政策，构建三支柱养老制度。同年11月4日，五部门联合发布《个人养老金实施办法》。11月17日，《人力资源社会保障部办公厅、财政部办公厅、国家税务总局办公厅关于公布个人养老金先行城市及地区的通知》将36个城市及地区划作个人养老金先行城市并成立试点。中国的养老保障三支柱体系正式建立，迎来了新的发展风向。

二、中国基本养老保险的发展现状

基本养老保险制度是中国养老金制度体系的核心，包括城镇职工基本养老保险制度和城乡居民基本养老保险制度。基本养老保险属公共养老金性质，由政府立法强制实施，是我国养老金体系的主要组成部分。养老金待遇由基础养老金和个人账户养老金组成。参加城乡居民养老保险的个人，年满60周岁、累计缴费满15年，且未领取国家规定的基本养老保障待遇的，可以按月领取城乡居民养老保险待遇。

城镇职工基本养老保险制度主要覆盖就业人群。在中华人民共和国境内，职工（包括公务员和参照公务员法管理的工作人员）应当参加基本养老保险，由用人单位和职工共同缴纳基本养老保险费。其中，用人单位应当按照国家规定的本单位职工工资总额的比例缴纳基本养老保险费，记入基本养老保险统筹基金。职工应当按照国家规定的本人工资的比例缴纳基本养老保险费，记入个人账户。目前，用人单位基本养老保险缴费比例为 16%，职工缴费比例为 8%。

无雇工的个体工商户、未在用人单位参加基本养老保险的非全日制从业人员以及其他灵活就业人员可以参加基本养老保险，由个人缴纳基本养老保险费。

基本养老金由统筹养老金和个人账户养老金组成。基本养老金根据个人累计缴费年限、缴费工资、当地职工平均工资、个人账户金额、城镇人口平均预期寿命等因素确定。个人账户不得提前支取，个人死亡的，个人账户余额可被继承。

城乡居民基本养老保险制度主要覆盖城乡非就业人群，实行个人缴费、集体补助和政府补贴相结合的筹资模式。城乡居民基本养老保险待遇由基础养老金和个人账户养老金组成。参保人员达到法定退休年龄的，按月领取养老保险待遇。

根据人社部《2023 年 1—12 月人力资源和社会保障主要统计快报数据》，截至 2023 年 12 月，我国基本养老保险参保人数达 10.6 亿人口。其中，城镇职工基本养老保险参保人数 5.21 亿人，城乡居民基本养老保险参保人数 5.45 亿人。

图 3-1　基本养老保险参与人数

数据来源：人社部：《2023 年 1—12 月人力资源和社会保障主要统计快报数据》。

三、中国养老金投资的特点

中国的养老金制度经过数十年的发展，从无到有，不断探索和创新，投资模式逐步完善和创新，形成了具有中国特色的独特模式。

（一）基础养老保险由国家统一运营管理

自 20 世纪 80 年代开始，中国的养老金制度经过不断的改革和探索，最终确立了由国家、企业和个人共同负担的基金筹集模式，确定了由国家统一管理，由国家社保基金会和地方社保基金会进行投资管理。随着改革的进一步深入，2022年，人社部宣布启动企业职工基本养老保险的全国统筹。

实行养老金的政府统筹是推进国家治理体系和治理能力现代化的重要举措，是实现共同赋予的必经之路。一是从制度上解决了基金的结构性矛盾问题。由于我国各区域之间发展不均衡，各区域间的经济发展水平和人口年龄结构等存在差异，导致各省之间的养老金收支结构存在矛盾。由国家统一管理养老金不仅能够提高养老金的公平性和可持续性，合理分配和调剂各省市之间的负担差异，还能提高管理效率和服务水平，建立统一的运营管理模式和发放制度，为参保人员提供优质高效的服务。二是有利于提高资金的透明度和公开性。统一管理的养老金会由人社部进行定期的公开披露，让社会公众了解养老金的运作情况，提高了社会群众对养老金制度的信任度。

（二）以稳定的长期投资为主

与其他投资基金相比，养老基金更注重稳健性和长期性，其资金的筹集和运用都有严格的程序和标准。《全国社会保障基金投资管理暂行办法》明确规定社保基金投资范围仅限于银行存款、买卖国债等流动性良好的金融工具，并且规定了投资比例。在此基础之上，社保基金的投资管理人和理事会需要按管理手续费的20%提取风险准备金用于弥补投资管理中出现的亏损。

表 3-3　社保基金投资范围和比例

投资品种	投资比例
银行存款和国债	不低于50%，且银行存款的比例不得低于10%。在一家银行的存款不得高于社保基金银行存款总额的50%
企业债、金融债	不得高于10%
证券投资基金、股票	不得高于40%

（三）自上而下的驱动模式进行发展

相较于发达国家，我国的养老金起步时间较晚，加上政府统筹的管理模式，逐渐形成以政策推动作为第一驱动力的发展模式。自新中国成立以来，中央围绕多层次养老体系框架陆续推出多项养老金的顶层设计，"十四五"规划纲要也提出要发展多层次、多支柱的养老保险体系。在政府政策的引导和支持下，我国养老金规模不断扩大，覆盖面不断拓宽，为越来越多的老年人提供了稳定的生活保障。同时，政府还通过税收优惠、财政补贴等方式，鼓励企业和个人积极参与养老金的积累和投资，进一步推动了多层次、多支柱的养老金体系的形成和完善。

从养老金三支柱的结构来看，我国主要支柱为第一支柱，而发达国家大多以第二、第三支柱为主，从另一方面体现出我国当前的养老金体系依旧是以政府为主要推力。

四、中国养老金投资有待改进之处

（一）年金资金属性和风险偏好存在不一致情况

从投资运营实践来看，困扰我国养老金投资的主要障碍集中在风险偏好方面。社保基金和基本养老保险的风险偏好较为明确，而企业年金和职业年金的风险偏好和资金属性不一致情况较为突出：由于参与人风险偏好差异较大，风险偏好较低的群体决定了年金计划的整体偏好，导致投资过于保守。尤其是市场下行阶段，出于规避风险的目的，企业年金倾向于降低权益资产占比，反而在一定程度上助长了非理性投资者的"追涨杀跌"行为。

（二）赋予计划参与人投资选择权或影响保值增值目标，投资者教育和投顾发挥的作用相对有限

我国香港地区和英美发达国家普遍在个人养老金运作中设置个人选择权。业内讨论较多的解决方法是，由市场提供差异化的投资服务，赋予养老金参与人投资选择权。但实践证明，个人选择权与资产保值增值目标难以兼顾。例如，公募基金提供了居民财富保值增值的投资渠道，赋予了个人投资选择权，但"基民"亏钱现象长期存在。再如，香港强积金计划为匹配个人风险偏好设置了不同风险类型的投资基金，其中风险偏好最高的股票投资基金长期收益率仅为 5.1%，如果个人风险偏好较低，则长期收益率很难战胜通货膨胀。强积金运营的初衷虽好，但是实际结果是降低了个人账户的投资收益。

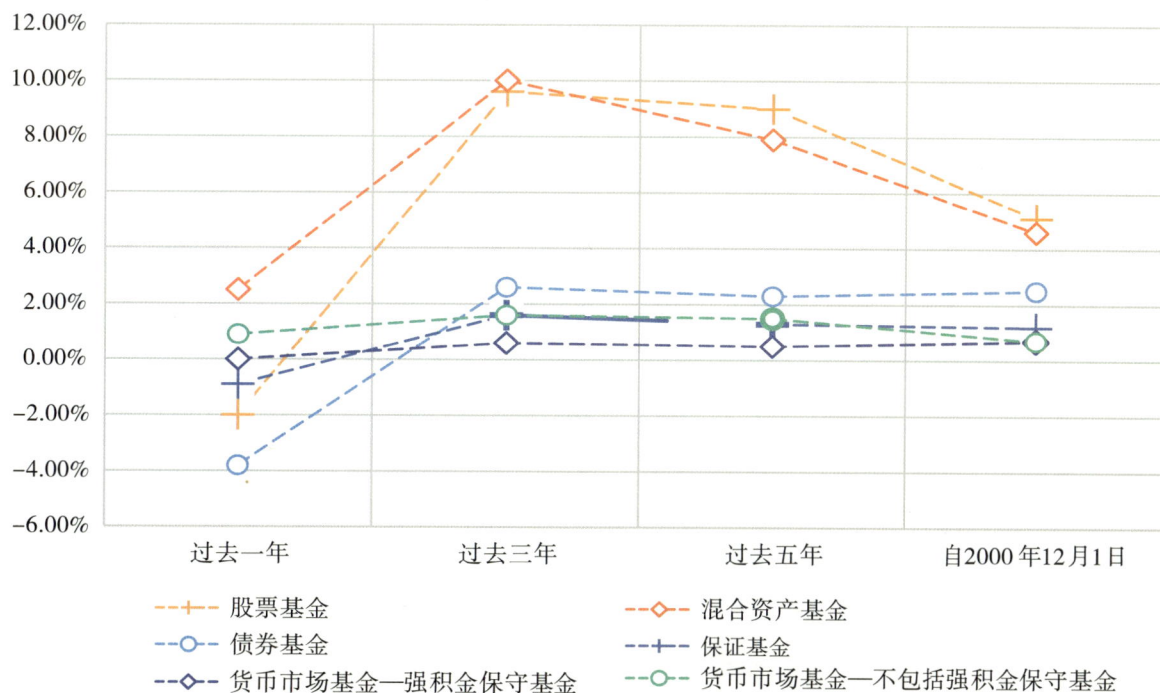

图 3-2　按基金类别及投资期间划分的强基金投资回报

来源：根据公开资料整理，数据截至 2021 年。

投资者教育能否让个人选择权发挥更好作用？投资者教育工作目标主要包括：帮助投资者增强投资认知、提高投资技能、健全投资理念、正确认识自身的风险偏好等，很难期望投资者教育能够改变个人投资者的非理性投资行为。即使是接受过专业投资教育的个人投资者，在面对高度波动的资本市场时，也很难始终保持理性客观，难免决策失误。因此，不宜过分夸大投资者教育的作用。

基金投顾能否解决个人风险偏好差异化的问题？短期内，基金投顾与个人养老金业务结合存在一定难度：第一，投资者对基金投顾的接受度不高、使用率低。第二，投顾团队专业能力有待提高，投顾策略和服务的多样化不够。第三，于投资者而言，基金投顾的独立性难以保证，投顾团队往往倾向于推荐所在公司的基金，具有一定的营销性质。

（三）以第一支柱为主的养老金支付体系导致财政支出存在一定压力

尽管我国养老金的三支柱体系已初步建立，但当前的养老金体系依旧以第一支柱为主，即以基本养老保险为主要保障。也正是由于这个原因，加上我国老龄化程度逐渐加深、劳动力减少等因素，导致我国的城镇职工基本养老保险基金收支自 2015 年开始出现压力。并且我国的基本养老保险基金管理较为分散，市场化投资运作比重较低，整体运营效率不佳[1]。

五、基本养老保险基金的投资情况

（一）基本养老保险基金投资政策

基本养老保险基金，包括企业职工、机关事业单位工作人员和城乡居民养老基金。各省、自治区、直辖市基本养老保险基金结余额，可按规定预留一定支付费用后，确定具体投资额度，委托给国务院授权的机构进行投资运营。目前的被授权机构为社保基金会。

社保基金会作为受托人履行受托职责，包括建立健全基本养老保险基金受托投资内部管理制度、风险管理制度和绩效评估办法；选择、监督、更换托管机构、投资管理机构；制定基本养老保险基金投资运营策略并组织实施；定期向国务院有关主管部门提交受托管理业务情况的报告；定期向社会公布基本养老保险基金投资情况等。社保基金会应当将基本养老保险基金单独管理、集中运营、独立核算，可对部分基金资产进行直接投资，其他部分委托其他专业机构投资。申请基本养老保险基金托管业务、投资管理业务的机构，需向受托机构提交申请。

基本养老保险基金限于境内投资。投资范围包括：银行存款、中央银行票据、同业存单；国债，政策性、开发性银行债券，信用等级在投资级以上的金融债、企业（公司）债、地方政府债券、可转换债（含分离交易可转换债）、短期融资券、中期票据、资产支持证券，债券回购；养老金产品、上市流通的证券投资基金、股票、股权、股指期货、国债期货。基本养老保险基金可以通过适当方式参与投资国家重大工程和重大项目建设。对于国有重点企业的改制、上市，基本养老保险基金可以进行股权投资。

---

[1] 《中国养老金融发展报告 2023》。

基本养老保险基金投资比例，按照公允价值计算应当符合下列规定：投资银行活期存款、一年期以内（含一年）的定期存款、中央银行票据等流动性资产的比例，合计不得低于基金资产净值的 5%；投资一年期以上的银行定期存款，剩余期限在一年期以上的国债、金融债、企业（公司）债等固定收益类资产的比例，合计不得高于基金资产净值的 135%；投资股票、股票基金、混合基金、股票型养老金产品等权益类资产的比例，合计不得高于基金资产净值的 30%；投资国家重大项目和重点企业股权的比例，合计不得高于基金资产净值的 20%。基本养老保险基金资产参与股指期货、国债期货交易，只能以套期保值为目的，并按照中国金融期货交易所套期保值管理的有关规定执行。国务院有关主管部门（人力资源和社会保障部、财政部）可根据金融市场变化和投资运营情况，适时报请国务院对养老基金投资范围和比例进行调整。

表 3-4   基本养老保险基金投资比例规定

资产类别	投资比例
银行活期存款、一年期以内（含一年）定期存款、中央银行票据等流动性资产	合计不得低于基金资产净值的 5%
一年期以上的银行定期存款、剩余期在一年期以上的国债、金融债、企业债等固收类资产	合计不得高于基金资产净值的 135%
股票、股票基金、混合基金、股票型养老金等权益类资产	合计不得高于基金资产净值的 30%
国家重大项目和重点企业股权	合计不得高于基金资产净值的 20%

（二）基本养老保险基金投资收益情况

基本养老保险基金，是各省（自治区、直辖市）人民政府和新疆生产建设兵团根据 2015 年 8 月 17 日国务院印发施行的《基本养老保险基金投资管理办法》，委托社保基金会管理的基本养老保险部分结余基金及其投资收益。2022 年，基本养老保险基金资产总额达 18453.73 亿元，投资收益率 0.33%，已实现收益率 3.10%。2017 年至 2022 年，基本养老保险基金每年实现正收益，年均投资收益率约 5.44%。

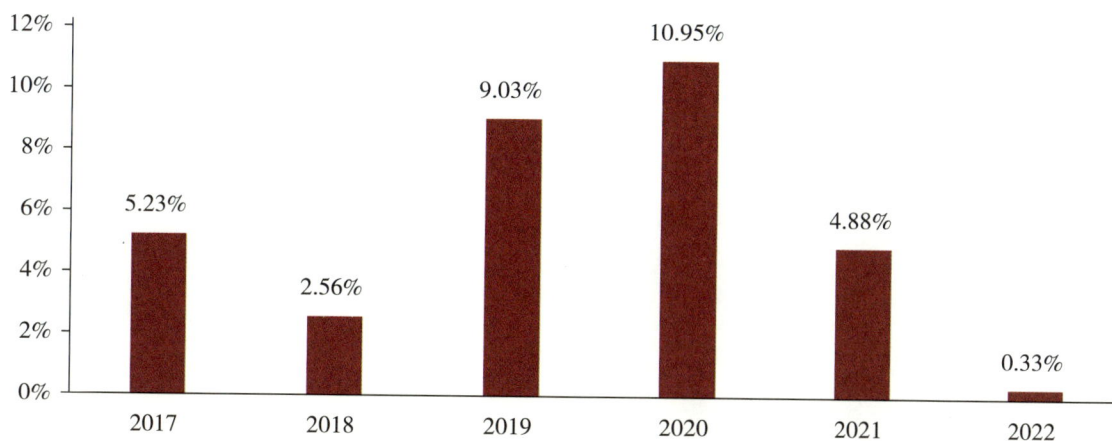

图 3-3   基本养老保险基金投资收益率

数据来源：全国社保基金理事会。

六、小结

中国是世界上人口最多的国家之一，也是老龄人口最多的国家之一。发展多层次、多支柱的养老保障体系，对促进经济和社会的可持续发展具有重要的现实意义。新中国成立以来，国家政府不断优化和调整国内的养老制度，极力保障所有国民的养老问题。我国的养老制度也从最早的单支柱体系逐渐演变成现在的三支柱体系，开始与国际体系接轨。党的十八大后，民生的保障和改善更是党中央强调的重中之重。在老龄化程度不断加深的今天，养老金投资发展的完善程度直接关系着国民退休后的生活保障。我国养老金体系的发展时间较短，在一定程度上还是弱于发达国家。因此应当发挥我国的创新优势，吸收国外经验，推动养老金投资实现创新发展。

第四章

第二支柱
年金制度

引 言

作为基本养老保障体系的有力补充，年金制度不仅能够为员工提供更加全面和可持续的退休保障，也是推动企业改善员工福利、提升自身竞争力的重要举措。随着人口老龄化程度不断加深，单一的社会养老保障体系不仅会对财政造成一定的支付压力，也无法满足老年人群多层次的退休收入需求。因此，年金制度作为一种补充性的养老金方案，逐渐受到了越来越多企业和员工的青睐。通过年金制度，员工可以在职业生涯中积累一定的资金储备，作为退休后的生活保障来源，减轻个人和家庭的养老压力。

目前，我国已经建立起了企业年金和职业年金制度，累计基金规模超过5万亿元，覆盖人次超7000万人。如何扩大年金覆盖面，并通过合理的投资管理实现年金资产的保值增值，是进一步完善和发展我国养老第二支柱的关键问题。本章通过总结我国年金制度的发展现状和投资模式，深入分析年金资产的投资表现，为进一步提升我国年金资产的投资效益提供参考。此外，本章还探索了如何利用金融科技赋能投资者教育，提升养老金投资的效率和风险管理能力，推动养老金投资领域的创新发展。

一、中国年金制度的基本概况

企业年金（职业年金）是指企业及其职工在依法参加基本养老保险的基础上，自主建立的补充养老保险制度。国家鼓励企业建立企业年金。2004 年 5 月 1 日，我国开始实施《企业年金试行办法》和《企业年金基金管理试行办法》，开展市场化投资运营。人社部公布的《2023 年三季度全国企业年金基金业务数据摘要》显示，截至 2023 年三季度末，全国企业年金基金积累规模达到 3.11 万亿元，参加企业 13.87 万个，参加职工 3102.95 万人。职业年金方面，据人社部统计，截至 2022 年末全国职业年金基金规模达到 2.11 万亿元，参加人数约为 4300 万人。粗略统计，我国社会养老保障第二支柱，累计基金规模超过 5.2 万亿元，参加人数 7400 万人。

职业年金是面向机关事业单位的第二支柱养老金计划，是作为机关事业单位退休制度并轨后，弥补其基本养老金待遇的手段。我国的职业年金制度最早出现在 2008 年 3 月 14 日发布的《国务院关于印发事业单位工作人员养老保险制度改革试点方案的通知》（国发〔2008〕10 号），其中《通知》明确指出："为建立多层次的养老保险体系，提高事业单位工作人员退休后的生活水平，增强事业单位的人才竞争能力，在参加基本养老保险的基础上，事业单位建立工作人员职业年金制度。"同时，《通知》明确了在山西省、上海市、浙江省、广东省、重庆市先期开展试点事业单位工作人员养老保险制度改革，探索尝试事业单位工作人员基本养老保险和职业年金制度的设计，并与事业单位分类改革试点配套推进。2011 年 7 月 24 日发布的《国务院办公厅关于印发分类推进事业单位改革配套文件的通知》（国办发〔2011〕37 号），其中，《事业单位职业年金试行办法》（以下简称《试行办法》）是 9 个分类推进

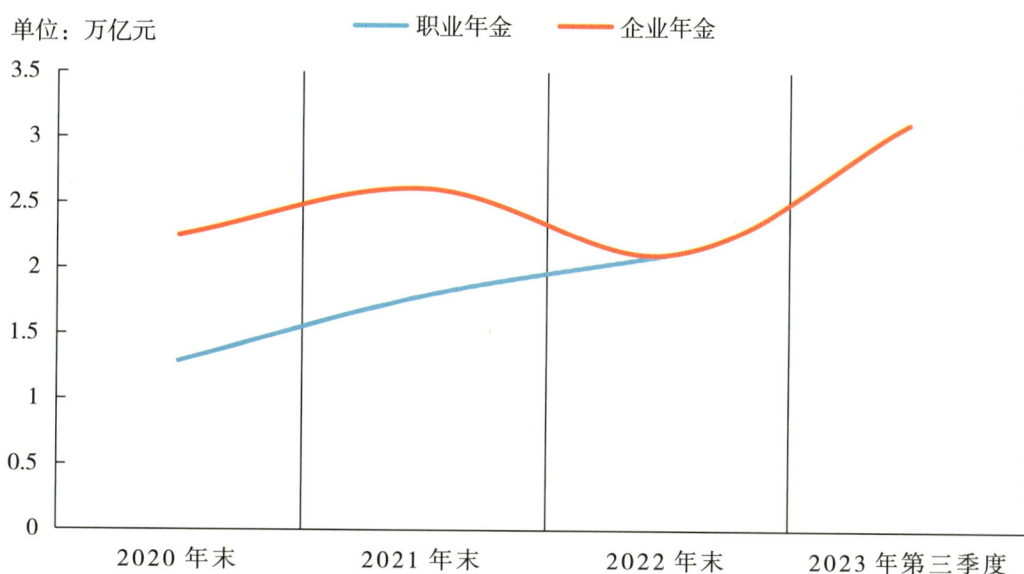

图 4-1　企业年金和职业年金累计规模

数据来源：人社部，深圳数据经济研究院整理。

事业单位改革配套文件之一，适用于上述 5 个试点省（市），这是我国第一次对职业年金制度进行规范，也是针对事业单位建立补充养老保险制度的第一次尝试。

2015 年 1 月 3 日，国务院发布《关于机关事业单位工作人员养老保险制度改革的决定》（国发〔2015〕2 号），标志着我国机关事业单位养老保险制度已经进入全面深化改革发展阶段。2015 年 3 月 27 日，国务院办公厅发布实施《关于印发机关事业单位职业年金办法的通知》（国办发〔2015〕18 号），这是继 2011 年《试行办法》实施以来，再一次对职业年金制度进行规定，并且扩大了试点地区，以及参加范围扩大为机关事业单位工作人员。《通知》的发布标志着我国已正式建立机关事业单位职业年金制度，并作为机关事业单位基本养老保险制度的补充。

企业年金（职业年金）所需费用由用人单位和职工个人共同缴纳。企业年金（职业年金）基金实行完全积累，为每个参保职工建立个人账户，按照国家有关规定投资运营。年金基金由用人单位缴费、职工个人缴费和基金投资运营收益组成。用人单位缴费每年不超过本单位职工工资总额的 8%，用人单位和职工个人缴费合计不超过本单位职工工资总额的 12%。实行企业年金（职业年金）制度后，用人单位如遇到经营亏损、重组并购等当期不能继续缴费的情况，经与职工一方协商，可以中止缴费。不能继续缴费的情况消失后，用人单位和职工恢复缴费并可予以补缴。

职工在达到法定退休年龄或者完全丧失劳动能力时，可以从本人企业年金个人账户中按月、分次或者一次性领取企业年金（职业年金）。出国（境）定居人员的企业年金（职业年金）个人账户资金，可以根据本人要求一次性支付给本人。职工或者退休人员死亡后，其企业年金（职业年金）个人账户余额可以继承。

二、年金投资模式

年金基金作为我国多层次、多支柱养老保险体系的重要组成部分，随着覆盖面和规模的不断增长，受到社会越来越多的关注。但因其市场化投资运营的参与主体均为年金基金管理机构，很多个人投资者甚至年金基金的受益人对其投资管理的过程并不十分了解。

作为我国养老保险三支柱体系的第二支柱，年金基金分为企业年金和职业年金，二者虽然在缴费强制性、账户管理和考核主体、管理运营机制上略有不同，但为从制度上保障年金受益人的公平，在具体的投资管理中所适用的投资范围、投资政策和投资方法并无差异。

从整体框架上看，年金基金的投资管理过程，可以概括为"一个模式与规则、两个目标与路径、三个资产与工具、四个角色与职责、五个流程与趋势"。

（一）一个清晰的模式与统一的规则

1. 清晰的信托管理模式

我国的企业年金发展相对较早，曾经出现过多种管理模式并存的情况，一些有管理能力的企业将年金基金交由其内部机构投资管理，一些企业则委托当地社保经办机构进行管理，还有一些企业干脆用企业年金直接购买银行存款或商业养老保险。为保障参与职工的权益，有关部门于 2004 年出台了《企业年金试行办法》和《企业年金基金管理试行办法》[①]，对企业年金的建立、管理模式和投资运营规则进行了统一规范。其中，明确了年金基金采取信托管理模式，受托人可以由企业成立的企业年金理事会担任，也可以是符合国家规定的持牌法人受托机构。在这一信托模式下，建立企业年金的企业和职工是委托人，年金理事会和法人受托机构是受托人，受托人选择和监督相应年金基金的投资管理人、账户管理人、托管人，确保年金基金资产独立于所有参与角色运作。

清晰的信托模式构建了受托管理、投资管理、账户管理、托管这四项彼此独立、相互衔接与监督的业务流程，保障了年金受益人的年金财产和权益的安全性。其中，受托管理是整个计划的业务核心，为年金基金投资运营的全流程和最终结果负完全责任，而基金管理公司因其在投资管理的专业积累，在这一管理流程中主要承担投资管理人的角色。

2. 统一的投资管理政策

企业年金基金借由信托模式顺利平稳市场化运营以后，人社部联合金融监管部门于 2011 年发布《企业年金基金管理办法》，人社部与财政部于 2017 年发布《企业年金办法》，对企业年金参与主体、投资管理等方面进行了更详细的规定。2015 年，国务院办公厅发布了《机关事业单位职业年金办法》，2016 年人社部发布了《职业年金基金管理暂行办法》，对职业年金的管理等做出明确规定。

如前文所说，企业年金与职业年金在投资管理政策上遵循统一的政策与管理要求，在投资范围、投资比例等维度均保持一致。而在具体执行中，不同的年金计划因委托人的风险收益偏好不同，可能会存在差异，但在制度设计层面均遵循统一的政策要求。

（二）两个明确的目标与实现路径

1. 稳健安全与长期持续的投资目标

从资金本质属性来看，年金基金属于养老保险第二支柱，是保障受益人幸福晚年的"养老钱""养命钱"，对资金安全性的要求极高，必须首先保证其安全与稳健。同时，作为资本市场较为重要的长期资金，年金基金可以在投资上适度兼顾长期资金投资的机会，拉长投资周期从更宏观的视野评估所投资产，投资目标也兼顾适度收益和长期收益。从投资目标上来看，不同于公募基金产品，年金基金的投资目标需要兼顾稳健安全和长期持续两个目标。

2. 资产配置与自上而下的实现路径

在明确大的投资目标以后，年金基金计划及组合还需要按照不同年金计划自身的风险收益偏好确定其中枢仓位，也就是长周期下的风险暴露目标，部分风险偏好较低的年金计划或组合有可能选择全部投资于固定收益类资产以保持稳健，但绝大多数年金计划或组合为获取长期适度回报，会在年金基金 40% 的权益上限内保持一定比例权益类资产仓位。

实践路径之一靠的是大类资产配置能力。根据每个组合风险收益偏好的不同，年金组合投资经理

[①] 后续人力资源和社会保障行政部门又联合金融监管部门陆续出台了相关政策法规，对年金基金管理进行了进一步规范和完善。

会根据对当前宏观经济、权益及固收市场的判断，结合组合累计业绩和业绩考核目标，在中枢仓位上进行资产配置调整，保持相对灵活的权益仓位和杠杆水平。

实践路径之二靠的是自上而下选股和择券的能力。在明确一定时间段内资产配置比例的基础上，投资经理在研究部门的帮助下，自上而下优选估值相对较低、性价比较高的个股或个券，有时也会配置业绩优秀的年金养老金产品或公募基金来完成组合投资过程，进而获得资本市场的阿尔法。这一过程与公募基金自上而下的投资过程类似，是年金管理机构和投资经理挖掘优质资产能力的集中体现。

（三）三类可投的资产与配置的工具

1. 年金基金可投资的三类主要资产

2020年，人力资源和社会保障部发布了《人力资源社会保障部关于调整年金基金投资范围的通知》（人社部发〔2020〕95号），这一文件是目前最新的明确年金基金投资范围和限制的政策文件。

根据这一文件，目前年金基金可以开展境内市场投资和部分境外市场投资，主要集中于三个大类的资产：一是境内权益类资产，包括股票、股票基金、混合基金、股票型养老金产品等权益类资产的比例合计不高于40%。二是境内固定收益类资产，包括银行存款、标准化债权类资产、信托产品、债权投资计划、债券基金、固定收益型养老金产品等，这一类资产也是年金基金主要的配置方向。三是境外权益类资产，目前年金基金只能通过股票型养老金产品或公募基金来投向港股通范围内的香港联交所上市股票，其投资比例也计算进权益类资产比例。在当前投资范围和限制政策内，年金基金投资组合主要通过上述三类资产的动态配置和自上而下挖掘开展投资。

2. 年金基金常配置的三类主要工具

随着年金基金资产规模和投资组合数量的不断增长，其投资难度和强度随之不断提升，给年金基金的投资管理增添了不小难度。为了更好地提升组合管理效率、强化投资业绩，年金基金除直接投资于资本市场中的股票和债券以外，会借助一些配置工具开展投资。

年金基金在日常投资管理中常用的配置工具主要有三类。

一是以后端归集提升投资效率为主要目的的年金养老金产品。借由年金养老金产品，可以将许多风险收益偏好类似的中小规模年金组合的资金归集在一起统一管理，这样既提升了优秀投资经理的管理效率，使得很多中小组合也能够由优秀的投资经理进行投资操作，也能够通过规模提升积极参与包括股票打新在内对组合规模有门槛限制的投资策略。

二是以稳定计价平滑业绩稳定性为主要目的的信托计划和债券投资计划。在现有的政策框架下，年金基金可以借由以成本法进行估值的非标产品的配置，实现相对稳定的收益回报，进而助力年金组合的净值相对平滑，保障在不同时期退休领取待遇的受益人的公平权益。

三是以套期保值对冲市场风险为主要目的的股指期货和国债期货。年金基金可以投资于股指期货和国债期货，但是根据组合风险管理的原则，开展这些投资只能以套期保值为目的对冲市场风险，其主要的目的仍然是控制投资组合的市场风险。

（四）四种分工协同的角色与职责定位

从实质上看，年金基金是由委托人、受托人、账户管理人、托管人和投资管理人共五类角色共同进行管理，但一般而言委托人是由参与年金的职工和企业组成，并不直接参与到年金基金投资运营的角色中，具体到投资运作主要是后面四类角色组成，而这四类角色除受托人中的企业年金理事会以外，包括法人受托机构在内的其他角色，均是符合国家法律法规的持牌市场机构。

年金受托人是一般意义上年金计划的"大管家"，是指受托管理年金基金的企业年金理事会或符合国家规定的法人受托机构。从职责上看，受托人需要选择、监督、更换相应年金计划的账户管理人、托管人和投资管理人以及其他中介服务机构，制定年金基金的投资策略，编制相应报告，收取归集缴费并发放退休待遇等，职责涉及年金计划管理全流程的方方面面。对一个年金计划来说受托人是唯一的，但在合同期满时，委托人也可以根据相应的考核结果更换受托人。

年金账户管理人是指受托人委托管理年金基金账户的专业机构，企业年金账户管理人由持牌市场机构担任，职业年金账户管理人由各地社保经办机构担任。从职责上看，账户管理人需要建立年金基金的相应账户和个人账户，记录企业及机关事业单位、职工的缴费以及投资收益，计算年金待遇并提供账户查询、账户管理档案保存等。同一合同期，账户管理人也是唯一的，合同期满后，受托人可以更换账户管理人。

年金托管人是指由受托人委托保管年金基金财产的商业银行或专业机构，无论企业年金还是职业年金一般均由持牌商业银行担任。从职责上看，托管人作为信托模式下保障年金基金财产独立性的重要载体，需要安全保管年金基金财产，以年金基金名义开设各类资金账户和证券账户，确保基金财产完整独立，同时要根据受托人的指令向投资管理人分配年金基金财产，根据投资管理人的投资指令及时办理各类清算交割。更重要的是，托管人还负责年金基金的会计核算和估值，复核基金财产净值和有关数据，监督投资管理人的投资运作，是年金基金风险管理的重要一环。与受托人、账户管理人相同，在同一合同期，托管人是唯一的，合同期满可以更换托管人。

投资管理人是年金基金投资运作最直接的执行者，也是投资管理的核心，是受托人委托投资管理年金基金财产的专业机构，目前共有包括11家公募基金在内的22家持牌机构。从职责上看，投资管理人在获得受托人分配的基金财产后，需要依照法律法规规定对年金基金财产展开投资，同时及时与托管人核对年金基金会计核算和估值结果，建立年金基金投资管理风险准备金并按时向监管机构报送相关报告。投资管理人是直接开展年金基金投资管理的角色，其承担着投资业绩长期稳定的关键职责。年金基金的投资从受托人到投资管理人采用MOM的形式进行委托，受托人依据计划需要和不同投资管理人以及投资经理的风格，选定投资管理人并设立投资组合，根据不同组合的风险收益定位分配资金交由投资经理管理，因此同一个年金计划中可能同时存在多个投资管理人管理各自的年金基金组合。

（五）五个投资管理的协作流程与发展趋势

1. 年金基金投资管理的五个核心流程

从年金基金的投资流程来看，由受托人选定投资管理人和投资经理以后，分配资金成立年金投资组合，正式进入投资管理流程。

一是确定组合投资目标和风险收益水平，不同的投资管理人因其投资风格和擅长领域的不同，在同一年金计划下需要承担不同的角色。部分管理人擅长固定收益投资，就会在计划下主要承担收益稳定器的作用；部分管理人权益投资业绩优秀，则相应发挥其提升计划收益水平的作用；部分管理人流动性管理水平较高，则可以作为计划待遇支付组合的管理人。因此，在投资管理过程中，首先就是根据年金计划的需要以及管理人的能力确定其投资的目标和风险收益水平。

二是确定组合大类资产配置水平。在明确了投资目标以后，就要根据不同的目标确定相应的组合权益仓位中枢，为组合的资产配置制定一个基准的"锚"，未来在应对不同的宏观经济形势和资本市场表现时，组合就根据资产配置的基准"锚"来相应地进行一定的偏离，以获取动态资产配置的收益。

三是开展具体的投资品种投资。确定好资产配置框架和中枢仓位以后，投资经理在给定的相应资产的区间范围内，充分发挥自身的投资管理能力和所在机构的研究能力，自上而下地挖掘优质的个股和个券，以获取阿尔法。同时，借助年金养老金产品、信托计划和债券投资计划、股指期货和国债期货等进行战略或战术性的投资，以进一步提升管理效率和投资业绩。

四是开展全流程的风险监控。受托人、投资管理人、托管人各司其职，根据年金基金投资政策法规以及年金计划投资指引、年金组合投资监督表等，借助系统化的手段设置各类细化的风控阈值，对投资管理进行全流程的事前、事中、事后风险监控，对超出投资比例和限制要求的投资行为予以拒绝或及时调整，保证投资管理全流程合规且风险可控。

五是开展定期的投资业绩绩效评估。依托年金计划和年金组合的投资业绩考核办法，以季度、半年度、年度、三年、五年等不同的时间周期，穿透至各类属资产对投资管理的绩效和风险控制进行评估，评价指标包括区间投资收益、区间相对排名、区间最大回撤、夏普比率、波动率和是否触及信用风险事件等，依照业绩绩效评估的结果，决定投资管理合同是否续签或下一阶段的资金分配或调整方案。再回到第一个步骤，重新对各投资组合进行新的目标定位，以实现一个相对完整、动态且专业的业务闭环。

2. 年金基金投资管理的五个发展趋势

尽管经过了近20年的市场化运作，我国的年金基金投资管理有关工作已形成了相对成熟、稳定且安全的运作管理模式，长周期维度看年金基金的累计业绩和年化投资收益真正实现了安全、稳定、可持续，人社部公布企业年金投资业绩以来的长期收益稳定超过了业绩基准的同时为年金受益人的晚年生活提供了坚实的保障。

但随着资本市场复杂性的不断提升和在过往投资实践中的不断探索，目前年金基金的投资管理呈现出五个明显的趋势。

一是投资管理的考核周期与决策周期不断向真正的长期资金靠拢。随着投资者教育水平的不断提升和年金委托人专业性的逐年提高，越来越多的委托人倾向于以三年为起始基准拉长投资管理的考核周期，以便于投资经理能够从更长周期的视角挖掘真正具备价值的资产，获得长期稳定的汇报。

二是后端管理的产品化集中度越来越高。年金养老金产品的类型、数量逐渐丰富，已经基本可以满足更多的中小年金组合将资金统一归集在年金养老金产品中统一投资，目前年金基金的产品化率已经超过 50%，随着年金养老金产品运作的不断规范和组合数量的不断提升，产品化管理将成为新的趋势。

三是对投资风险尤其是信用风险的敏感度逐渐提升。作为百姓养老钱和养命钱的年金基金投资的核心要务是防范风险，随着近年来信用风险事件的频发，越来越多的委托人关注到信用风险的防范，对信用品种和等级的要求越来越严格。

四是借助国际经验开展 ESG 投资尝试。从国际经验来看，ESG 投资对长期资金投资收益的正向提升十分显著，随着国内 ESG 有关信息披露机制的不断完善，不少投资管理机构尝试通过发行 ESG 主题年金养老金产品等形式探索 ESG 投资助力年金基金投资管理，取得了一定的效果。

五是积极响应国家新战略方向开展投资。养老资金既有养老属性也有金融属性，势必承担着服务和支持实体经济的重任，近年来越老越多的投资管理机构在日常的年金投资中积极响应国家新的战略方向开展投资，以更好地发挥长期资金支持实体经济的作用。

综上所述，年金基金已经成为我国资本市场长期资金和机构投资者的重要力量，随着年金基金覆盖面的扩大，年金投资将不断完善和发展，以更好地助力受益人幸福晚年，助力我国多层次多支柱养老保险体系的完善。

三、年金投资收益情况

（一）企业年金基金

根据《企业年金基金管理办法》（2011 年人社部令第 11 号），企业年金基金是指依法制订的企业年金计划筹集的资金及其投资运营收益形成的企业补充养老保险基金。2022 年，全国企业年金基金积

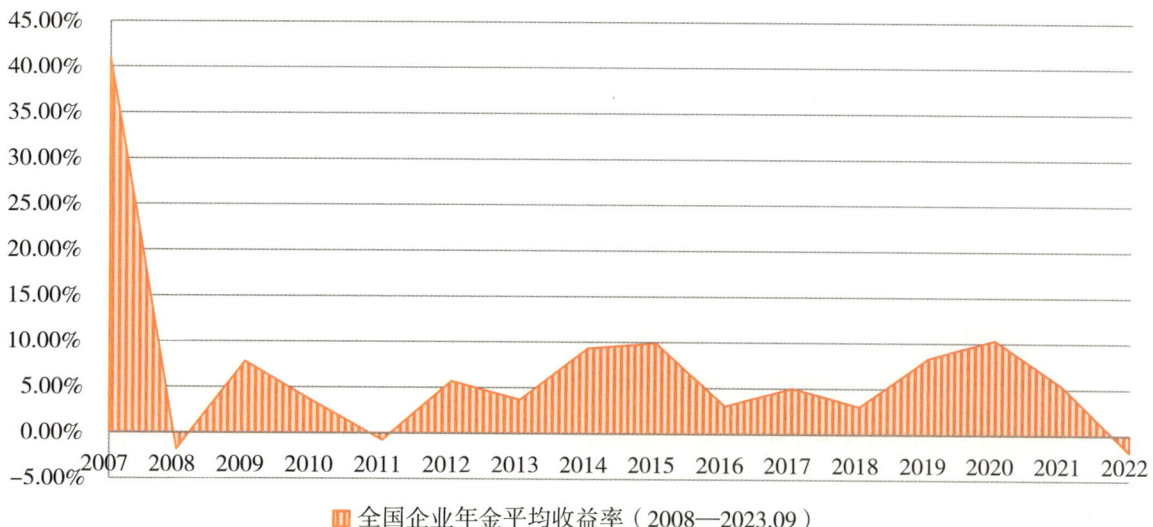

图 4-2　全国企业年金平均投资收益率

数据来源：人社部。

累基金 28717.92 亿元，建立企业年金的企业共 128016 个，参加职工共计 3010.29 万人。2007—2022 年，企业年金平均投资收益率为 6.27%。其间，仅在 2008 年、2011 年和 2022 年为负收益，其他年份收益率均在 3% 以上，2009 年、2014 年、2015 年、2019 年和 2020 年投资收益率分别为 7.8%、9.3%、9.9%、8.3% 和 10.3%。

（二）职业年金基金

根据《职业年金基金管理暂行办法（征求意见稿）》，职业年金基金是指依法建立的职业年金计划筹集的资金及其投资运营收益形成的机关事业单位补充养老保险基金。2014 年，国务院办公厅印发《机关事业单位职业年金办法》，标志我国职业年金正式形成。2019 年，我国启动职业年金基金市场化投资运营，采取集中委托投资运营的管理方式。2022 年，职业年金基金规模达 2.11 万亿元，参加人数约为 4300 万人，投资收益率为 −3.19%。自启动投资运营以来，全国职业年金基金年均投资收益率 5.34%。

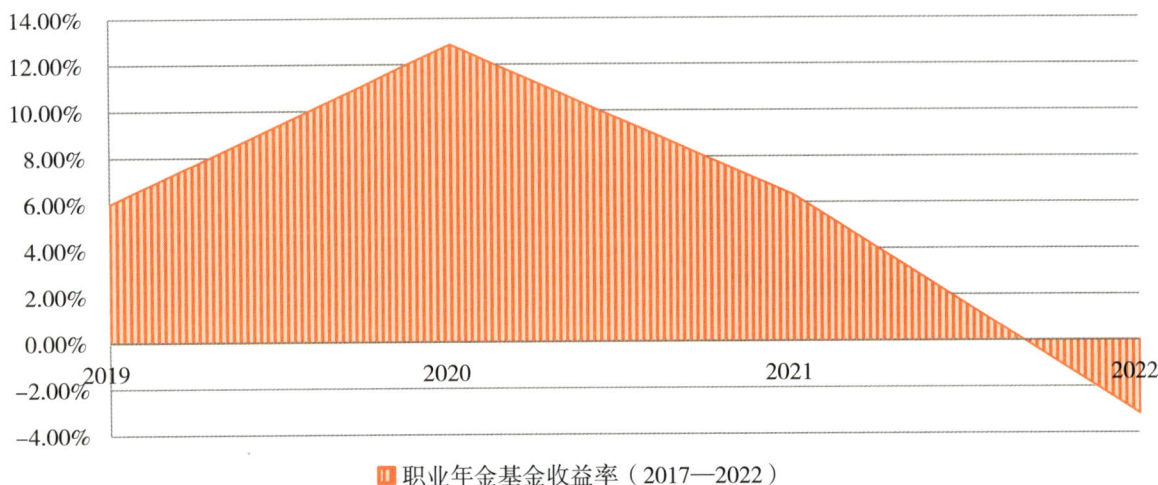

职业年金基金收益率（2017—2022）

图 4-3 全国职业年金基金平均投资收益率

数据来源：内部资料。

与养老金第一、第二支柱为广大职工取得的长期稳健收益形成显著对比的是，个人投资者在投资过程中往往很难获取稳健的回报，甚至常常亏损，"基金赚钱、基民不赚钱"现象长期存在。《中国证券投资基金业年报 2022》公布的个人投资者与基金投资收益率的分布数据显示，2019 年，市场回暖，沪深 300 指数取得了 36.07% 的上涨，四成以上的股票型基金产品盈利超过了 50%，且无一亏损，但仅有一成个人投资者表示其当年盈利超过 50%，有接近一半的个人投资者并没有实现盈利；2020 年，股票型基金表现较上年更为出色，但依然有近半的个人投资者未取得正收益；2021 年，市场板块分化较为显著，股票型基金优势较为突出，但约 46% 投资者处于亏损状态，亏损超过 20% 的个人投资者占到了所有投资者的 1/4。

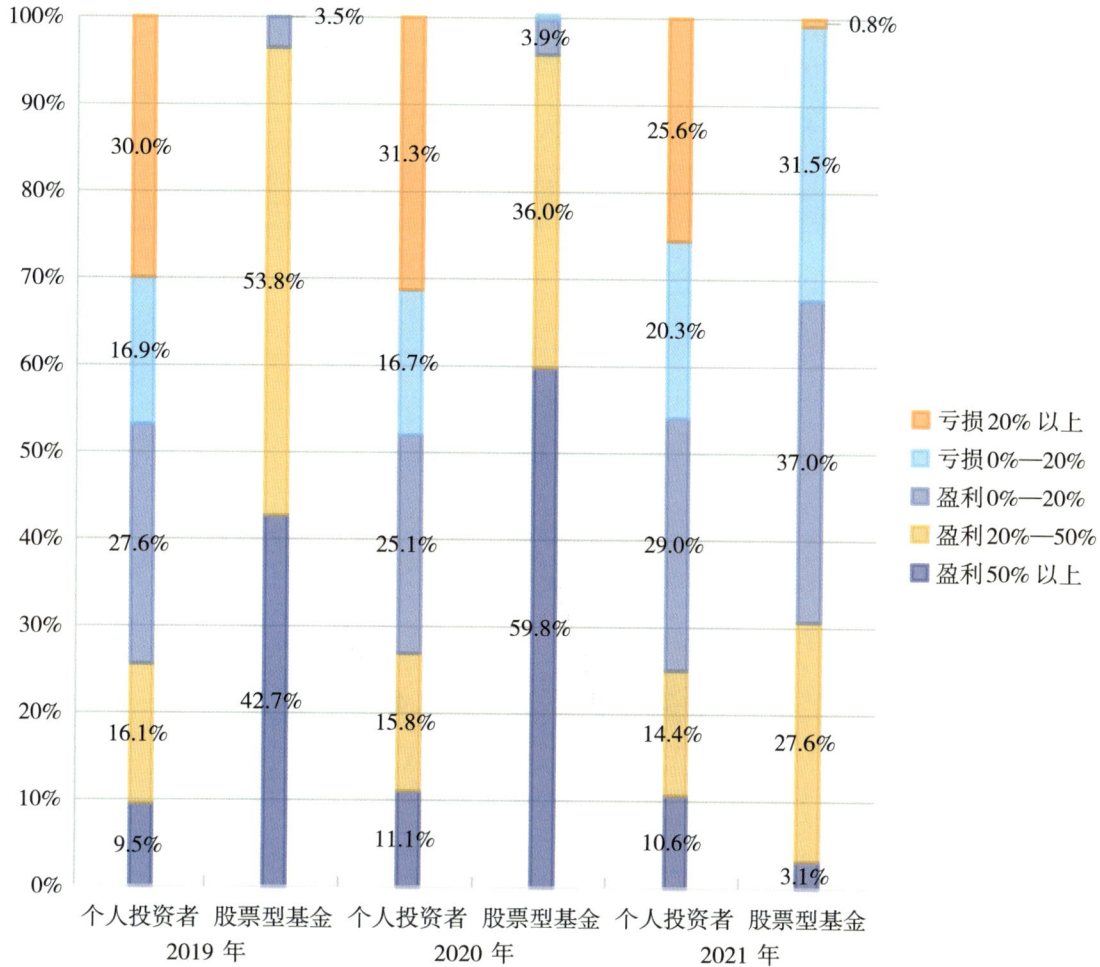

图 4-4 2019—2021 年基金与个人投资者投资能力对比

数据来源：《中国证券投资基金业年报 2022》。

四、养老金投资收益的原因分析

（一）养老金投资收益稳健的共性原因

1.资本市场是国民经济的"晴雨表"。养老金投资运营以来，中国经济先后经历了高速增长阶段和高质量发展阶段。养老金作为长期资金进行投资，其表现充分反映了中国经济发展的成果。

2.养老金第一、第二支柱坚持市场化投资运营，充分发挥各类金融机构专业化投资的优势。

3.养老金的投资范围不断扩大。如社保基金投资范围由成立之初的存款、国债，拓展至固定收益投资、股票投资、实业投资等领域，同时允许境内投资与境外投资；人社部先后在 2013 年、2020 年发布《关于扩大企业年金基金投资范围的通知》（人社部发〔2013〕23 号）、《关于调整年金基金投资范围的通知》（人社部发〔2020〕95 号）。

4.经过多年投资实践，养老金的投资机制和投资管理机构的投研体系日渐成熟，为养老金投资的稳健运作提供了坚实的保障。

截至2023年三季度末，基金行业管理的企业年金规模达12322亿元，占企业年金总规模的40%。截至2021年末，公募基金中来源于个人投资者的资金占比高达53.94%。虽然都是委托基金公司进行投资，个人投资者亏损严重，"基民不赚钱"现象长期存在，但企业年金却能取得优于市场表现的投资回报。究其原因，在企业年金的"五人"（委托人、受托人、投资管理人、托管人和账户管理人）治理结构中，受托人在委托人与投资管理人之间形成隔离，将个人非理性投资行为转化为较为合理的机构投资者行为，即通过制度设计改变了投资行为和结果。

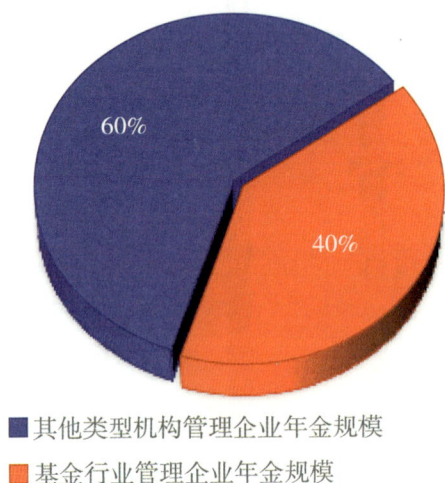

- ■ 其他类型机构管理企业年金规模
- ■ 基金行业管理企业年金规模

图4-5 2023年三季度末基金行业管理企业年金规模及占比

数据来源：人社部。

单位：%

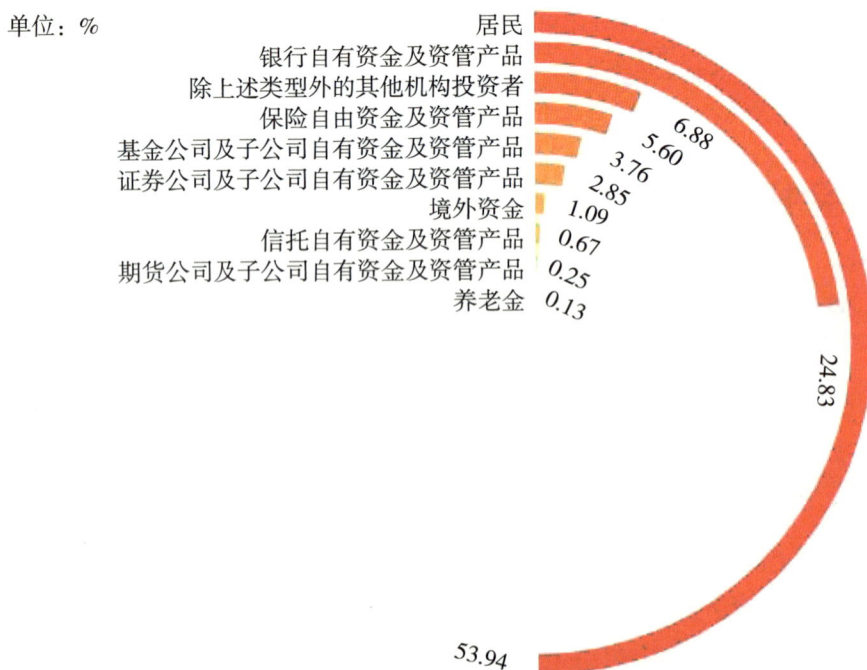

居民　53.94

养老金　0.13
期货公司及子公司自有资金及资管产品　0.25
信托自有资金及资管产品　0.67
境外资金　1.09
证券公司及子公司自有资金及资管产品　2.85
基金公司及子公司自有资金及资管产品　3.76
保险自由资金及资管产品　5.60
除上述类型外的其他机构投资者　6.88
银行自有资金及资管产品　24.83

图4-6 2021年末公募基金资金来源情况

数据来源：《中国证券投资基金业年报2022》。

（二）养老金内部投资收益差异化原因

由于我国职业年金设立时间较晚，投资管理模式与企业年金较为类似，因此着重分析对比企业年金与社保基金、基本养老保险的差异。

相对于企业年金而言，社保基金长期投资收益表现突出，主要得益于以下五个方面的差异。

1.社保基金作为国家社会保障储备基金，没有个人账户，因此没有定期进行待遇支付的流动性压力，而企业年金面临待遇支付的硬约束。

2.社保基金风险承受能力较强，在保证长期稳健投资回报的前提下允许年度亏损，风险政策为在90%的概率下，当年资产最大亏损不超过10%，但多数企业年金不仅要求长期投资回报稳健，还要求每年度保证正收益，不允许亏损。

3.社保基金投资范围相对广泛，包括境内外股票、债券、证券投资基金，以及境外用于风险管理的掉期、远期等衍生金融工具等，而企业年金投资范围仅限于境内投资和香港市场投资（港股通标的的股票）。

4.社保基金在投资运营中形成了较为完善的资产配置体系，资产配置能力较强。与之相对的是，多数企业年金没有建立起资产配置的机制，也不具备相应的能力。

5.社保基金坚持长周期考核，考核基准为已实现收益率而非投资收益率，排除了短期投资产生的浮盈浮亏对收益率的影响。

企业年金与基本养老保险基金在待遇支付、风险偏好、投资范围和考核机制等方面较为接近，二者主要区别在于，基本养老保险是待遇确定型（Defined Benefit，DB），即事先明确或基本明确职工未来的待遇水平；而企业年金是缴费确定型（Defined Contribution，DC），实行个人账户管理，待遇水平与个人账户积累额直接联系。由于DB计划下最终负责人是政府，而DC计划由单位和个人对投资结果负责，因此企业年金的风险偏好理论上高于基本养老保险。然而，在投资实践中，企业年金则是"以DB精神管理DC计划"。

表 4-1　养老金第一、第二支柱对比

	全国社会保障基金	基本养老保险基金	企业年金基金	职业年金基金
资金来源	中央财政预算拨款 国有资本划转	个人和单位缴纳	个人和单位缴纳	个人和单位缴纳
支出特征	基本无支付	有固定支付	有固定支付（递增）	有固定支付（递增）
账户特征	无个人账户	统账结合，有个人账户	个人账户、实账积累	个人账户、非实账积累
资金特征	长期净流入	现收现付，净流入	现金流确定（未来十年净流入）	现金流确定（未来净流入）
投资范围	广泛 （境内外、股权、衍生品）	类年金 （国家重点工程、国有企业改制上市股权、国债期货）	受限 （境内，无股权和不动产等）	同年金

续表

	全国社会保障基金	基本养老保险基金	企业年金基金	职业年金基金
受托人	社保基金理事会	社保基金理事会	年金理事会或法人受托机构（单受托）	地方社保委托年金法人受托机构（多受托）
投资理念	长期投资、价值投资、责任（纪律）投资	同社保，审慎投资、安全至上、控制风险、提高收益的方针	安全至上、稳健增值（安全性、收益性、流动性）	安全至上、稳健增值（安全性、收益性、流动性）
资产配置特征	完善的资产配置体系，符合中国市场特点	完善的资产配置体系	多数没有资产配置管理体系	刚开始委托，准备建立资产配置管理体系
业绩基准	5年滚动通货膨胀率加点	当年5年期国债发行利率	绝对收益，战胜全国平均水平	绝对收益、各省竞赛比较
投资期限	合同无具体期限	合同期5年	合同期限（两年或三年）每年考核	合同期限一般三年，每年考核
风险承受	权益仓位高，承受波动大，在置信区间内，允许年度亏损	有保底要求，不允许年度亏损，承受波动低	权益仓位低，多数要求年度正收益，不允许亏损	年度正收益，不允许亏损

资料来源：根据公开资料整理。

五、金融科技在养老金投资中的作用

金融科技（FinTech）是金融与科技融合的产物，是当前全球金融领域发展的主流，也是各国创新和竞争的主要领域，"无科技不金融"已成为业界共识。我国也进入了金融科技发展的战略机遇期，随着金融科技的不断融合和发展，国内的金融生态也将逐渐改变。多家企业也认为养老金融服务将会是金融科技发展的蓝海领域[①]。

当前的金融科技在养老金投资中主要起到三个作用。

（一）扩大投资者教育覆盖面

投资者教育对于金融投资来说是提高投资者金融素养，降低非法诈骗风险等领域的重要支撑。随着大数据和金融科技的兴起，多家金融机构通过借助金融科技开发数字化投教平台，向投资者普及正确的投资价值观。同时，由于大数据的支持，针对不同的投资者进行投资全流程的多种投资者教育。例如，在KYC（了解客户）环节，基于投资者行为特征数据形成完整客户画像，并结合不同类型投资者特征形成具有针对性的投资者教育方案。在智能客户服务环节，利用先进技术，及时理解、响应投资者诉求，据此定期分析、反馈投资者教育薄弱环节、提升投资者教育效能。在交易决策环节，提升实时行情及各类交易工具、交易策略的可获得性，通过"授人以鱼"与"授人以渔"的结合，倒逼普

---

① 《2023中国金融科技企业首席洞察报告》。

通投资者提升金融素养，减少金融机构在信息、技术方面的垄断优势。在投后环节，根据投资者画像智能推送具有针对性的投资者教育内容，及时安抚客户情绪，形成有效陪伴。

（二）助力金融机构实现精准营销

在当前数字化技术逐渐成熟的大背景下，大多人群通过各类手机软件直接办理相关业务。金融机构通过自家平台收集客户资料，并进行深度挖掘和分析客户画像，从海量数据中获取客户的消费习惯、偏好和需求，进而精准地为客户提供个性化的金融产品和服务。同时，大数据和区块链的发展也使金融机构能利用这些技术精准挖掘潜在客户群体，预测潜在客户行为和需求，制定个性化的营销策略。

（三）风控预警能力得到增强

得益于大数据技术的实时监控，养老金投资的风控预警大幅度地增加了时效性。一是金融机构在投资运营基金时，能够利用大数据技术对金融科技建立实时监控系统，监测金融市场的波动和风险事件。当投资标的有风险迹象显现时，监控系统能够及时提醒基金管理人，降低下行导致的风险。二是在投资者暴露在被诈骗风险中时，能及时警示和阻止投资者陷入骗局，保护投资者资产。

六、小结

企业年金和职业年金是企业和单位给予职工的补充养老金制度，以福利的形式提供给职工，即彰显了企业与单位对职工的深厚关怀与长远承诺，也在稳固我国养老金体制机制方面发挥着举足轻重的作用。通过 20 年的探索与发展，我国现已形成了成熟的年金投资模式，以统一的投资管理政策使得年金资金得到了科学、合理的配置，在确保资金的安全稳健的同时为年金参与者提供了稳定可靠的收益。

在人口老龄化趋势日益加剧的背景下，"十四五"规划明确指出"提高企业年金覆盖率"，为年金的发展带来了极大的机遇和广阔的发展前景。企业建立年金计划，不但增强了企业的凝聚力和竞争力，更是企业积极践行社会责任的重要体现。

第五章

第三支柱
个人养老金投资

引言

　　个人养老金是指个人在退休之后所依赖的经济资源之一，对于保障个人晚年生活品质具有关键意义。鉴于我国人口老龄化趋势不断加剧，建立和完善个人养老金制度显得尤为重要。

　　个人养老金制度的构建，既能缓解养老金支付压力，也有助于提升老年人的生活品质。个人通过缴纳养老金，可以形成长期稳定的资金储备，为退休后的生活提供坚实的经济基础。此外，这一制度还有助于引导个人提前进行养老金规划，增强个人的财务意识与理财能力。

　　本章将对我国当前的个人养老金市场进行全面深入的分析，评估市场的整体运营状况。同时，课题组还进行了个人养老金投资情况的问卷调查，广泛收集国内投资者对个人养老金投资的情况与对为未来的期望，探讨如何推动个人养老金制度实现更高水平的发展。

一、个人养老金制度概述

个人养老金是指政府政策支持、个人自愿参加、市场化运营、实现养老保险补充功能的制度。在中国境内参加城镇职工基本养老保险或者城乡居民基本养老保险的劳动者，可以参加个人养老金。个人养老金实行个人账户制度，缴费完全由参加人个人承担，实行完全积累。参加人建立的个人养老金账户是享受税收优惠政策的基础。目前，参加人每年缴纳个人养老金的上限为12000元。

个人养老金账户中的资金可用于购买符合规定的银行理财、储蓄存款、商业养老保险、公募基金等运作安全、成熟稳定、标的规范、侧重长期保值的满足不同投资者偏好的金融产品，参加人可自主选择。

个人养老金账户实行封闭运行，其权益归参加人所有。参加人达到领取基本养老金年龄、完全丧失劳动能力、出国（境）定居等情形后，可以按月、分次或者一次性领取个人养老金。参加人死亡后，其个人养老金资金账户中的资产可以继承。在达到领取条件前可持续累积、稳定投资。

我国为推进多层次、多支柱养老保险体系建设，促进养老保险制度可持续发展，满足人民群众日益增长的多样化养老保险需要，于2022年开始试行个人养老金制度。人社部个人养老金产品目录显示，截至2024年1月30日，个人养老金专项产品已达739款，其中包括465款储蓄产品（占比63%）、181款基金产品（占比24.5%）、70款保险产品（占比9.5%）、23款理财产品（占比3%）。

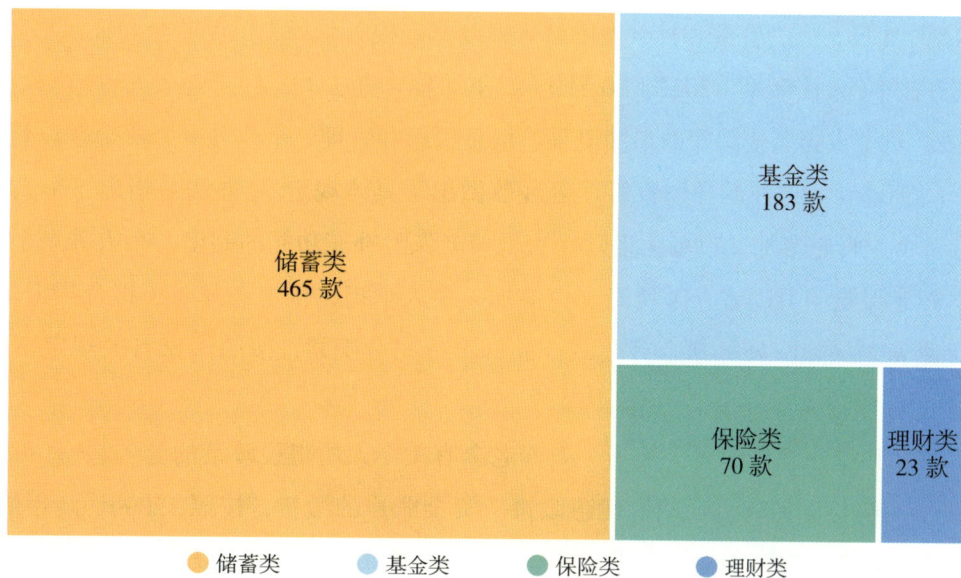

图 5-1　个人养老金产品数量

数据来源：国家社会保险公共服务平台。

二、中国个人养老金政策的解读

2022年4月21日，为推动健全多层次、多支柱养老保险体系，国务院办公厅发布《关于推动个人养老金发展的意见》（国办发〔2022〕7号），明确个人养老金实行个人账户制度。同年11月，《个人养老金实施办法》（人社部发〔2022〕70号）等配套措施相继出台，36个试点城市及地区率先启动个人养老金制度。这些政策逐渐补齐我国养老金第三支柱的短板，为我国平稳步入老龄化社会保驾护航。

（一）我国个人养老金政策落地

1. 顶层设计　统筹规划

2022年4月21日，国务院办公厅发布《关于推动个人养老金发展的意见》（国办发〔2022〕7号）（以下简称《意见》），确定了个人养老金的顶层制度框架。《意见》规定个人养老金实行个人账户制度，搭建信息服务平台，金融监管部门确定参与个人养老金运行的金融机构和金融产品，负责监管投资活动不对金融市场产生不良影响。同年6月10日，人力资源和社会保障部、财政部、国家税务总局、银保监会和证监会联合印发《关于推动个人养老金发展的意见》宣传提纲，对个人养老金制度做出解读，并要求各级部门通过多种方式加强宣传，增强社会各界和广大人民群众对个人养老金政策的知晓度，引导人民群众积极参与。

2. 配套措施　保驾护航

2022年11月4日，人力资源和社会保障部、财政部、税务总局、银保监会和证监会联合发布《个人养老金实施办法》（人社部发〔2022〕70号）（以下简称《办法》），标志着个人养老金制度的正式落地实施。《办法》对个人养老金制度的参加流程、信息报送和管理、个人养老金资金账户管理、个人养老金机构与产品管理、信息披露和监督管理等环节做出了具体规定。《办法》指出，个人养老金是指政府政策支持、个人自愿参加、市场化运营、实现养老保险补充功能的制度。个人养老金的参加人需是参加了基本养老保险的劳动者，缴费完全由参加人个人承担，自主选择购买符合规定的储蓄存款、理财产品、商业养老保险、公募基金等金融产品，实行完全积累，按照国家有关规定享受税收优惠政策。

同日，财政部和税务总局印发《关于个人养老金有关个人所得税政策的公告》，宣布自2022年1月1日起，对个人养老金实施递延纳税优惠政策。资金账户的缴费，按照12000元/年的限额标准，在综合所得或经营所得中据实扣除；在投资环节，计入个人养老金资金账户的投资收益暂不征收个人所得税；在领取环节，个人养老金不并入综合所得，单独按照3%的税率计算缴纳个人所得税，其缴纳的税款计入"工资、薪金所得"项目。

同日，证监会发布《个人养老金投资公开募集证券投资基金业务管理暂行规定》，明确了个人养老金可以投资的基金产品标准以及基金销售机构的展业条件。2022年11月17日，银保监会发布《关于印发商业银行和理财公司个人养老金业务管理暂行办法的通知》，对商业银行和理财公司个人养老金业务范围、产品类型、信息报送和监督管理做出了具体规定。同年 11 月 21 日，银保监会发布《关于保险公司开展个人养老金业务有关事项的通知》，对保险公司开展个人养老金业务需符合的条件与可投保险产品做出了明确规定。

3. 先行先试　有序铺开

2022 年 11 月 25 日，人力资源和社会保障部办公厅、财政部办公厅和国家税务总局办公厅联合发布《关于公布个人养老金先行城市及地区的通知》，确定了 36 个先行城市及地区名单，规定在先行城市及地区所在地参加职工基本养老保险或城乡居民基本养老保险的劳动者，可以参加个人养老金。个人养老金制度试点一年多，近期多家银行已在非试点地区密集开展个人养老金账户的营销活动，范围涵盖了江苏、山东、广东、云南、陕西等多个省份，这也被视为试点地区有望扩张的信号。

4. 重要突破　创新发展

本次《意见》的颁布实施，标志着我国已有了全国统一的个人养老金制度，也标志着我国个人养老金正式进入规范发展阶段。相对于 2018 年的个人商业养老保险试点制度来说，主要有如下四点重要突破。

一是有序拓宽个人养老金制度的实施范围。将个人养老金制度由地区推向了全国，在中国境内参加城镇职工基本养老保险或者城乡居民基本养老保险的劳动者，可以参加个人养老金制度。同时明确，人力资源和社会保障部、财政部要加强指导和协调，结合实际分步实施，选择部分城市先试行 1 年，再逐步推开，及时研究解决工作中遇到的问题，确保《意见》的顺利实施。

二是推动市场化运营，扩大参与的金融机构和产品范围。财税〔2018〕22 号文只是针对个人税收递延型商业养老保险，而《意见》扩展到符合规定的银行理财、储蓄存款、商业养老保险、公募基金等运作安全、成熟稳定、标的规范、侧重长期保值的满足不同投资者偏好的金融产品，极大地丰富了个人养老金投资者的投资选择范围。

三是税收优惠标准更加明确。为贯彻落实《国务院办公厅关于推动个人养老金发展的意见》有关要求，财政部、税务总局发布了《关于个人养老金有关个人所得税政策的公告》，自 2022 年 1 月 1 日起，对个人养老金实施递延纳税优惠政策。

四是运营模式同国际通行制度接轨。《意见》规定个人养老金实行个人账户制度，缴费完全由参加人个人承担，实行完全积累，同时个人养老金资金账户实行封闭运行，其权益归参加人所有，除另有规定外不得提前支取。这和国际上通行的个人养老金制度接轨。

（二）我国个人养老金政策实施的意义

1. 完善多层次、多支柱养老保险体系

《意见》明确了我国养老保险体系第三支柱由个人养老金和其他个人商业养老金融业务共同组成，二者都是第三支柱的重要组成部分，互相补充、相互促进。

个人养老金	个人商业养老金融业务

图 5-2　我国养老保险体系第三支柱

建立个人养老金制度，有利于从制度层面补齐第三支柱养老保险的短板，进一步健全多层次、多支柱养老保险体系，促进三个支柱更好地协调发展、可持续发展。

2. 满足人民群众多样化的养老保险需求

推动个人养老金发展，不仅为参加第二支柱企业（职业）年金的人员再增加了一条补充养老保险渠道，对没有参加第二支柱的人员而言，也增加了一条补充养老保险渠道，顺应了人民群众对养老保险多样化的需求。第三支柱此前没有全国统一的制度性安排，是多层次养老保险体系的短板。个人养老金制度的实施满足人民群众多层次、多样化养老保障需求的必然要求，有利于在基本养老保险和企业年金、职业年金基础上，再增加一份积累，使人们退休后能够再多一份收入，进一步提高退休后的生活水平，让老年生活更有保障、更有质量。

3. 积极应对人口老龄化，促进经济社会发展

2022年起，我国同时进入人口负增长和老年人口高速增长时期。据中国国家统计局公布的全国人口数据，我国人口在2022年减少85万人，在2023年减少208万人。按年龄结构分类，2023年劳动年龄人口占全国人口比重为61.3%，同比减少超过1000万人，我国人口老龄化进一步凸显，对于老龄治理的需求更加紧迫。

日益严峻的养老形势迫切需要养老保险发挥功能性作用，引导人们及早谋划和为未来老年生活做储备，并通过制度安排，切实提高老年收入水平，更好地保障老年生活的需要。个人养老金是对个人储备养老资金的制度性安排，有利于个人理性规划养老资金，选择适合自身情况的金融产品，是积极应对人口老龄化的重要举措。

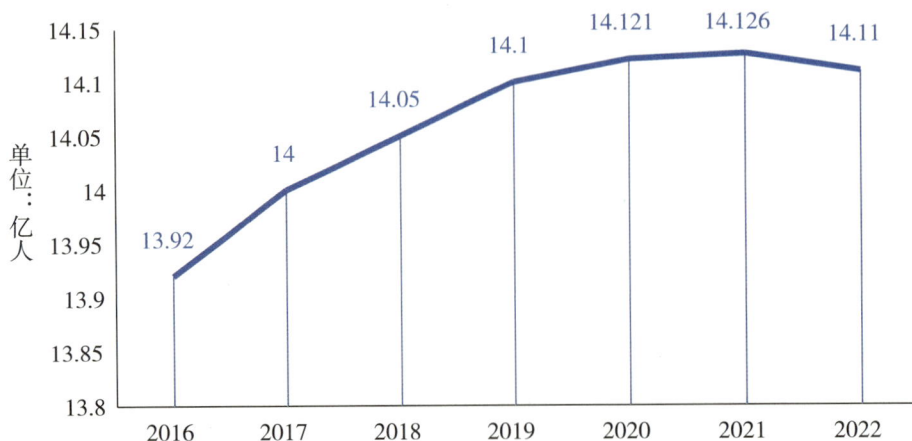

图 5-3　2016—2022 年中国人口数量

三、中国个人养老金投资市场分析

国务院办公厅发布的《意见》明确指出个人养老金实行个人账户制度，缴费完全由参加人个人承担，实行完全积累。参与个人养老金投资的投资者在符合规定的金融机构处购买相关产品，并有个人承担相关风险。同时，《意见》规定参加人可自主选择购买符合规定的银行理财、储蓄存款、商业养老保险、公募基金等运作安全、成熟稳定、标的规范、侧重长期保值的金融产品。参加人达到领取基本养老金年龄、完全丧失劳动能力、出国（境）定居，或者具有其他符合国家规定的情形后可以按月、分次或者一次性领取个人养老金。

（一）个人养老金相关产品定义

目前国内的个人养老金产品主要有四大类：个人养老金基金、个人养老金理财、个人养老金储蓄和个人养老金保险。自《意见》发布后，证监会、银保监会相继发布相关的配套制度，并对产品的设立进行了明确的规定。

1. 个人养老金基金

证监会《个人养老金投资公开募集证券投资基金业务管理暂行规定》规定个人养老金产品类型主要有两大类：一是最近 4 个季度末规模不低于 5000 万元或者上一季度末规模不低于 2 亿元的养老目标基金；二是投资风格稳定、投资策略清晰、运作合规稳健且适合个人养老金长期投资的股票基金、混合基金、债券基金、基金中基金和中国证监会规定的其他基金。对符合规定的养老金基金需要经过证监会确定后方可被录入个人养老金基金名录，并且每个季度还需要通过中国证监会网站、基金业协会网站、基金行业平台等向社会发布。

2. 个人养老金储蓄

银保监会在《商业银行和理财公司个人养老金业务管理暂行办法》中对个人养老金储蓄类产品的定义较为宽泛：由开办个人养老金业务的商业银行所发行的储蓄产品（其他特定目的储蓄除外）。但是投资者仅能购买其开户行所发行的储蓄产品。

3. 个人养老金理财

银保监会《商业银行和理财公司个人养老金业务管理暂行办法》规定个人养老金理财产品应当在销售文件中明确标注"个人养老金理财"字样，并且需要具备运作安全、成熟稳定、标的规范、侧重长期保值等特征，具体有三大类：一是养老理财产品；二是投资风格稳定、投资策略成熟、运作合规稳健，适合个人养老金长期投资或流动性管理需要的其他理财产品；三是银保监会规定的其他理财产品。

与储蓄类产品不同的是，购买理财产品的投资者可以通过其他行账户进行购买。

4. 个人养老金保险

银保监会在《中国银保监会关于保险公司开展个人养老金业务有关事项的通知》中对个人养老金

保险做出了严格规定。一是对保险公司的资格做出了明确规定：上年度末所有者权益不低于50亿元且不低于公司股本（实收资本）的75%；上年度末综合偿付能力充足率不低于150%、核心偿付能力充足率不低于75%；上年度末责任准备金覆盖率不低于100%；最近4个季度风险综合评级不低于B类；最近3年未受到金融监管机构重大行政处罚；具备完善的信息管理系统，与银行保险行业个人养老金信息平台实现系统连接，并按相关要求进行信息登记和交互；银保监会规定的其他条件。二是对保险产品进行了详细的规定，主要是年金保险和两全保险：保险期间不短于5年；保险责任限于生存保险金给付、满期保险金给付、死亡、全残、达到失能或护理状态；能够提供趸交、期交或不定期交费等方式满足个人养老金制度参加人（以下简称"参加人"）交费要求；银保监会规定的其他要求。

（二）个人养老金产品市场运营状况

根据国家社会保险公共服务平台公布的数据，截至2024年2月末，我国个人养老金产品共发行744只，其中理财类产品23只，储蓄类产品465只，基金类产品186只，保险类产品70只。

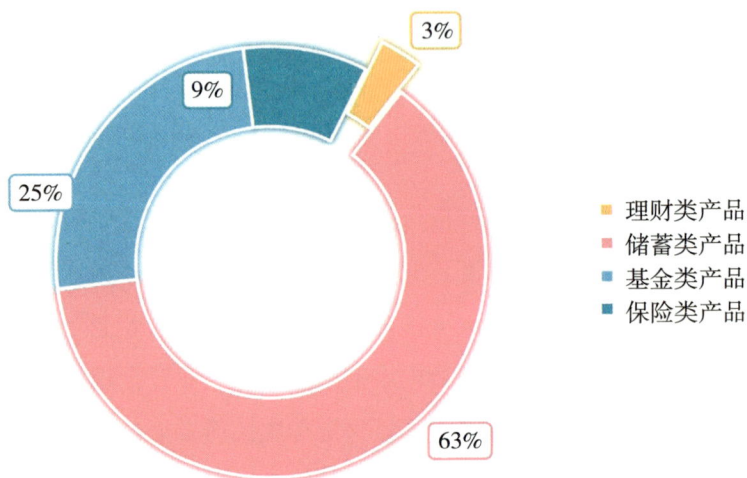

图 5-4　个人养老金产品发行情况

数据来源：国家社会保险公共服务平台。

1. 个人养老金基金

根据证监会《个人养老金实施办法》规定，公募基金针对个人养老金投资基金业务设立单独的基金份额，即Y份额。对于符合标准且被列入《个人养老金基金名录》的基金可以针对个人养老金账户增设Y份额，Y份额与原有的A份额互不影响，且在管理费、托管费等费率方面享有优惠。

在养老目标基金Y份额中主要为养老目标日期策略基金（TDF）和养老目标风险策略基金（TRF）两种类型。

TDF是根据投资者预计退休日期来设定投资策略的基金。随着退休日期的临近，这类基金的投资组合会逐渐降低风险，以确保投资者在退休时能够获得稳定的收益。这种策略对于即将退休的投资者来说，能够提供一种相对稳健的投资方式。截至 2024 年 2 月末，我国共有 70 只 TDF 基金，总规模达到了 35.17 亿元。

而 TRF 则是根据投资者所能承受的风险水平来设定投资策略的基金。这类基金的投资组合会根据风险等级进行调整，以满足不同投资者的风险偏好。对于希望自主选择风险等级的投资者来说，TRF 提供了一个更加灵活的投资选项。截至 2024 年 2 月末，我国共有 115 只 TRF 基金，总规模达到了 23.56 亿元。

由于 TDF 产品的"一站式"服务，投资者仅需选择适合自身期望投资期限的产品，无须更多地考虑产品风险，使其在个人养老金基金投资者中更受欢迎。TRF 产品由于需要投资者具备一定的金融基础知识，并且大多投资者并不清楚自身风险接受能力，所以导致尽管 TRF 产品数量多于 TDF，但是总规模却较小。

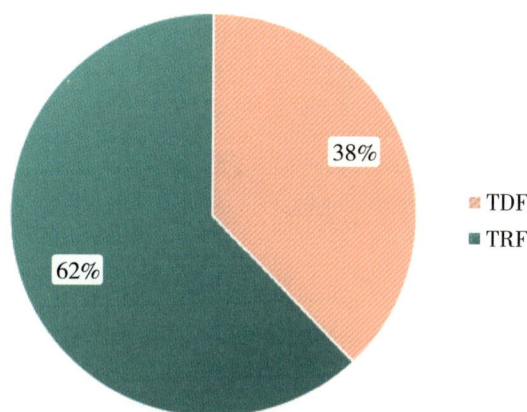

图 5-5　个人养老金基金 TDF 和 TRF 产品数量占比

数据来源：Wind，深圳数据经济研究院整理。

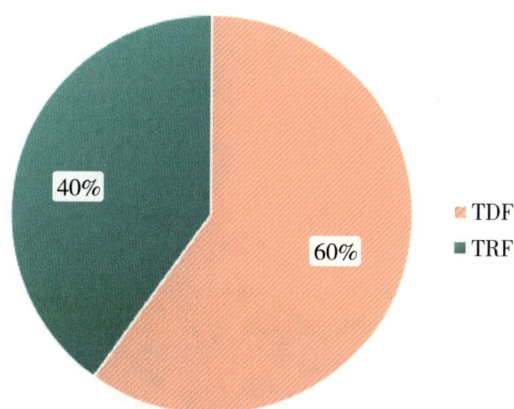

图 5-6　个人养老金基金 TDF 和 TRF 产品规模占比

数据来源：Wind，深圳数据经济研究院整理。

从 TDF 产品的布局观察，中等目标日期的产品，如 2035 年、2040 年、2045 年等，占据明显优势，显示出市场对此类产品的强烈需求。相比之下，那些目标日期非 5 年整数或过于长远的 TDF 产品数量则相对较少，这也反映出投资者对于风险与收益平衡的追求。

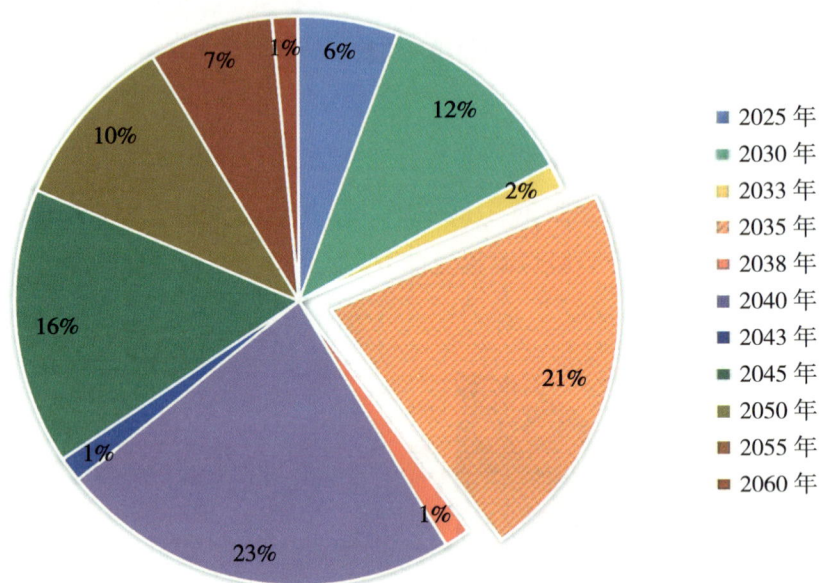

图 5-7　TDF 产品分布

数据来源：Wind，深圳数据经济研究院整理。

对于 TRF 产品而言，鉴于养老金投资的风险特性，投资策略普遍采取稳健保守的路线。因此，偏债混合型和平衡混合型基金在 TRF 产品中占据了较大比重，合计占比超过九成。

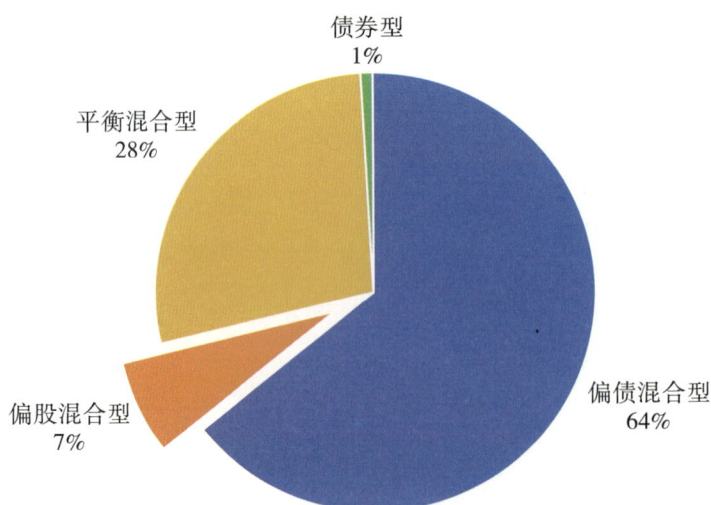

图 5-8　TRF 产品策略分布

数据来源：Wind，深圳数据经济研究院整理。

截至 2024 年 2 月，国内共有 52 家基金公司发行养老目标基金。其中，发行数量最多的为华夏基金，共计发行 11 只产品，总规模 27.95 亿元。发行总规模最大的为兴证全球基金，规模共计 139.67 亿元，但发行产品数量仅有 5 只。其余基金管理人大部分发行数量在 5 只以下，且总规模在 30 亿元以下。

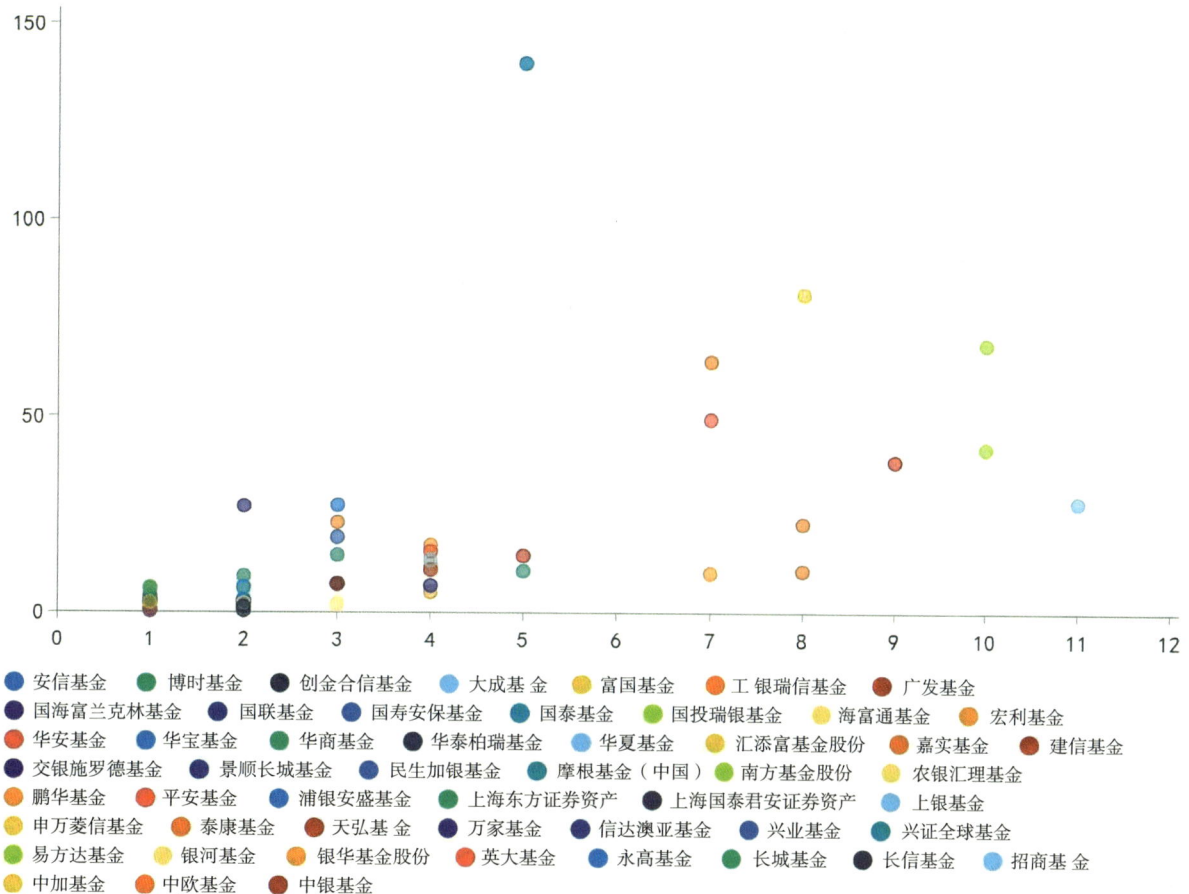

图 5-9　个人养老金基金管理人、发行规模和发行数量

数据来源：Wind，深圳数据经济研究院整理。

在产品期限的布局方面，一年期和三年期的中短期产品更受投资者的欢迎，一是能够在一定程度上规避长期的不确定风险，二是中短期产品能够保证一定的流动性。

表 5-1　养老 Y 份额基金持有期限分布和规模

	产品数量（单位：只）	总规模（单位：亿元）
一年期	72	645.75
二年期	1	2.19
三年期	63	103.54
五年期	25	33.35

资料来源：Wind，深圳数据经济研究院整理。

从业绩表现来看，由于 2023 年受到市场波动影响，养老 Y 份额基金整体市场表现情况并不佳，超八成产品自成立以来实际表现为亏损，仅有 14% 的产品实现正收益。具体而言，当前 Y 份额基金市场更多产品收益集中在 –10% 至 0% 的区间。

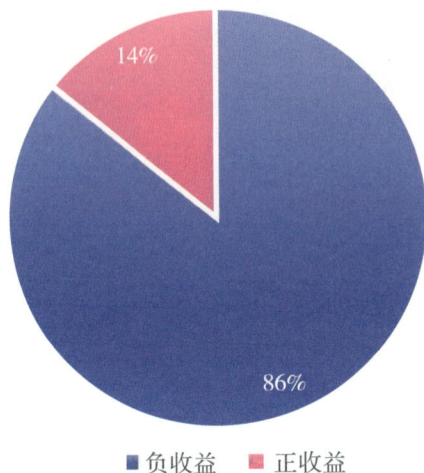

14%

86%

■负收益　■正收益

图 5–10　养老 Y 份额基金市场表现

数据来源：Wind，深圳数据经济研究院整理。

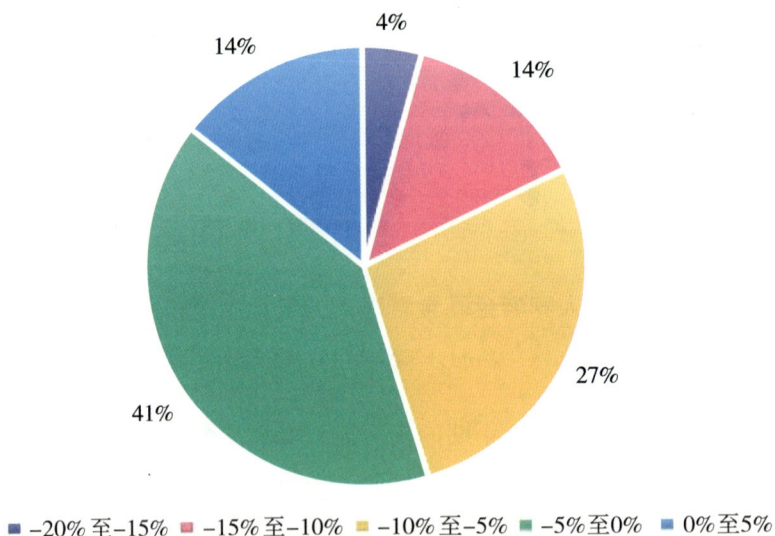

4%

14%

14%

27%

41%

■ –20% 至 –15%　■ –15% 至 –10%　■ –10% 至 –5%　■ –5% 至 0%　■ 0% 至 5%

图 5–11　养老 Y 份额基金整体市场表现情况

数据来源：Wind，深圳数据经济研究院整理。

结合产品策略来看，基金 Y 份额中 TDF 型基金收益更为不理想，平均收益为 –8.75%。剔除唯一的一支债券型 FOF 后，亏损较小的为偏债混合型 FOF，平均收益为 –1.91%。

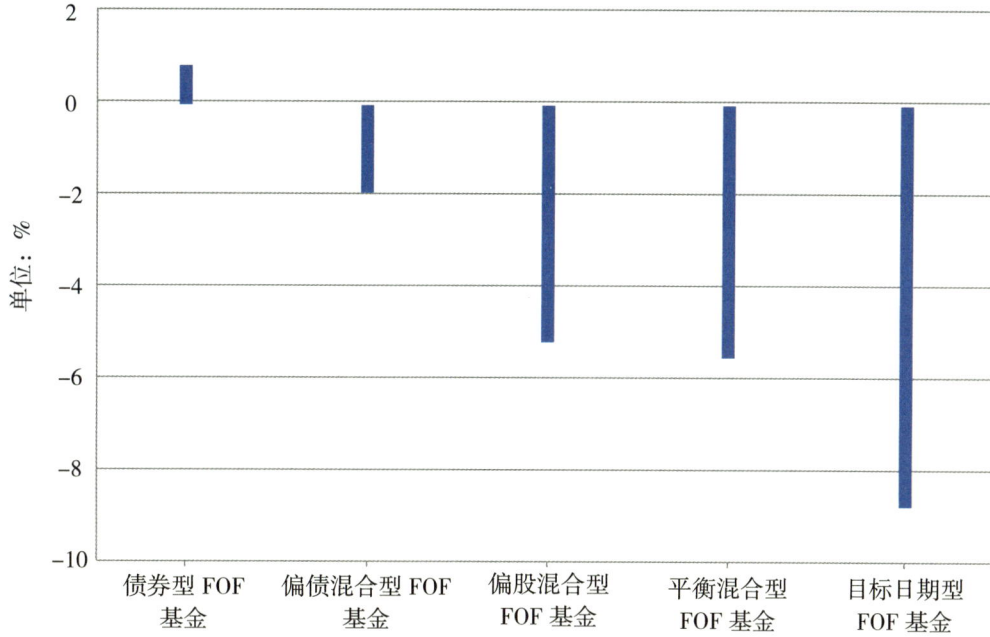

图 5-12　各产品类别平均收益率

数据来源：Wind，深圳数据经济研究院整理。

截至 2024 年 3 月初，市场表现最好的 Y 份额基金为中欧见养老目标 2015 三年持有 Y，回报率达 4.8%，但发行规模较小。在 Y 份额回报率前十排名中，中欧基金有三只产品上榜。但整个前 10 榜单中，仅有两只 TDF 基金上榜，其余均为 TRF 产品。

表 5-2　基金 Y 份额成立以来回报 TOP10

证券简称	基金风险等级（公告口径）	成立以来回报（%）	发行总规模（亿元）	基金管理人
中欧预见养老目标 2015 三年持有 Y	R3- 中风险	4.80	0.1128	中欧基金管理有限公司
中欧预见平衡养老三年持有 Y	R3- 中风险	4.40	0.4962	中欧基金管理有限公司
平安稳健养老一年 Y	R3- 中风险	3.62	3.5779	平安基金管理有限公司
中欧预见养老 2025 一年持有（FOF）Y	R2- 中低风险	2.63	8.7061	中欧基金管理有限公司
华夏保守养老 Y	R3- 中风险	2.46	2.3446	华夏基金管理有限公司
建信优享进取养老目标五年持有	R3- 中风险	2.27	0.4252	建信基金管理有限责任公司
兴证：全球安悦稳健养老一年持有 Y	R3- 中风险	1.93	63.4421	兴证全球基金管理有限公司
东方红颐安稳健养老一年持有 Y	R2- 中低风险	1.68	2.8370	上海东方证券资产管理有限公司
华泰柏瑞祥泰稳健养老目标一年持有 Y	R2- 中低风险	1.60	3.1744	华泰柏瑞基金管理有限公司
浦银安盛颐和稳健养老一年 Y	R2- 中低风险	1.40	9.6633	浦银安盛基金管理有限公司

资料来源：Wind，深圳数据经济研究院整理。

注：数据仅做分析使用，不构成投资建议。

基金 Y 份额的走势也较为震荡。截至 2024 年 3 月初，个人养老金投资基金市场 Y 份额基金整体平均波动率为 7.8%，且差值较为极端，最大波动率与最小波动率差距近 23%，标准差 4.18。按产品策略分类来看，波动较大的为偏股混合型 FOF 基金，平局波动率达 13.34%，主要受 2023 年 A 股市场影响较大。波动较小的为偏债混合型 FOF 基金，平均波动率在 4.3% 左右，且标准差较小，证明波动较为均衡，离散程度不大。

表 5-3　基金 Y 份额波动率

波动率	总体	目标日期型 FOF 基金	偏股混合型 FOF 基金	偏债混合型 FOF 基金	平衡混合型 FOF 基金
平均值	7.829697778	10.3005	13.338875	4.369305405	8.772812903
最大值	23.562	23.562	19.4495	9.5722	18.2907
最小值	0.7866	2.9858	10.2982	0.7866	3.7765
标准差	4.182296485	3.384107005	3.380663792	1.616138567	2.455005892

资料来源：Wind，深圳数据经济研究院整理。

2. 个人养老金理财

自 2023 年 2 月首批个人养老金银行理财产品发行以来，共有家理财公司参与发行，主要集中在中国银行、农业银行、工商银行、建设银行、邮储银行等五大国有银行。截至 2024 年 2 月末共有 23 只理财产品发售，累计总发行规模超 200 亿元（含未披露产品）。

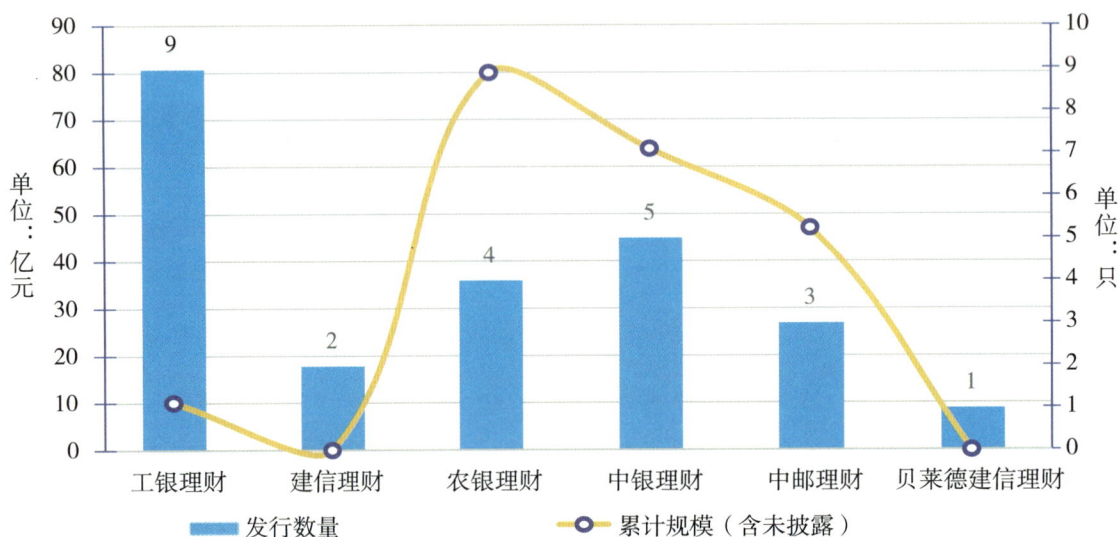

图 5-13　个人养老金理财产品发售情况

数据来源：Wind，深圳数据经济研究院整理。

在已发行的 23 只理财产品中，主要以低风险的固收类产品为主，占个人养老金理财市场的 85%。

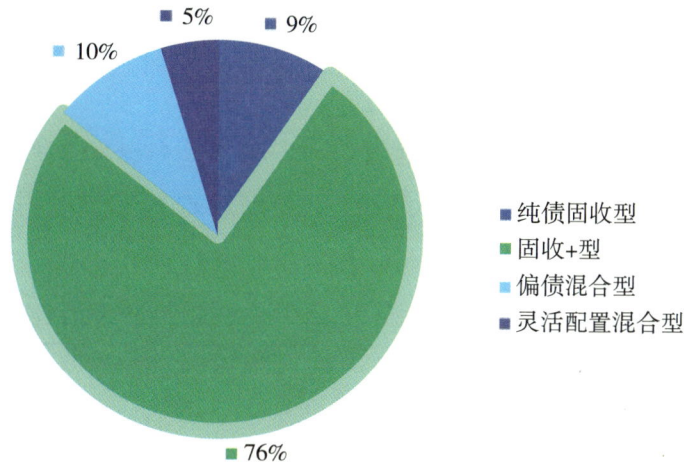

图 5-14　个人养老金理财投资策略分布

数据来源：Wind，深圳数据经济研究院整理。

与基金型产品不同，理财产品收益较为客观，仅一只产品呈亏损状态，其余均为正收益，且偏债混合型策略的产品平均年化收益达 5.09%。

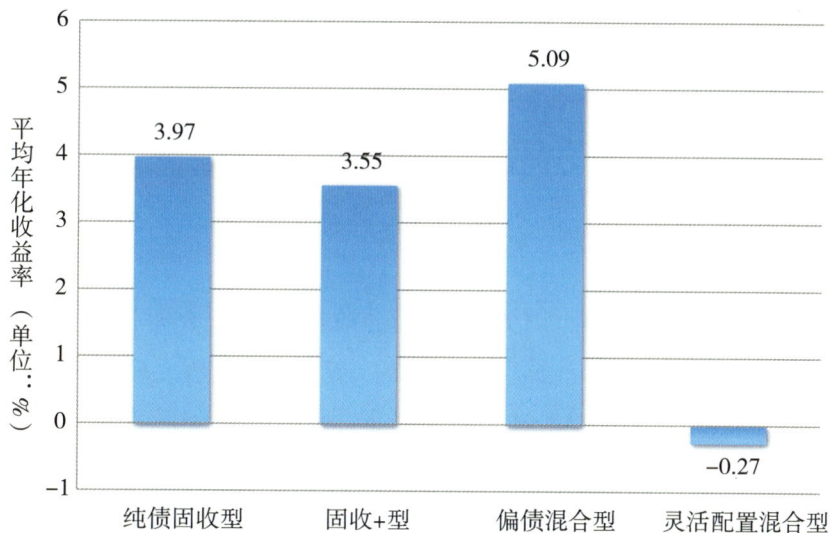

图 5-15　个人养老金理财产品收益情况

数据来源：Wind，深圳数据经济研究院整理。

注：数据仅做分析使用，不构成投资建议。

四、中国个人养老金投资客户群体分析

为观察中国个人养老金投资客户群体的基本情况，我们采取了问卷调查的方式，由全国各地的个人养老金投资客户及潜在客户进行填写。

（一）受访者总体情况

1. 基本信息

在参与个人养老金投资情况调查的受访者中，31—40岁、41—50岁群体相对占比较高分别是37%和31%，其次是18—30岁、51—60岁人群，占比分别为17%、11%，占比最低的是60岁以上群体，为3%。

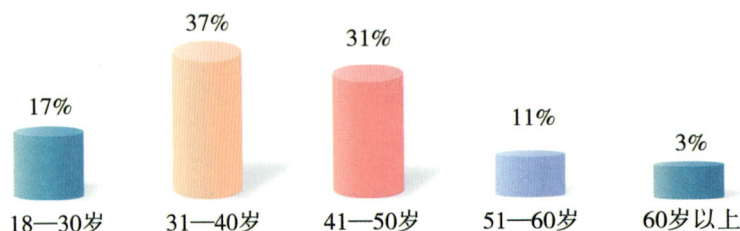

图 5-16　受访者群体年龄分布

本次调查的受访者中男性占比为62%，女性占比为38%，总体上男性占比高于女性。

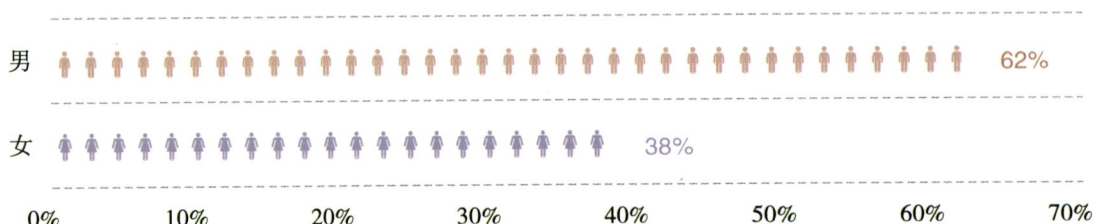

图 5-17　受访者性别分布

从行业分布来看，受访者从事金融/财务/审计行业最多，约占18%。其次是生产制造类、农/林/牧/渔、科技/研发，约占17%、10%、9%。信息工程、房地产/工程、教育工作者均占8%。接着是物流/运输/仓储、环保/能源、医疗/医药、其他行业，约占7%、5%、4%、3%。最低是律师行业，约占1%。

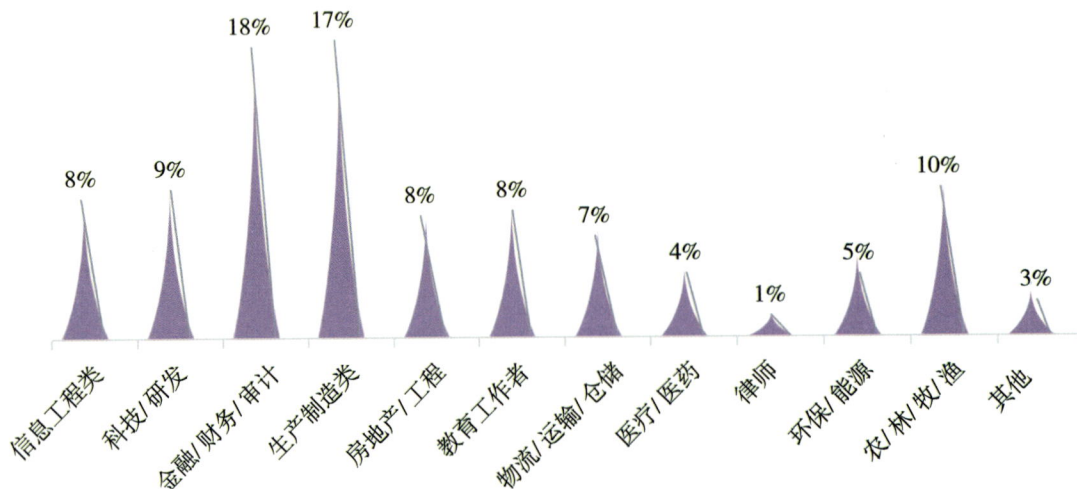

图 5-18　受访者工作行业分布

从受访者单位性质来看，受访者大多来自私营企业，占比 33%；自由职业者位列第二，占比约 24%；国有企业、外资/合资企业、公务员/事业单位占比分别为 19%、14%、9%；其他单位仅占 1%。

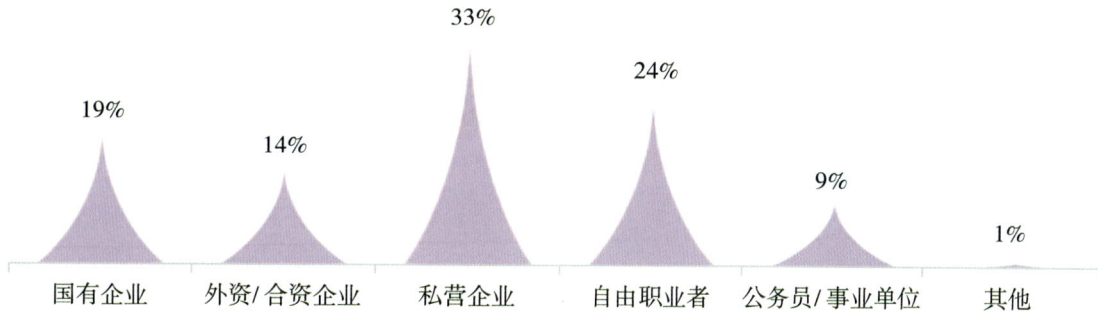

图 5-19　受访者工作单位性质分布

受访者月收入大多集中在 5000 元以下（含 5000 元）、5000（不含）—30000（含）元，其中月收入在 5000（不含）—8000（含）元占比最多为 24%，5000 元以下（含 5000 元）占比 23%，8000（不含）—17000（含）元占比 22%，其次是月收入 17000（不含）—30000（含）元、30000（不含）—40000（含）、40000（不含）—60000（含）元，分别占比 17%、7%、4%。受访者群体占比最少的月收入在 60000（不含）—85000（含）元与 85000（不含）元以上，均占比 1%。

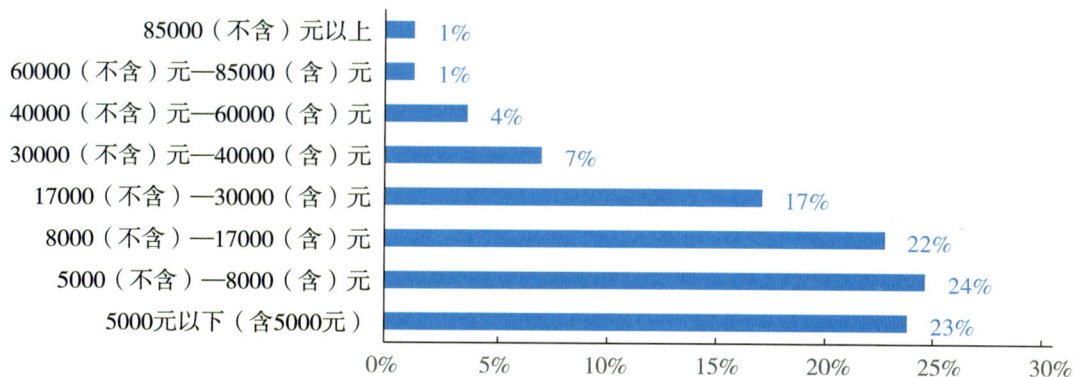

图 5-20　受访者月收入分布

70% 的受访者为已婚状态，23% 受访者为未婚状态，7% 受访者为离异状态。

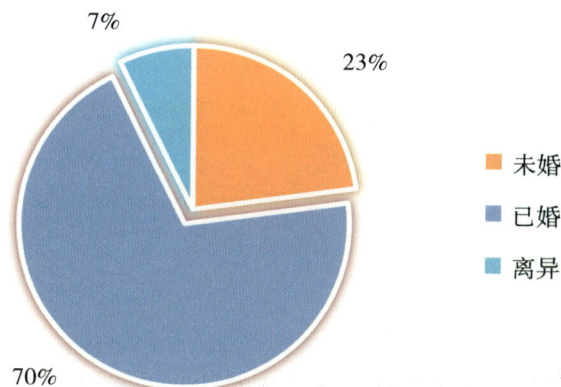

图 5-21　受访者婚姻状态

本次调查中的受访者大多有一两个子女，分别是 37% 和 33%。3 个子女及以上的最少，为 9%。没有子女的受访者比重达 22%。

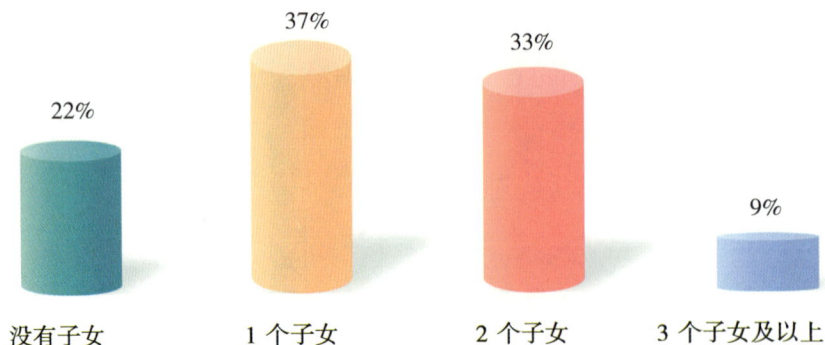

图 5-22　受访者后代情况

本次调查的受访者本科学历占比最多，约为 37%。其次是专科、高中 / 中专及以下，分别占比 29%、21%。占比最少的人群为研究生及以上学历，占 13%。

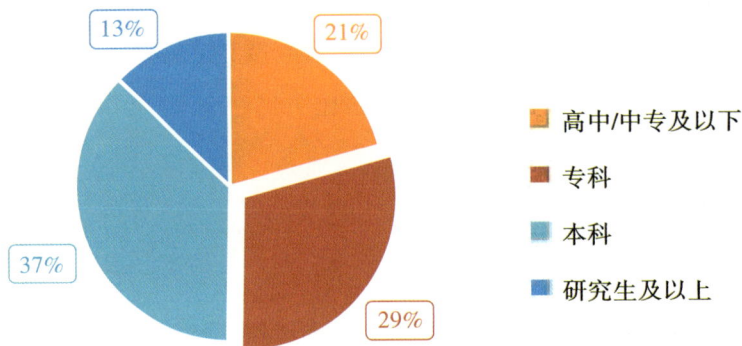

图 5-23　受访者学历分布

受访者大多来自北京、上海、香港、天津、广东、河北等地，占比分别为 21%、17%、11%、8%、7%、6%，来自山西、江苏、山东均占比 3%，来自浙江、安徽、河南、辽宁均占比 2%，来自湖南、广西、湖北、黑龙江、内蒙古、四川、福建、陕西、江西、吉林、贵州均占比 1%。

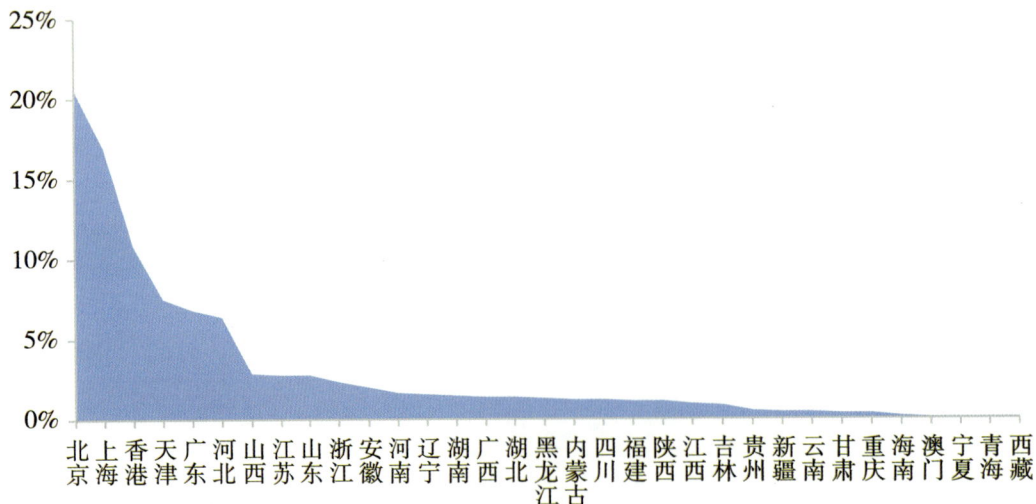

图 5-24　受访者所在地区分布

地域分布上，福建省、四川省和北京市三个地区的持有人数最多。从人均持有金额看，人均持有金额最高的 3 个地区分别为北京市、上海市、浙江省，均超过 5500 元，北京地区持有人的人均持有金额高达 6010 元。

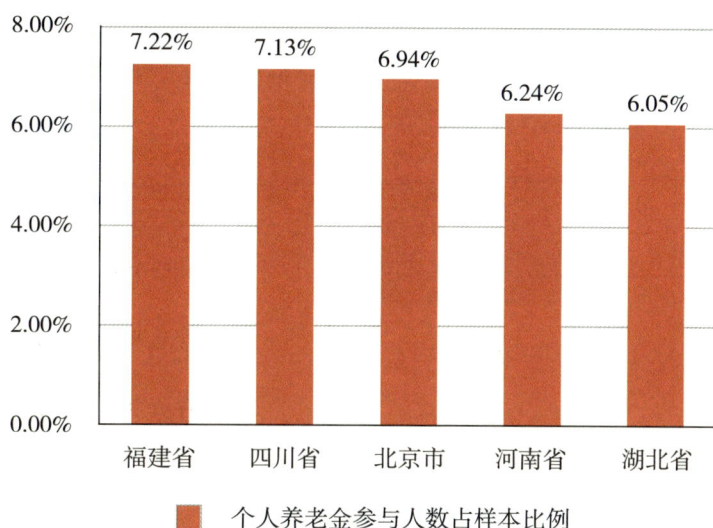

图 5-25　参与个人养老金人数最多的 5 个地区

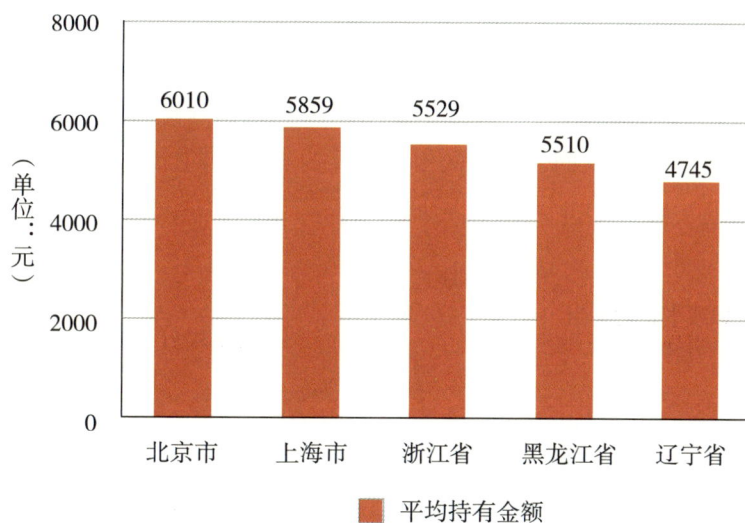

图 5-26　个人养老金人均缴纳金额最多的 5 个地区

在养老观念方面，有过半被访者有养老危机感。25% 被访者表示，由于所处互联网、房地产行业，目前工作前景不佳，担心中年失业致使老年贫困；25% 的被访者提出，看到身边人退休后收入落差太大，生活水平下降，甚至入不敷出而心生担忧，才开始认真考虑从现在起规划养老。整体而言，超过 50% 的用户有养老危机感，失业、收入降低、对疾病的恐惧和危机感，是用户关注养老的主要原因。

八成用户无养老心理账户。养老心理账户，是指人们在心理上对为退休后养老支出而准备的账户，在该账户下完成对养老投资分类记账、计算收益等过程。在调查中，虽然 76.3% 的用户已经启动了养老财务准备，其中更有 67.9% 的用户在 31—50 岁时起即为养老投资，但这些用户中 80% 的人没有独立的养老心理账户。他们不会刻意关注、搜索养老专属投资产品，也不会单独拿出一笔钱、一个账户专门用于养老投资。在这些投资者看来，不论做何投资，最终的目的都是财富增值，只要财富增值达预期，加上基本养老金就可以满足未来养老支出。

2. 个人养老金投资情况

36%的受访者未开通个人养老账户，28%的受访者仅开通账户尚未实际缴存，14%的受访者缴存资金但未购买产品，22%的受访者购买了养老金产品。

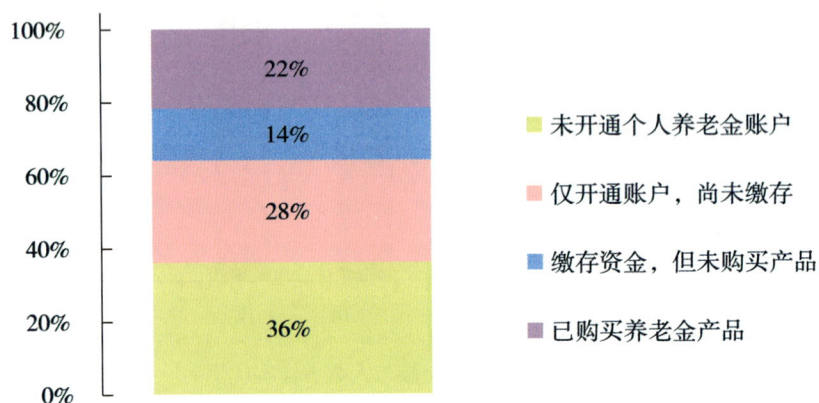

图 5-27　受访者个人养老金投资情况

受访者不参与投资很大部分原因是缺乏对个人养老金了解和资金压力，受到这两个原因影响的人群分别占比41%、37%。21%的受访者因为有更好的其他投资选择而不参与个人养老金投资。也有受访者觉得个人养老金收益率不达预期、可选的投资产品少、账户封闭期过长、产品风险较高和担心投顾平台的不当引导，这些人群分别占比20%、18%、12%、10%、9%。

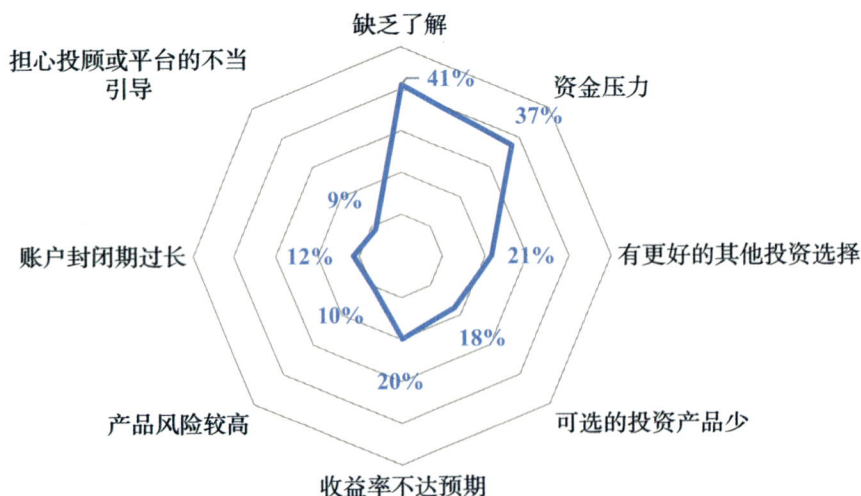

图 5-28　受访者不参与个人养老金投资的原因（多选）

在开通了个人养老金账户的受访者中，近一半的受访者希望通过投资个人养老产品增加退休后收入，35%的受访者是为了税收优惠；25%的受访者认为开户可以使资产保值增值，23%受到亲友引导。仅有20%的受访者开通账户是为了降低子女负担。

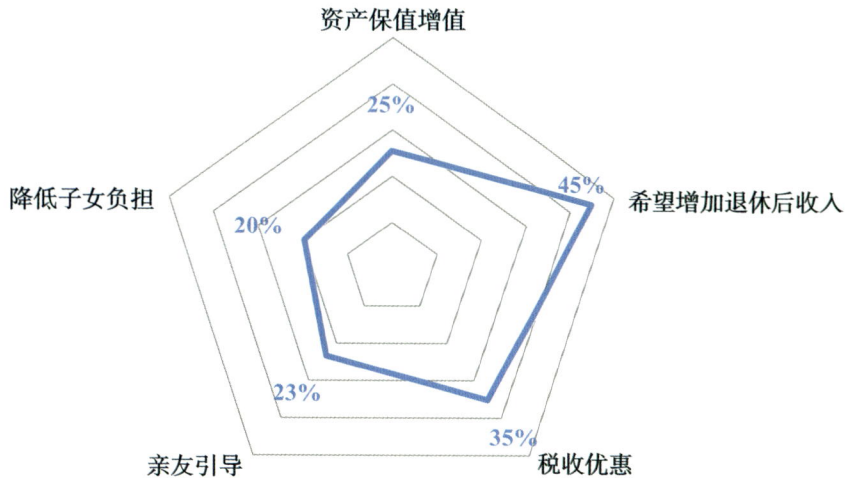

图 5-29　受访者开通个人养老金账户的原因（多选）

受访者购买养老金产品比例最高的是保险产品，人数占比 44%，其次是公募基金和银行理财 / 储蓄产品，这些人群分别占比 40% 和 31%。

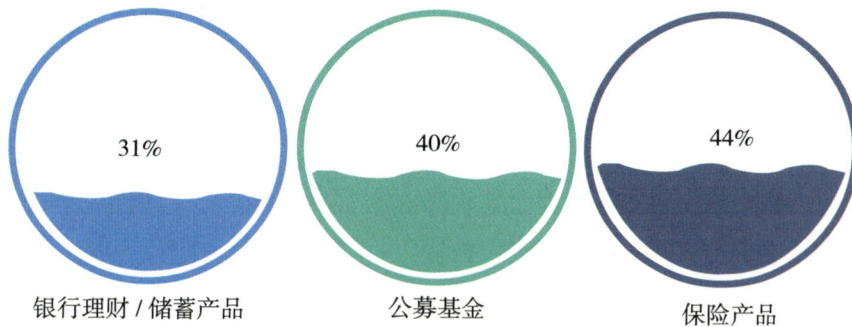

图 5-30　受访者购买养老金产品种类（多选）

受访者大多是通过银行、证券公司、保险公司了解或购买个人养老金产品，分别占比 33%、32%、30%。从互联网平台 / 媒体广告、基金公司了解或购买个人养老金产品受访者人群占比 25%、21%。通过亲友推荐了解或购买个人养老金产品的受访者人群占比最低，为 12%。

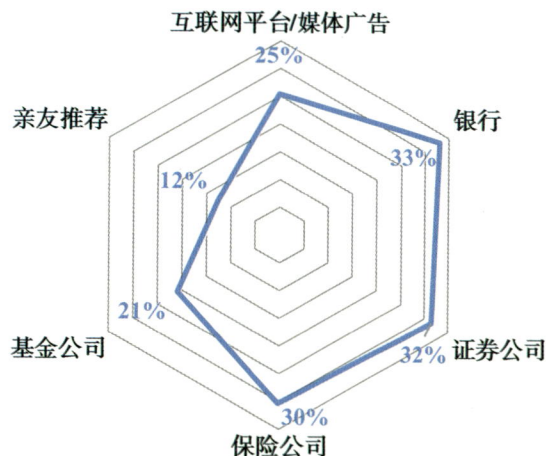

图 5-31　受访者了解或购买个人养老金产品的渠道（多选）

受访者在选择产品时，最看重预期收益率和历史业绩，这个部分受访者人群占比41%。其次是产品的投资理念和投资范围、产品风险、手续费的高低、产品投资期限、服务提供商的品牌，分别占比34%、30%、29%、25%、16%。看重亲友推荐的受访者最少，仅有6%。

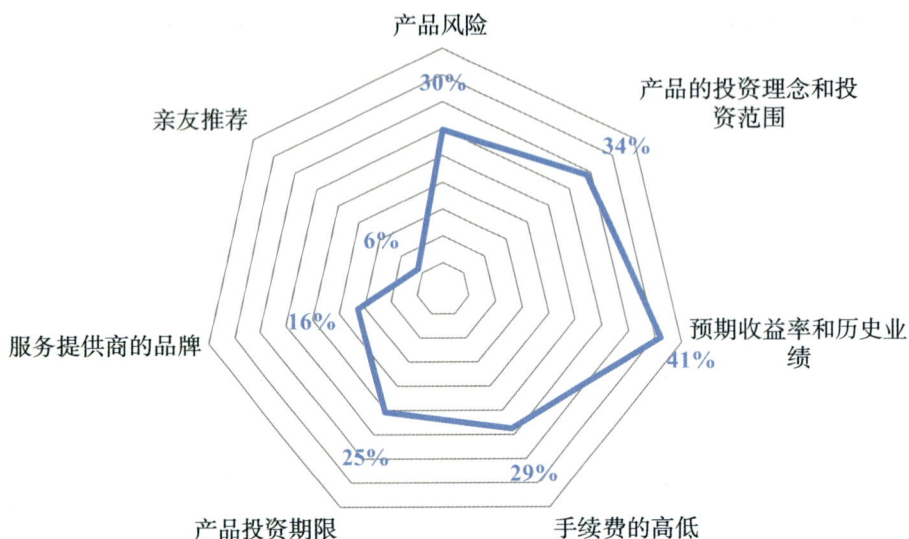

图 5-32　受访者选择养老金产品时最看重的因素（多选）

受访者对个人养老金产品的预期收益为4%—6%和2%—4%的人群分别35%、27%，6%—8%的预期收益的人群占比19%，8%以上预期收益的人群占比10%，0%—2%预期收益的人群占比4%，还有6%的受访者对个人养老金预期收益没有明确目标。

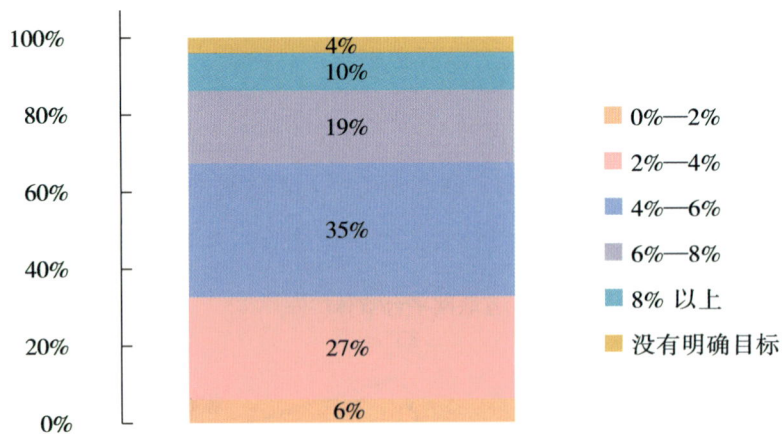

图 5-33　受访者对个人养老金产品的预期收益

近一半受访者持有个人养老金时间倾向为3—5年，占比为47%。其次是持有5年以上的个人养老金产品的受访者占比28%。持有1—3年的个人养老金产品的受访者占比25%。

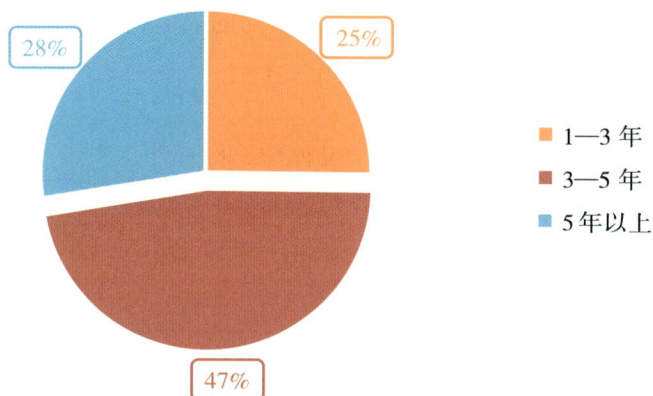

图 5-34　受访者倾向于持有个人养老金产品的时间

受访者最倾向于以每月固定金额派发的方式取出个人养老金，这部分人群占比 34%。27% 的受访者倾向于前期领取较多、后期逐渐减少。倾向于一次性全部取出，前期领取较少、后期逐渐增加，自由取支的受访者分别占比 15%、14%、10%。

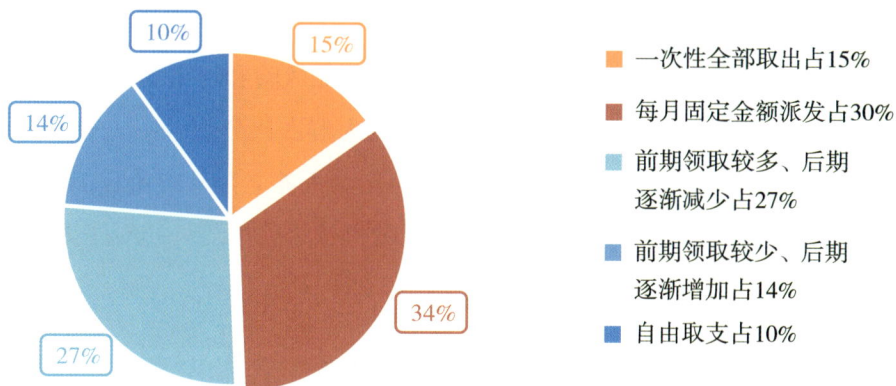

图 5-35　受访者倾向取出养老金的方式

3. 个人养老金存在的问题及期许

大部分受访者对当前个人养老金投资产品的态度普遍偏正面。感到"一般"的受访者占比最多，达33%，"比较满意"占31%，"非常满意"占22%。负面态度如"不太满意"和"非常不满意"，仅占10%和4%。

相对较多的受访者认为产品不够灵活、开户流程烦琐、信息不透明是个人养老金投资市场存在的问题，人群占比分别为35%、32%、31%，认为个人养老金投资市场存在的问题

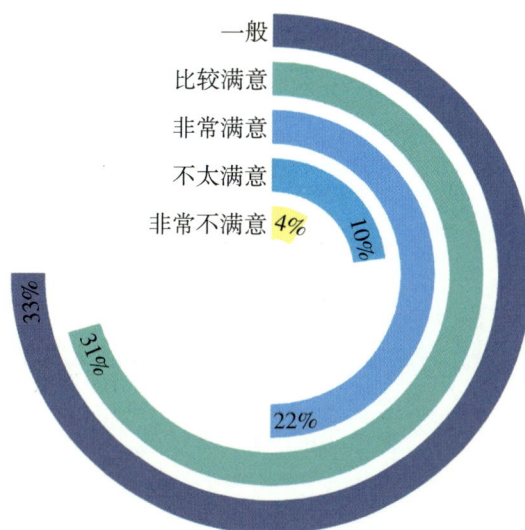

图 5-36　受访者对个人养老金投资产品的满意度

与挑战是产品种类较少、风险控制不足、收益率不达预期的人群占比分别为 29%、25%、23%，认为业务员会为了业绩而错误引导投资者的人群占比最低至 12%。

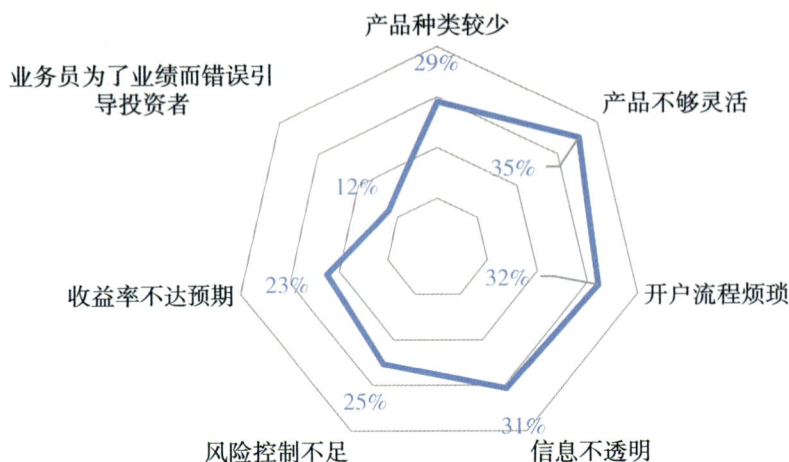

图 5-37　受访者认为个人养老金投资市场存在的问题与挑战（多选）

近半数受访者认为提高个人养老金产品收益率、降低产品风险和根据个人情况智能推荐养老金产品组合能够改进个人养老金市场，认为这两个改进方式的人群占比分别占比 42% 和 40%，还有 30%、31% 的受访者认为提供更多优质的金融养老金产品、简化个人养老金开户流程能够改进市场。此外，认为提供投资者教育和对有错误引导 / 欺诈投资者行为的机构进行严厉处罚对个人养老金市场有所改进的人群分别占 22% 和 21%。

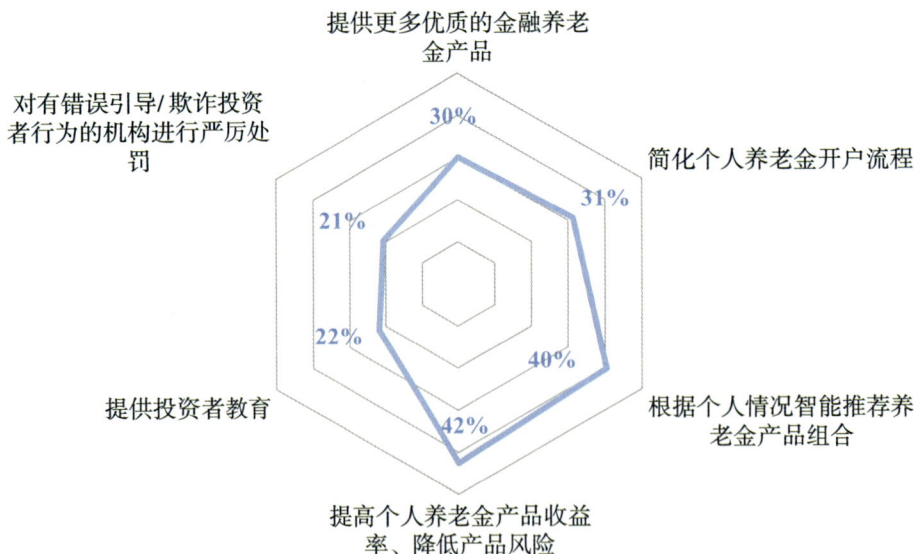

图 5-38　受访者认为个人养老金市场可以如何改进（多选）

超过半数受访者认为设置合理补贴能够改进个人养老金制度；44% 的受访者认为增加税收优惠力度能够改进个人养老金制度；36% 的受访者认为放开投资限制，增加投资灵活度能够改进个人养老金制度；而认为设置提前取出机制能够改进个人养老金制度最少，该部分人群只占 32%。

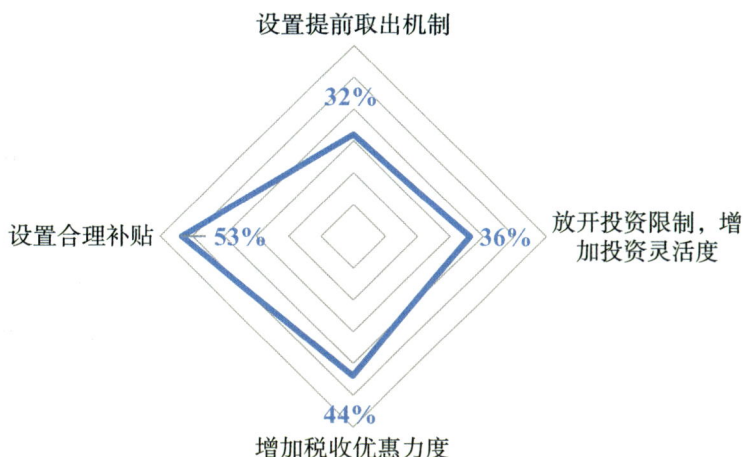

图 5-39　受访者认为个人养老金制度可以如何改进（多选）

50% 的受访者最想了解个人养老金相关的政策；其次是个人养老金投资策略和技巧，约有 46% 的受访者想要了解；想了解个人养老金相关的税收优惠、补贴等福利的受访者占 38%；想了解如何选择适合自己的个人养老金产品的受访者占比最少，为 31%。

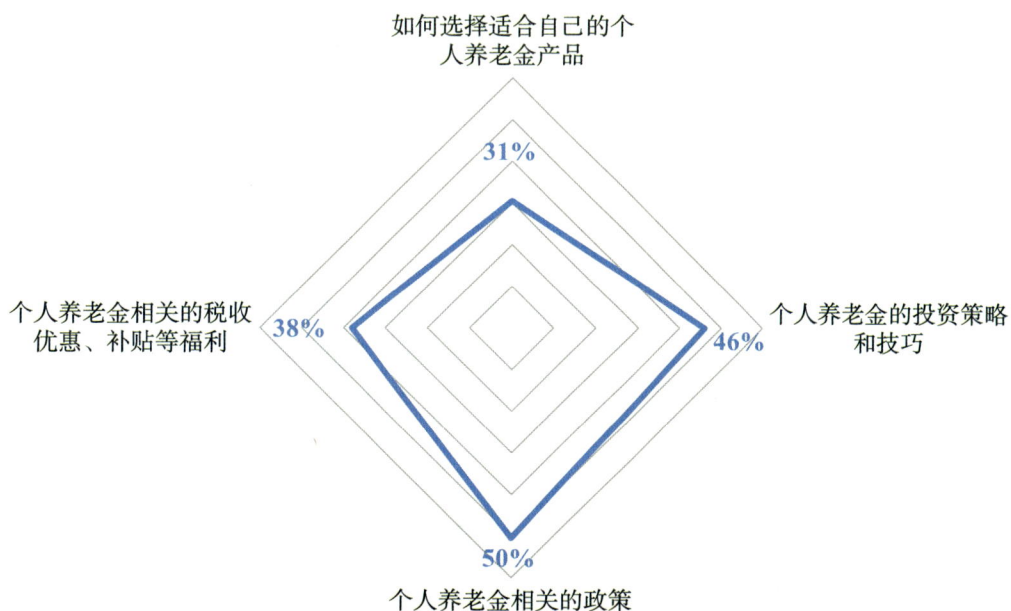

图 5-40　受访者想要了解的个人养老金知识（多选）

在开通了个人养老金账户并已缴费的受访者中，累计缴存金额在 5001—12000 元的受访者占比最多，为 40%，其次是累计缴存金额 12001—24000 元的受访者，占比 34%。累计缴存金额在 5000 元以下的受访者占比 18%，而高于 24000 元的受访者占比最小，仅为 8%。

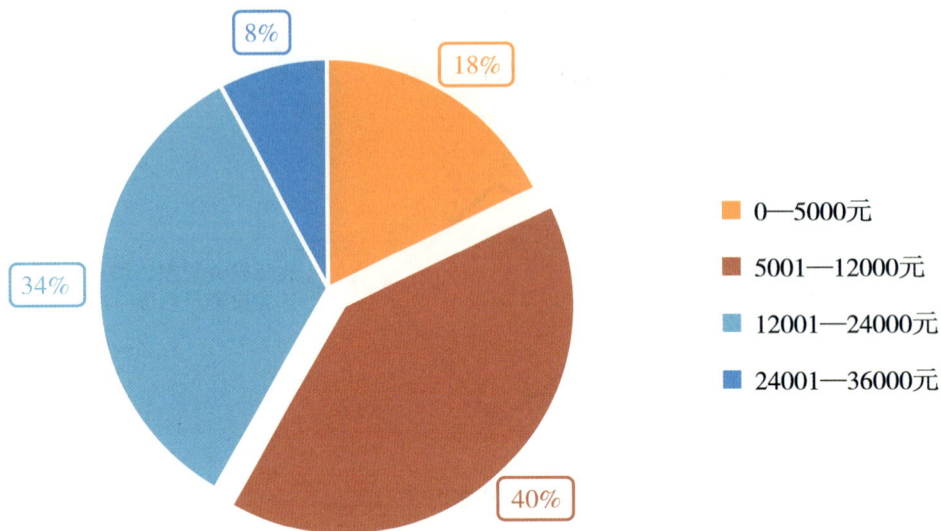

图 5-41　受访者累计缴存（含已投资）金额

4. 个人养老金投资者的投资经历和基础金融认知情况

除了 13% 的受访者没有购买过任何金融产品外，有 87% 的受访者有投资经验，但有 20% 的受访者仅进行过无风险的银行储蓄，购买过金融产品的受访者大约占本次调查的 2/3。其中，购买过国债、货币基金（余额宝、理财通等）、固定收益等低风险产品最多，人群占比 41%；购买过股票、期权、期货等高风险产品人群占比 14%；购买过保险理财、同业存放等中低风险产品的人群占比 12%。

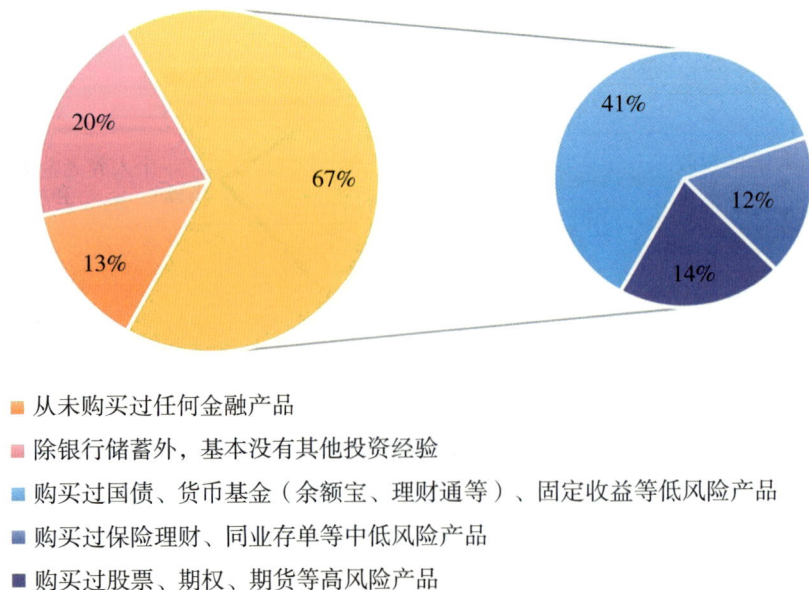

■ 从未购买过任何金融产品
■ 除银行储蓄外，基本没有其他投资经验
■ 购买过国债、货币基金（余额宝、理财通等）、固定收益等低风险产品
■ 购买过保险理财、同业存单等中低风险产品
■ 购买过股票、期权、期货等高风险产品

图 5-42　受访者投资经验分布

从受访者投资时间来看，投资经验少于 2 年（包括没有投资经验）的受访者占比最多，为 40%；36% 的受访者拥有 2—5 年的投资经验；17% 的受访者拥有 5—10 年的投资经验；拥有 10 年以上的投资经验的受访者仅占 7%，占比最少。

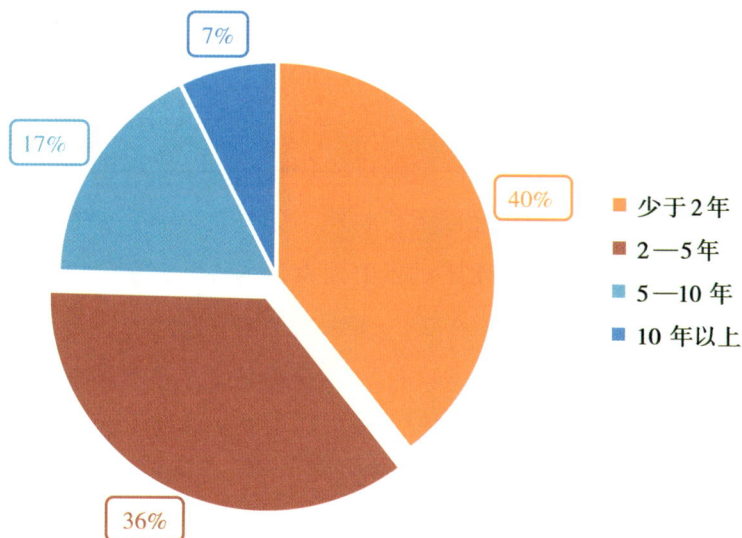

图 5-43　受访者投资时间分布

调查组在问卷的最后设置了两道金融相关的问题，根据受访者的回答情况来测试受访者的金融常识情况。两道题全错的受访者占比最多，高达 49%，只对一道的受访者占比为 41%，仅有 10% 的受访者两道金融常识问题全部答对。

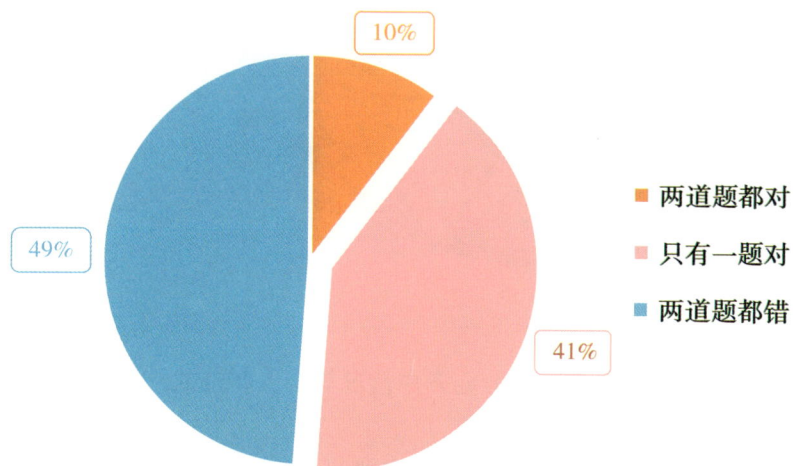

图 5-44　受访者金融常识情况

（二）个人特征对个人养老金投资情况的影响

由于受访者的个人基本特征（如性别、年龄、学历等）和参与金融市场的程度不同，他们对个人养老金投资的看法与理念可能会受到影响。

图 5-45 展示了个人养老金的开户和使用情况、预期收益与受访者的收入、学历水平、金融认知水平间的关系。从图 5-45 可以看出，个人养老金账户开通和投资情况与受访者的收入水平密切相关。月收入在 60000 元以上的高收入人群，个人养老金账户的开通及实际使用比例更高。未开通个人养老金账户的受访者月收入则主要集中在 40000 元以下。此外，受访者的学历水平、对于金融知识的了解程度也是影响其对个人养老金投资预期收益水平的重要因素，本科以上学历的受访者对于个人养老金投资的预期收益率普遍在 8% 以下，主要集中在 2%—6% 这一水平期间内，而本科以下学历的受访者中则有更大比例人群的期望投资收益高于 8% 或低于 2%。金融认知水平与预期收益率的关系也呈现出相似趋势，金融认知水平较低的受访者，其预期收益水平分布更为分散，而拥有更多金融常识（答对两题）受访者，其预期收益率主要集中在 4%—6% 的区间。

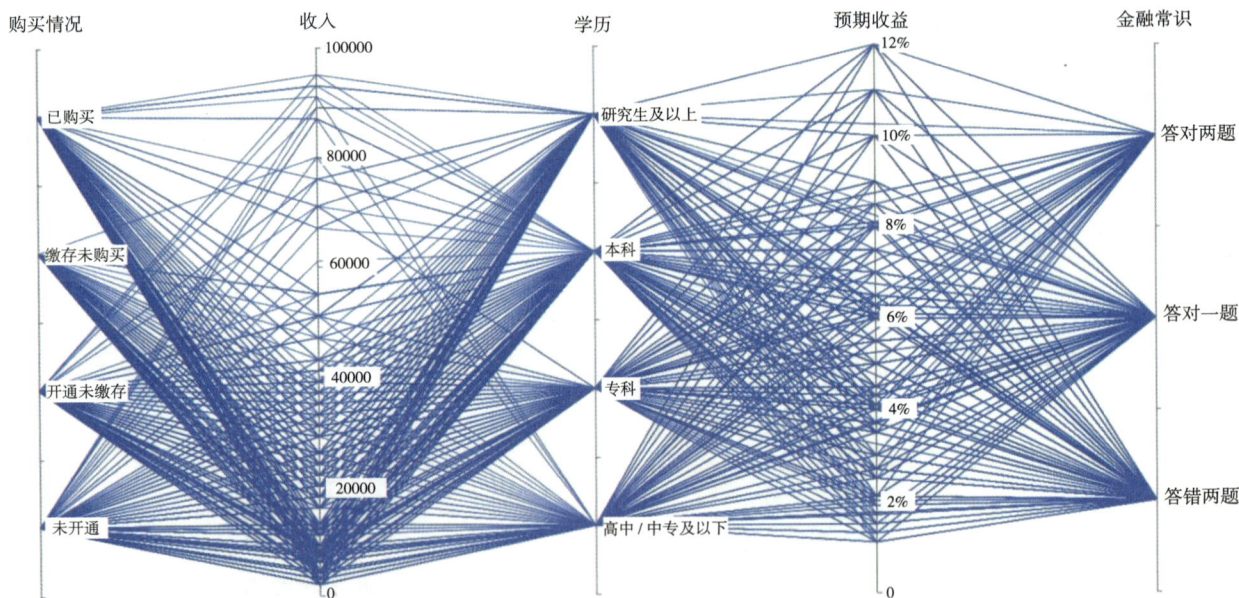

图 5-45 受访者个人养老金开户情况与个人特征的水平间的关系

下文将分别以受访者的年龄与性别、月收入、行业、学历、投资经历、子女数量为分组条件，分别观察受访者的个人养老金投资情况有何不同。

1. 不同年龄人群的个人养老金投资情况

性别与年龄是区分人群特征最基本的分类方式，个人养老金在退休后才能取出，因此投资意愿可能会受到年龄影响。

在受访者中，男女的个人养老金账户开户率基本相同，男性中仅开通账户未缴存资金的比例略高于女性，女性中已购买养老金产品的比例略高于男性。总体来说，在回答问卷的受访者中，性别对个人养老金投资情况的影响并不明显。

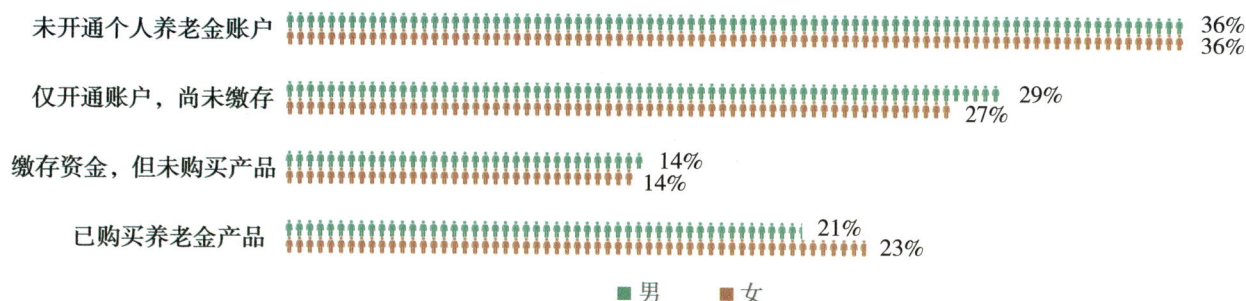

未开通个人养老金账户　　36%　36%

仅开通账户，尚未缴存　　29%　27%

缴存资金，但未购买产品　　14%　14%

已购买养老金产品　　21%　23%

■男　■女

图 5-46　不同性别受访者的个人养老金开户及投资情况

受到退休年龄的限制，一部分已经退休的被调查者无法开通个人养老金账户，因此 60 岁以上的被调查者中未开通个人养老金账户的比例较高，51—60 岁的受访者也受到一定影响。在未退休的受访者中，越年轻的受访者开通个人养老金账户的比例越低，18—30 岁的受访者开户率最低，可能与距离退休时间较远有关。51—60 岁的受访者中已缴存资金的比例最高，这部分受访者接近退休年龄，可以较早得到个人养老金投资的回报，因此投资意愿最强烈。

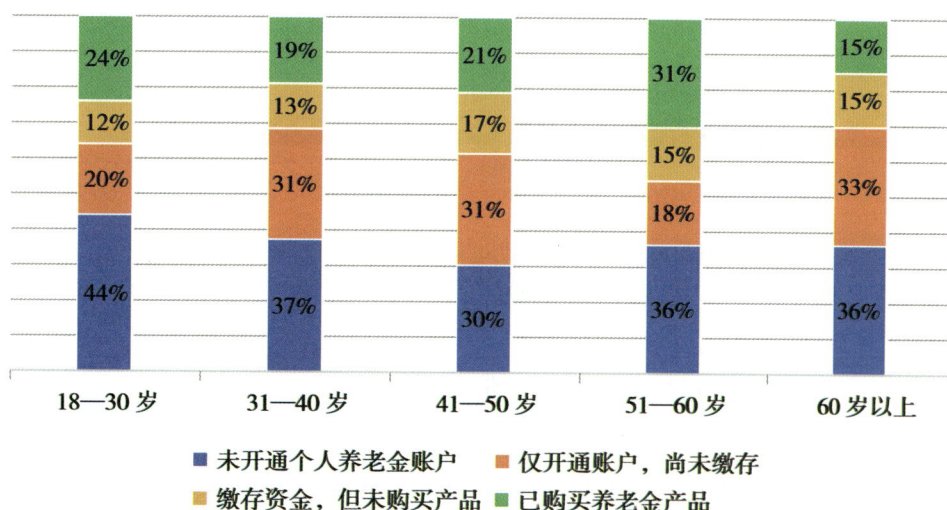

年龄段	未开通个人养老金账户	仅开通账户，尚未缴存	缴存资金，但未购买产品	已购买养老金产品
18—30 岁	44%	20%	12%	24%
31—40 岁	37%	31%	13%	19%
41—50 岁	30%	31%	17%	21%
51—60 岁	36%	18%	15%	31%
60 岁以上	36%	33%	15%	15%

■未开通个人养老金账户　■仅开通账户，尚未缴存
■缴存资金，但未购买产品　■已购买养老金产品

图 5-47　不同年龄段受访者的个人养老金开户及投资情况

83

分析不同年龄段受访者不开户的原因可以发现，资金压力和缺乏了解是各年龄段受访者不开户的主要原因。其中，超过一半的 18—30 岁年轻受访者因为对个人养老金账户缺乏了解而未开通账户。年轻人由于距离退休较为遥远，对相关信息的关注较少因而缺乏了解，这一点随着受访者年龄的增加有所改善。51—60 岁的受访者因年龄较大，获得消息的渠道较狭窄，因而也对个人养老金缺乏了解。

60 岁以下的受访者中年龄越小资金压力的影响越大。这说明随着年龄和积蓄的增加，资金压力对开通个人养老金账户的影响越来越小。

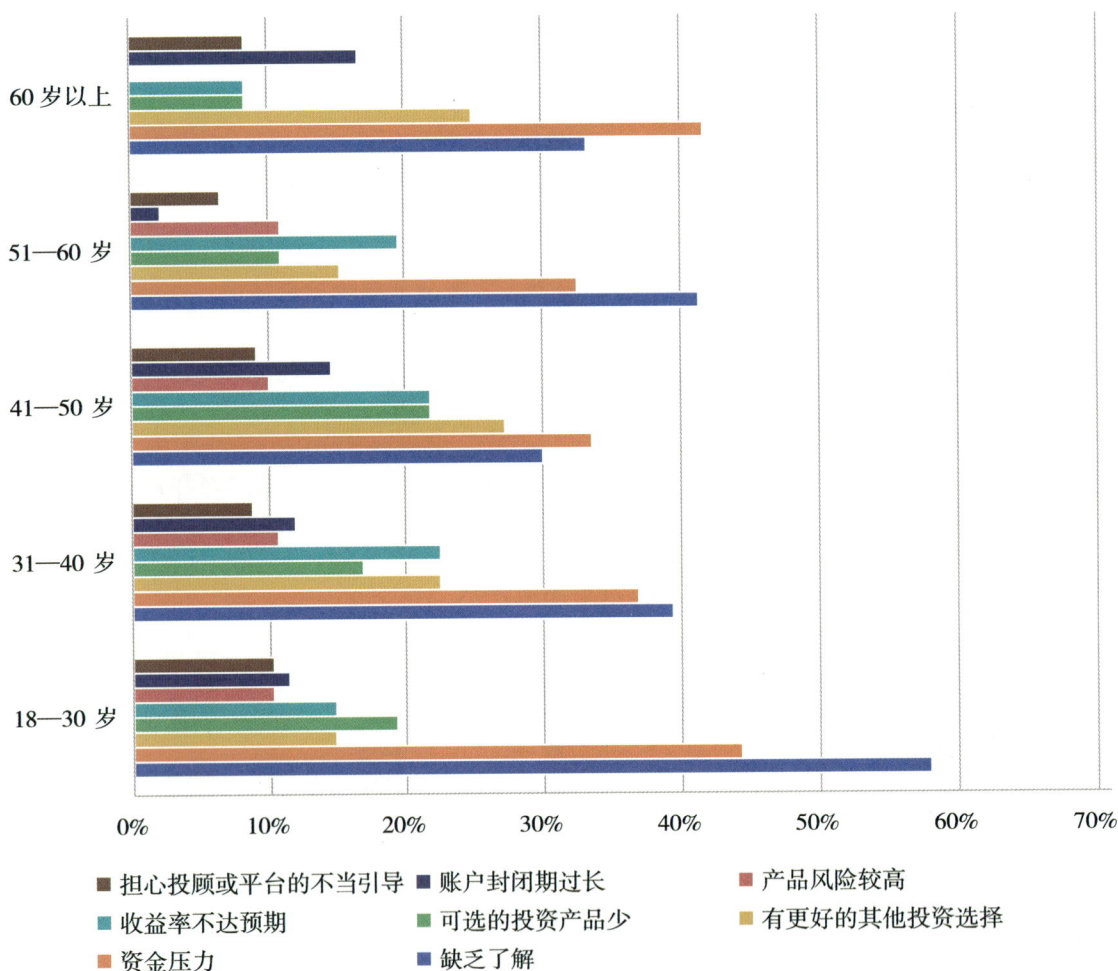

图 5-48　不同年龄段受访者不开户的原因

希望增加退休后收入是各年龄段受访者选择开户的主要原因，而降低子女负担则在 18—50 岁的群体中占比最低。50 岁以下的受访者选择开通个人养老金账户主要是希望获取实际的经济上的好处，如资产保值增值、享受税收优惠、增加退休后收入。50 岁以上的受访者则更多地受到情感影响，考虑子女负担，会受到亲友引导。50 岁以下的受访者的子女年龄通常不大，而受访者自身的经济压力更大。同时由于时代的不同，子女年纪小的受访者更倾向于自己规划养老生活，并不寄希望于子女。

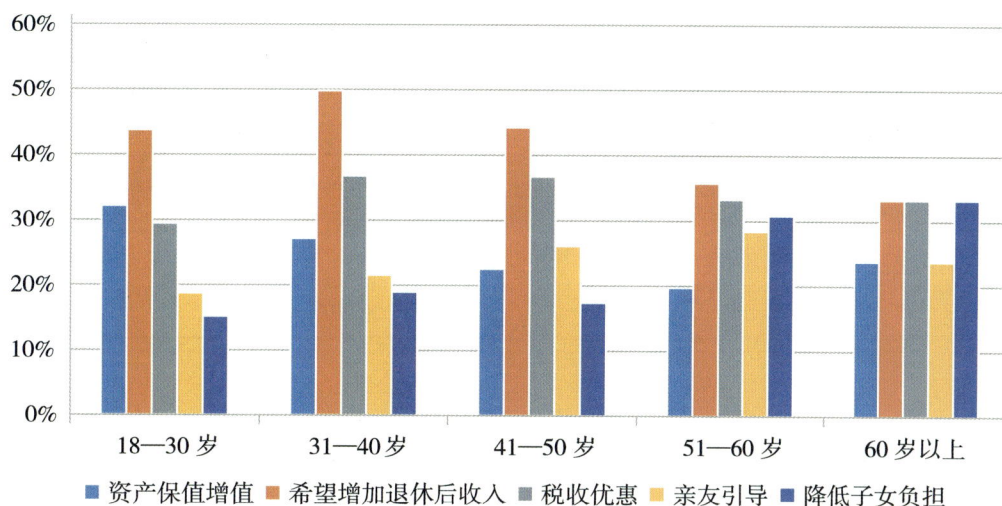

图 5-49　不同年龄段受访者开户的原因

年轻受访者（18—30 岁）相比其他年龄段的受访者更愿意通过互联网平台／媒体广告了解个人养老金的相关信息，而中年受访者（31—50 岁）则更多地通过银行、证券公司及保险公司了解个人养老金。

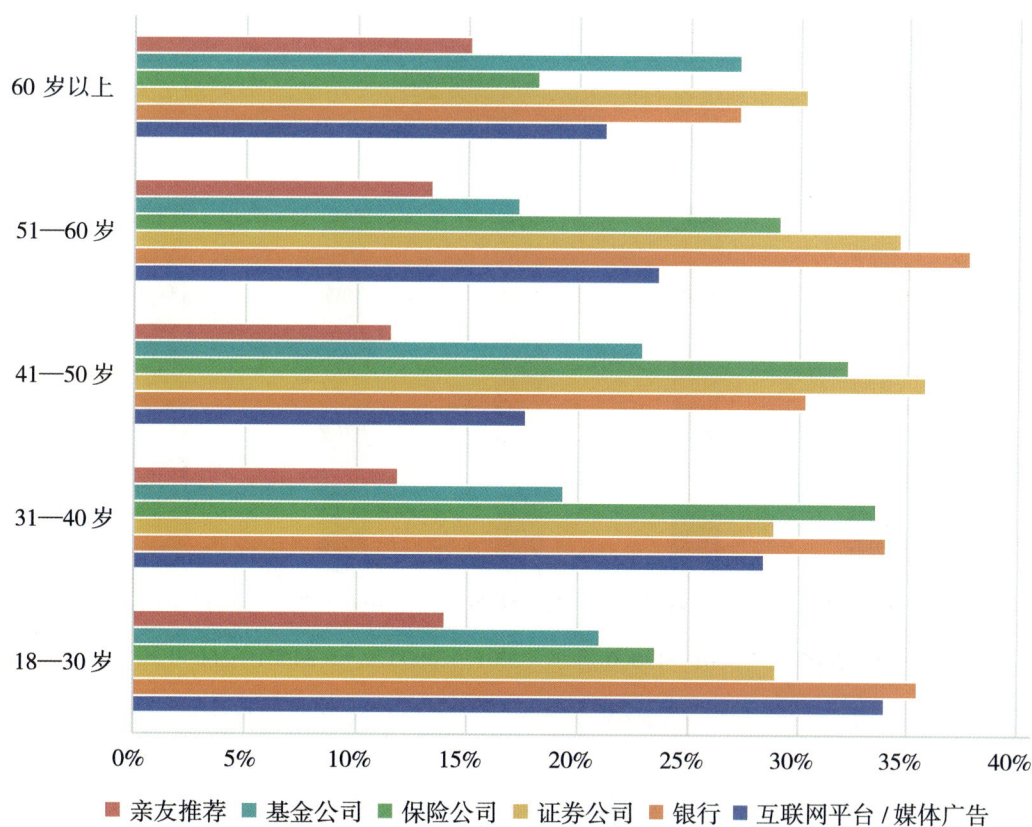

图 5-50　不同年龄段受访者了解个人养老金的渠道

各年龄段受访者对个人养老金的期望收益相对对称，41—50 岁的中老年受访者的期望收益更集中于 4%—8%，基本高于低风险产品收益而低于高风险产品收益，对更低或更高收益的期望占比较少。

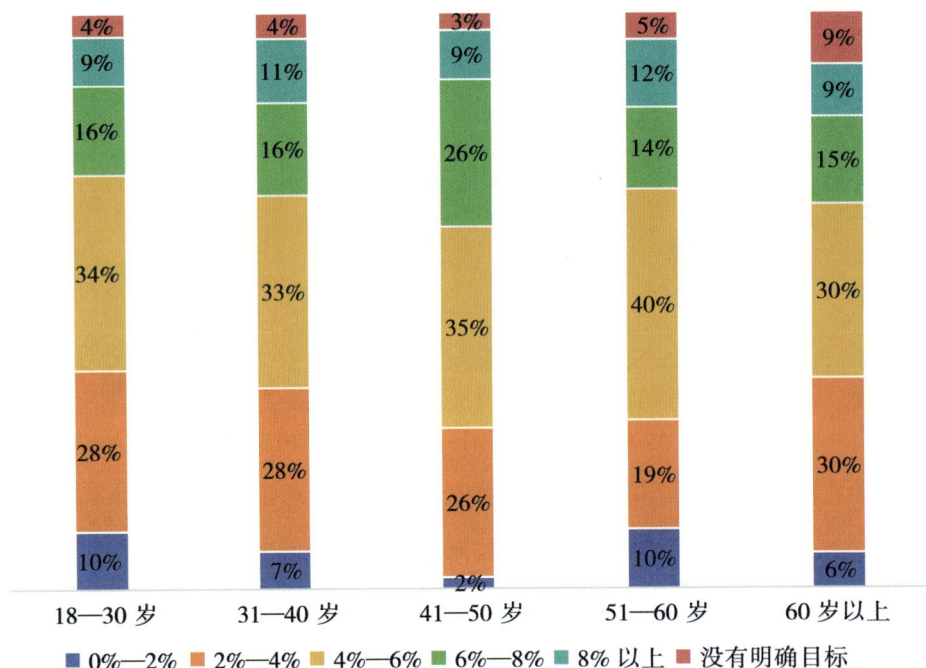

图 5-51 不同年龄段受访者对个人养老金的期望收益

排除 51—60 岁一些开通账户后不久就退休的受访者，越年轻的受访者缴存金额在 5000 元及以下的比例越高。目前个人养老金制度推行时间较短，各年龄段受访者的个人养老金累计缴存金额差异不大。

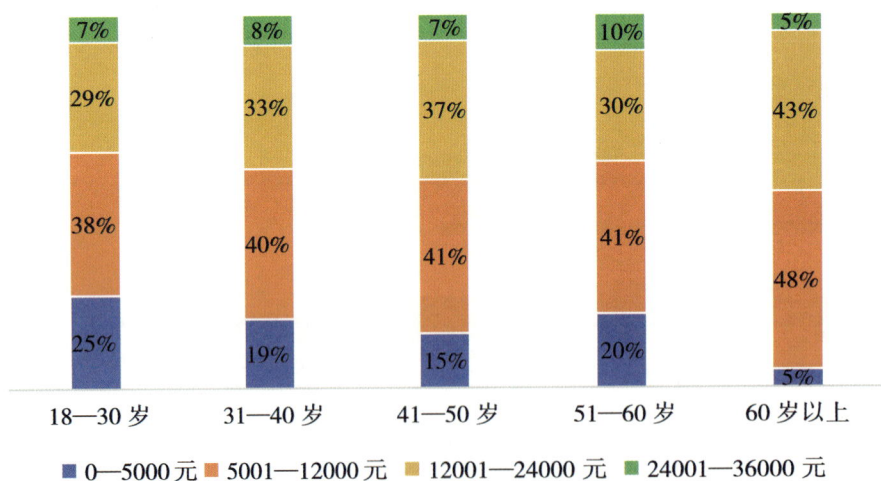

图 5-52 不同年龄段受访者的个人养老金累计缴存金额

18—30 岁的年轻受访者最青睐于银行理财 / 储蓄类产品，31—40 岁的中青年受访者和 60 岁以上的老年受访者购买保险产品的比例最高，41—60 岁的受访者则同样愿意投资公募基金。年轻受访者相比中年受访者在选择个人养老金产品时更加偏好低风险，而中年受访者追求资产的增值收益。

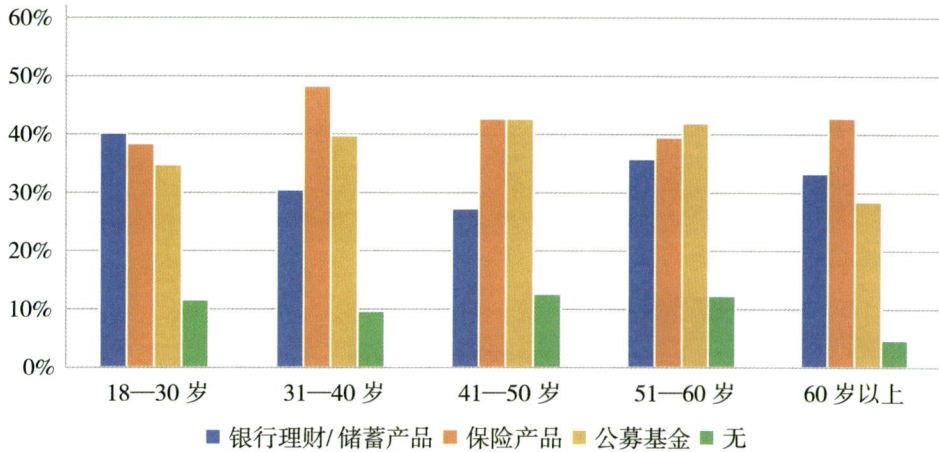

图 5-53　不同年龄段受访者购买的养老金产品种类

2. 不同收入人群的个人养老金投资情况

资金压力是受访者选择不开设个人养老金账户的主要原因之一，因此有必要分析不同收入受访者的个人养老金投资情况。

不同收入人群的个人养老金账户的开户和投资情况呈现出较为明显的差异。月收入在 5000 元以下的受访者中，50% 未开通个人养老金账户，仅有 20% 的人选择购买养老金产品。而月收入在 85000 元以上的受访者中，67% 的人开通了个人养老金账户，并且 47% 的受访者实际购买了养老金产品，表明高收入人群对于个人养老金产品的需求相对较高。此外，月收入在 40000 元以上 60000 元以下的受访者，个人养老金账户开通比例最高，达 83%，但账户利用率较低，仅 40% 的受访者缴存了资金，26% 实际购买了养老金产品，说明个人养老金账户的利用率还需要进一步提高。

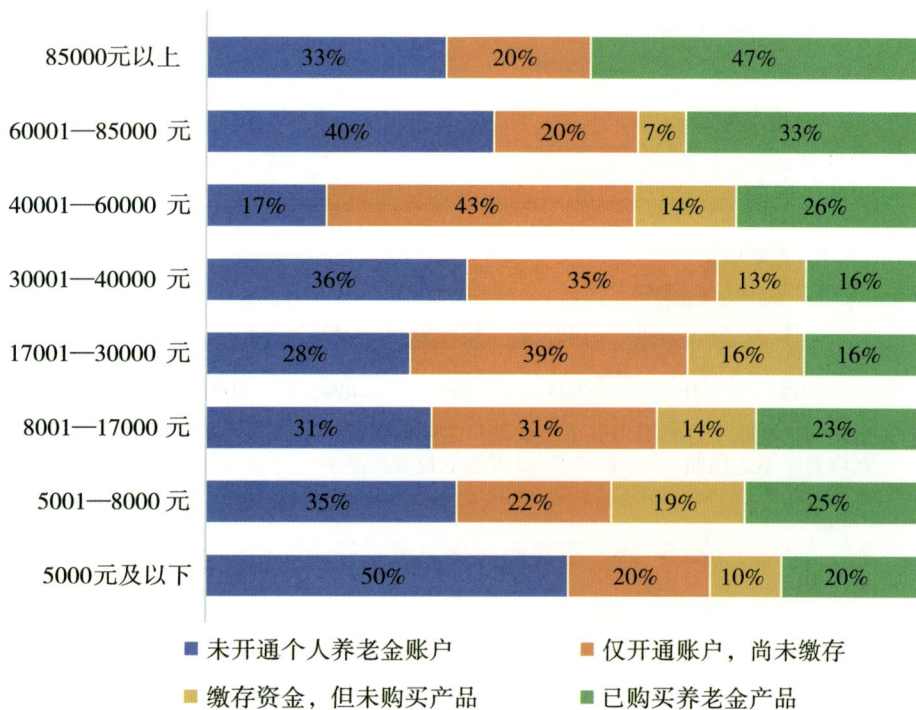

图 5-54　不同收入受访者的个人养老金开户及投资情况

　　从不开户的原因来看，几乎所有收入水平的受访者都选择了对个人养老金缺乏了解。月收入在 30000 元以下的受访者认为资金压力是不开通个人养老金账户的主要原因之一，而月收入在 30000 元以上的受访者则更多从账户投资特点考虑，认为可选的投资产品少、账户封闭期长，或有更好的投资选择是不开户的主要原因。

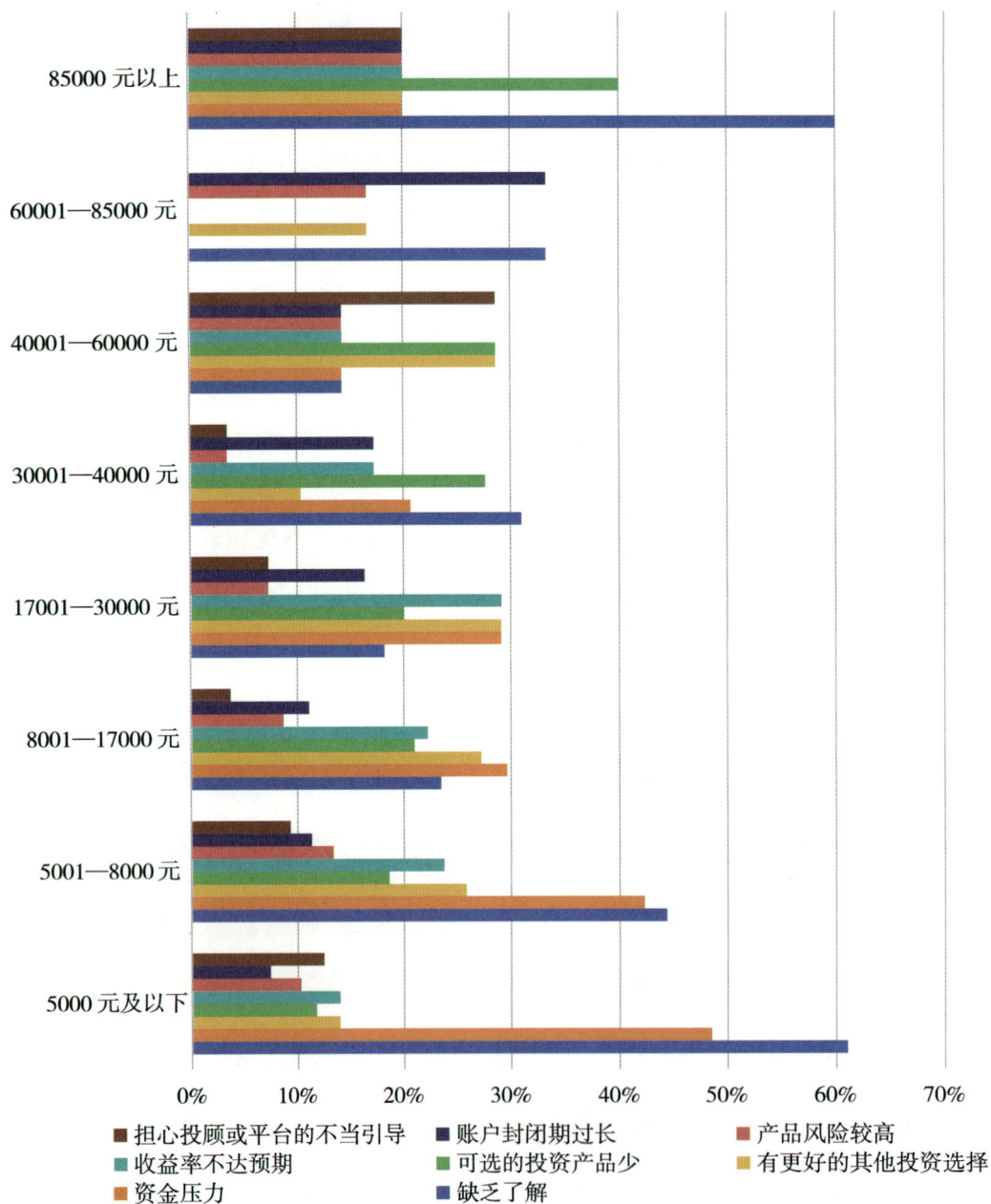

图 5-55　不同收入受访者不开户的原因

从开户原因来看，月收入在 8000 元以下的受访者认为，增加退休后收入是开通个人养老金账户的主要原因。月收入在 8000 元以上的受访者则认为获取税收优惠是开通账户的主要原因。

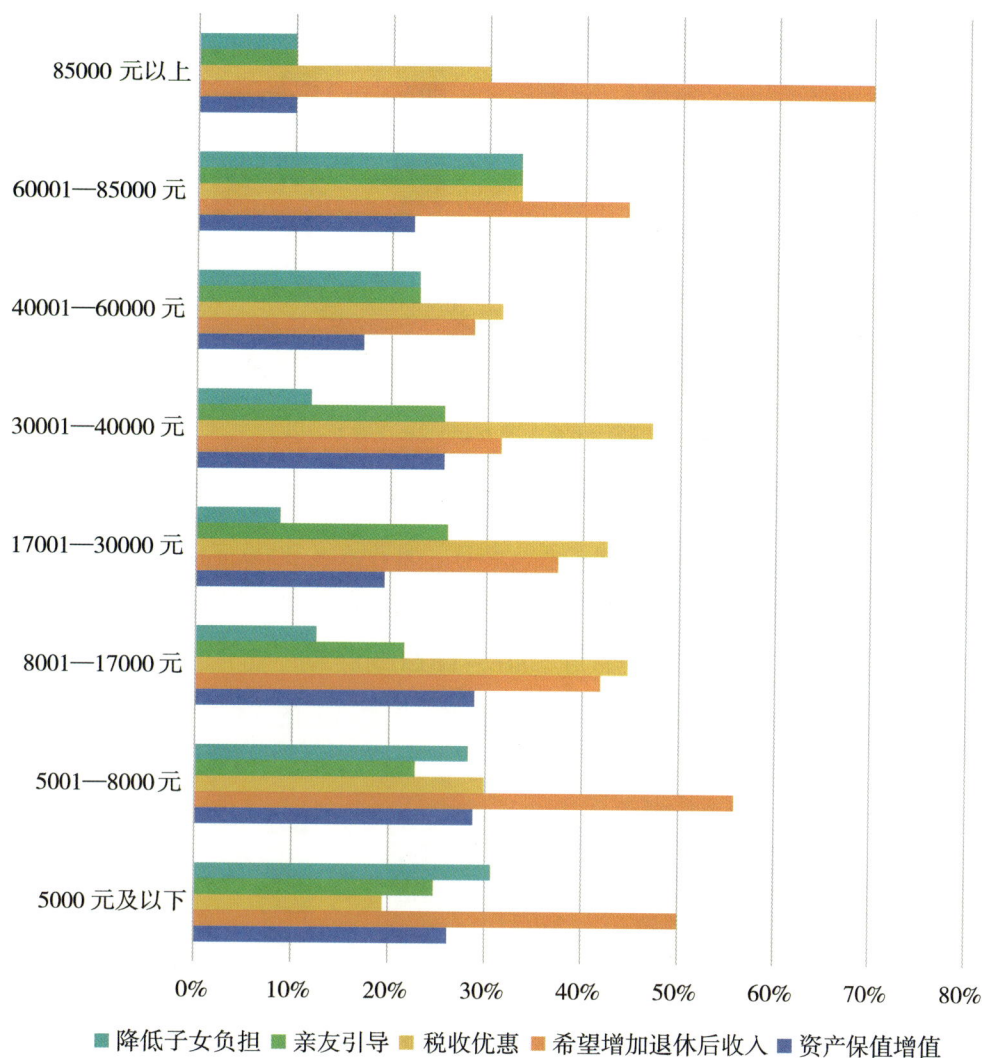

■ 降低子女负担　■ 亲友引导　■ 税收优惠　■ 希望增加退休后收入　■ 资产保值增值

图 5-56　不同收入受访者开户的原因

在对个人养老金的期望收益上，多数受访者的期望收益率在 4%—6% 水平，高于银行 5 年期存款利率。月收入水平在 5000 元以下的受访者中，32% 的人选择期望收益率在 2%—4%，16% 的人期望收益率低于 2%。随着收入水平的增加，受访者对于个人养老金账户的期望收益率呈上升趋势，在月收入 85000 元以上的受访者中，33% 的人群选择期望收益率在 6% 以上。此外，也有小部分受访者对于收益率没有明确目标。

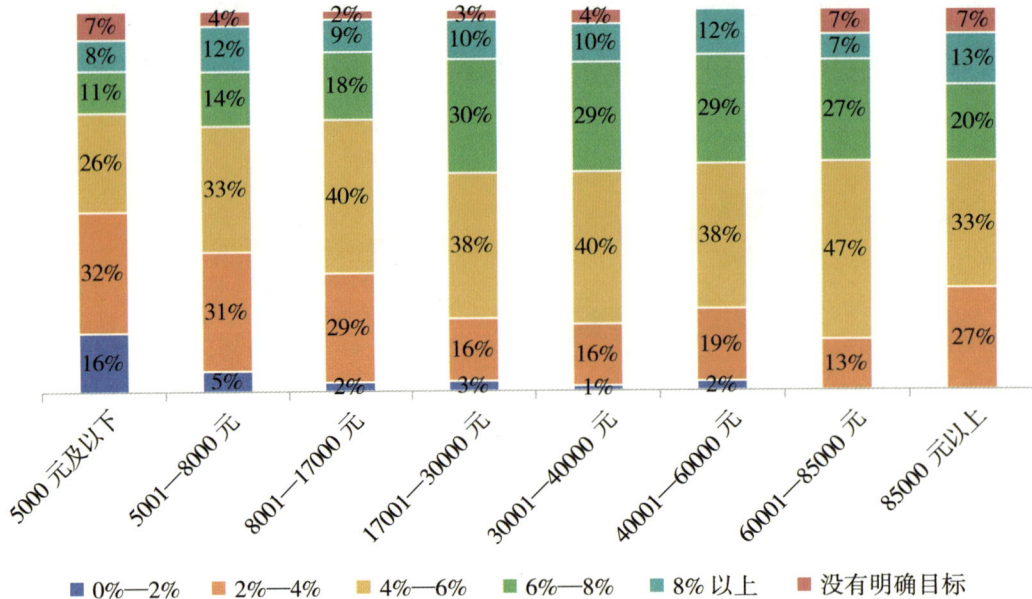

图 5-57　不同收入受访者对个人养老金的期望收益

　　个人养老金的缴存金额呈现出较为明显的收入特征。月收入在 5000 元以下的受访者，大部分累计缴存金额在 5000 元以下，随着收入水平的提高，可以看到累计缴存金额明显上升。月收入在 5001—17000 元之间的受访者大部分选择缴存金额在 5001—12000 元之间。而月收入超过 17000 元以后，缴存金额在 12000 元以上人群占比显著提升。月收入在 85000 元以上的受访者中则有 70% 缴存金额超过 24000 元。

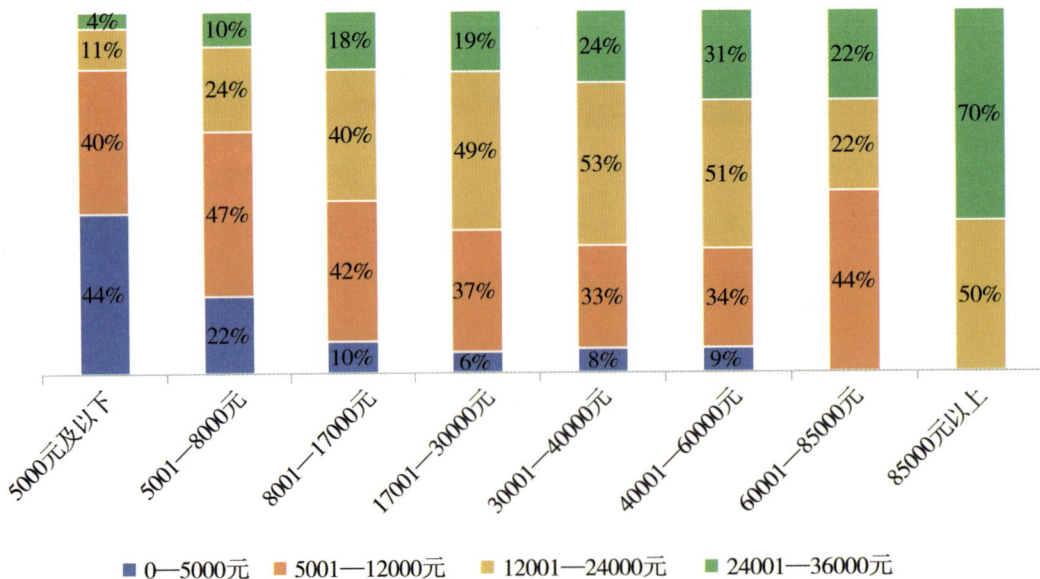

图 5-58　不同收入受访者的个人养老金累计缴存金额

　　在投资产品的选择上，月收入在 17000 元以下的受访者对于投资收益的要求偏低，风险偏好较为保守，因此倾向于购买安全型产品，比如银行理财／储蓄或保险产品。月收入在 17000 元以上的受访者则更多考虑公募基金类产品，只有不足 20% 的受访者选择投资于银行理财 / 储蓄类产品。可以看出，受访者对于投资产品的选择与其收入水平、期望收益和风险偏好密切相关。

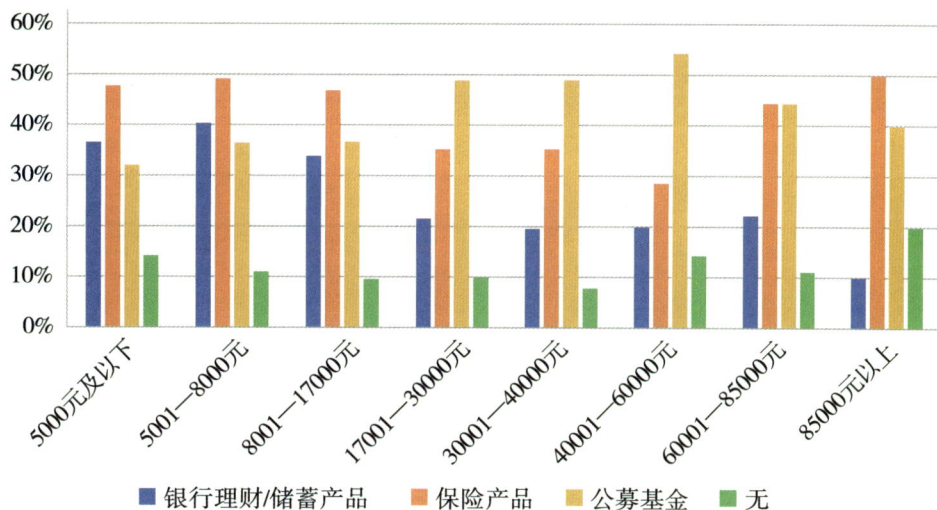

图 5-59　不同收入受访者购买的养老金产品种类

3. 不同行业人群的个人养老金投资情况

从事的工作不同可能会影响受访者对金融市场的看法，从而影响到个人养老金投资的风格。同时，不同行业也可能会影响受访者对于个人养老金相关信息的获取，以及对养老的提前规划意识。

分行业来看，律师行业的个人养老金账户开户比例最高，为 88%；其次为环保能源行业，开户比例为 78%。个人养老金账户开户比例最低的行业为农 / 林 / 牧 / 渔业、地产业 / 工程和信息工程业。

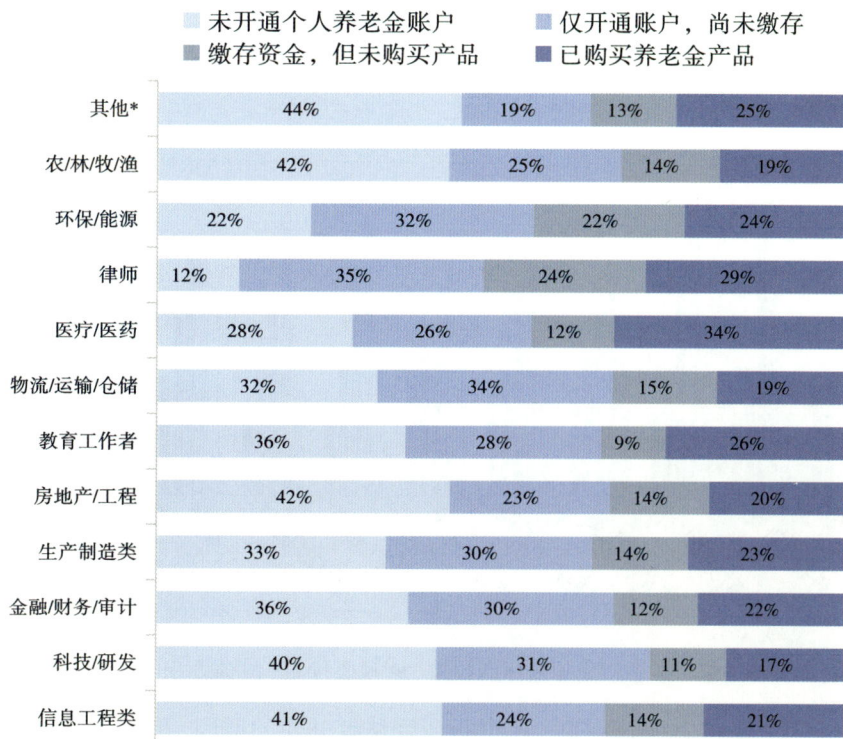

图 5-60　不同行业受访者的个人养老金开户及投资情况

调研组选取个人开户率最低的行业进行分析对个人养老金缺乏了解是三个行业中受访者选择不开户的最主要原因，近 60% 的从业者都选择该选项，说明要提高个人养老金的开户比例，需要进一步加强对潜在人群的普及和教育。此外，资金压力和有更好的投资选择也是人群选择不开设个人养老金账户的重要原因。

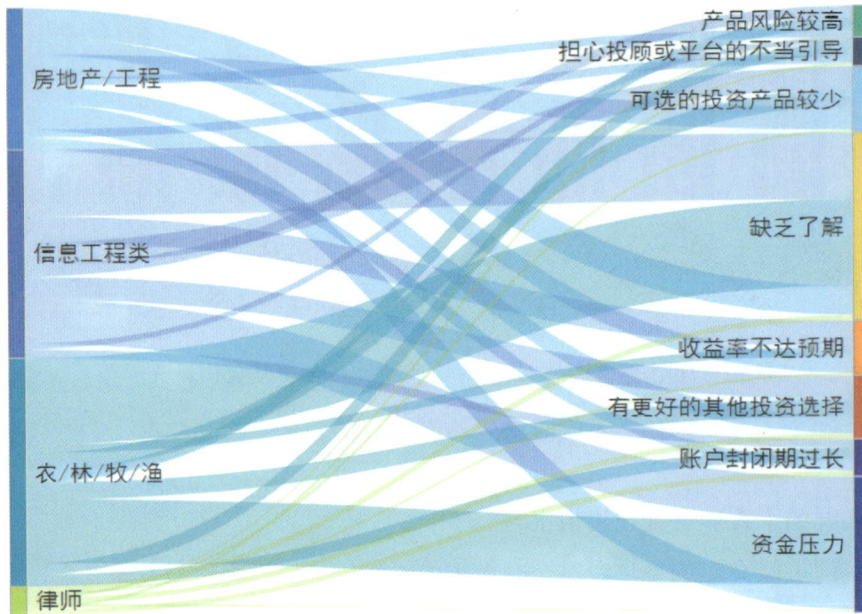

图 5-61　不同行业受访者不开户的原因

开户原因的调查结果显示，相比于亲友、子女等因素，受访者更倾向于从收入和投资收益角度衡量个人养老金的价值，并决定是否开户。大部分受访者选择开设个人养老金账户更多会出于资产保值增值、增加退休收入以及税收优惠等方面的考量。

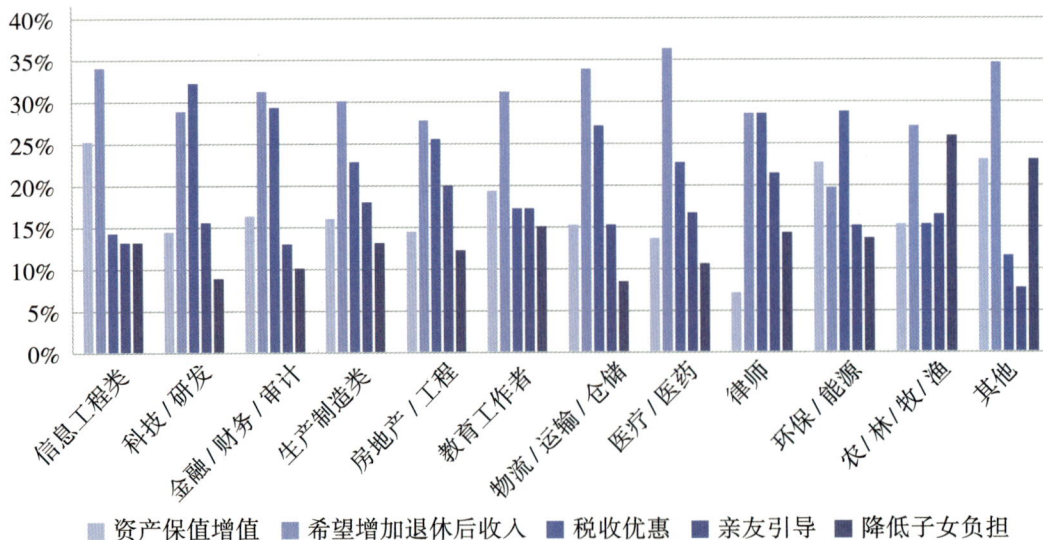

图 5-62　不同行业受访者开户的原因

　　从累计缴存金额和从事职业的关系来看，其中律师行业80%的从业者缴存金额在12001—24000元，医药行业也有超过一半的缴纳在12000元以上。信息工程行业的开户比例较低，但是已开户人群缴存金额较高，其中27%的从业者缴存金额在24000元以上，在各行业中占比最高。此外，科技/研发业、金融/财务/审计业、房地产/工程业人群的缴存金额也较高。物流/运输/仓储行业以及农/林/牧/渔业的缴存金额相对较低，大部分从业者的缴存金额在12000元以下，其中农/林/牧/渔业中45%的从业者缴存金额不到5000元。可以得出，个人养老金的缴存金额与个人收入水平有较大关联，收入水平相对较高的行业及其从业人群的缴存金额也会更高。

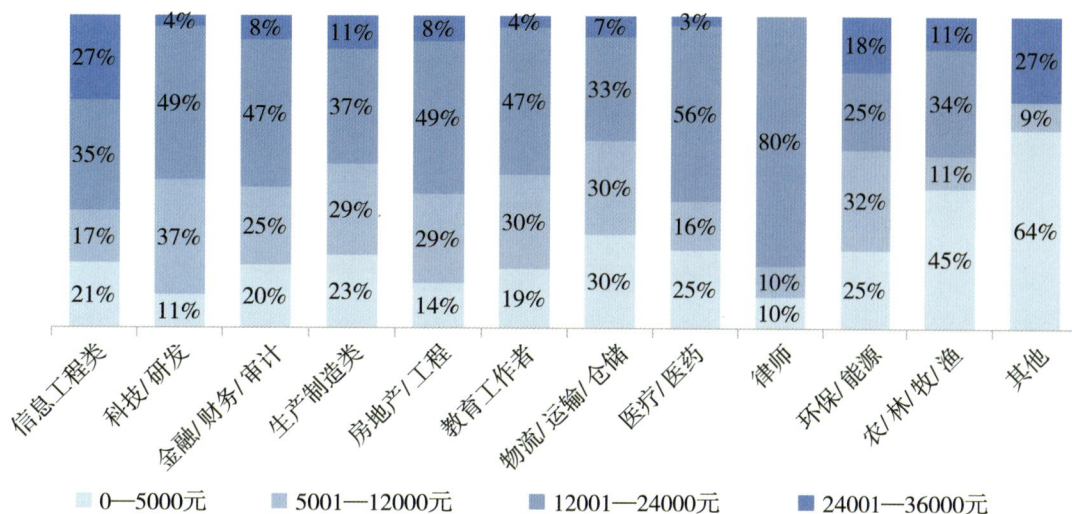

图 5-63　不同行业受访者个人养老金账户的累计缴存金额

4. 不同学历人群的个人养老金投资情况

　　个人养老金开户和使用情况与学历水平有较为明显的关系，随着学历水平的提升，受访者的开户比例和使用比例也在提高。高中/中专及以下的受访者中开户比例仅为54%，实际缴存资金和购买产品的受访者占比为仅为31%。学历为本科以上的受访者中有七成开设了个人养老金账户，实际缴存和购买产品的人群比例约40%。

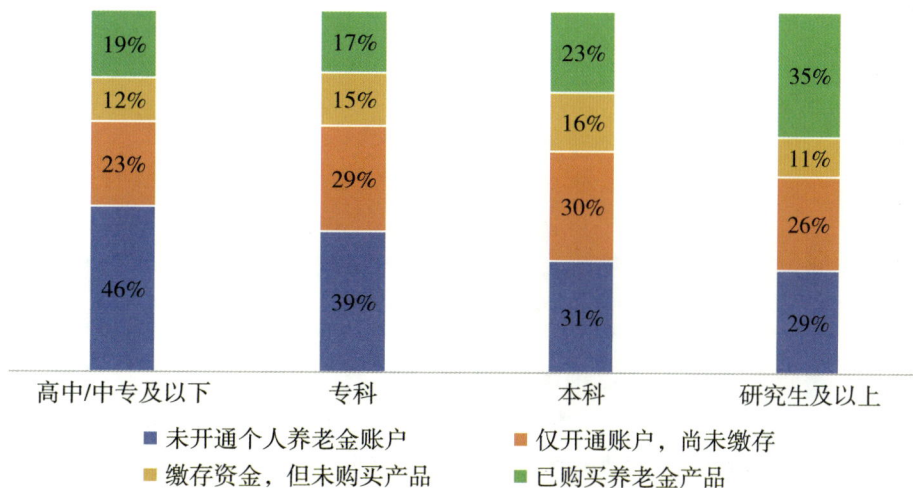

图 5-64　不同学历受访者的个人养老金开户及投资情况

从不开户的原因来看，本科及以下学历的受访者认为对个人养老金缺乏了解以及资金压力是其不开户的主要原因，研究生及以上学历受访者选择不开户的原因则较为分散，包括缺乏了解、有更好的投资选择、收益率不达预期等。

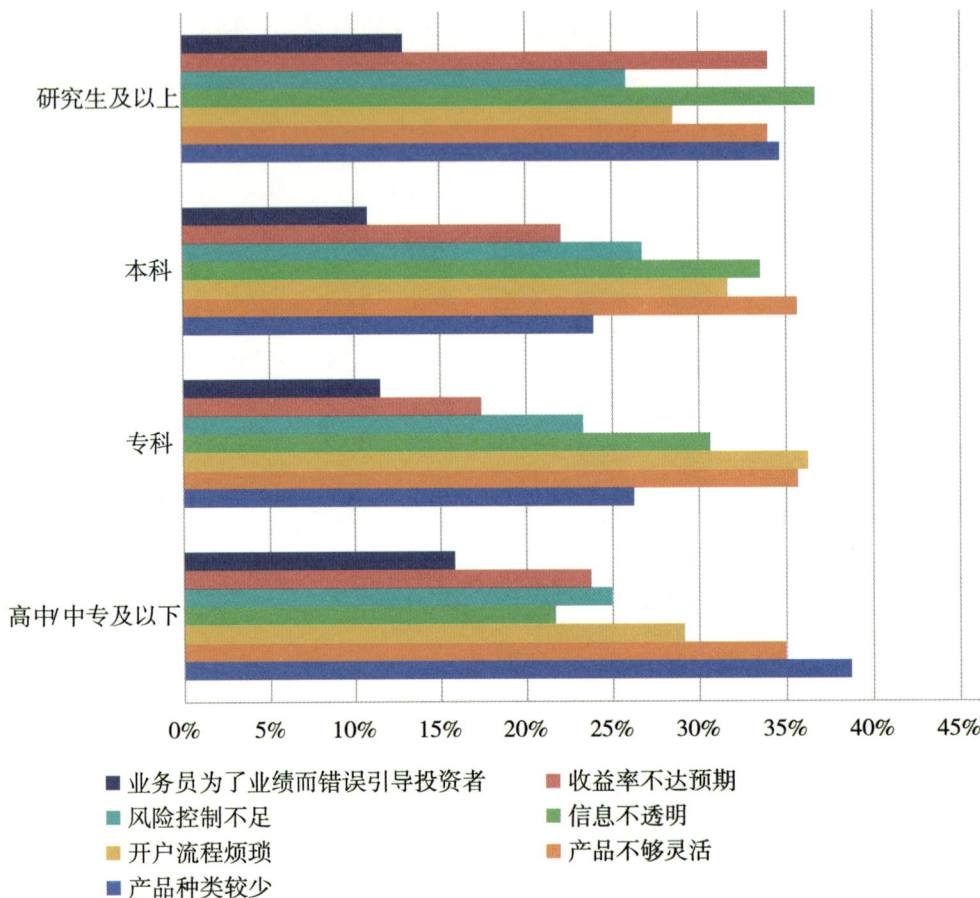

图 5-65　不同学历受访者不开户的原因

开户原因方面，专科以上受访者主要受增加退休后收入以及税收优惠两方面因素驱动，选择开设个人养老金账户；而专科以下学历则更多考虑降低子女负担、增加退休收入等因素。

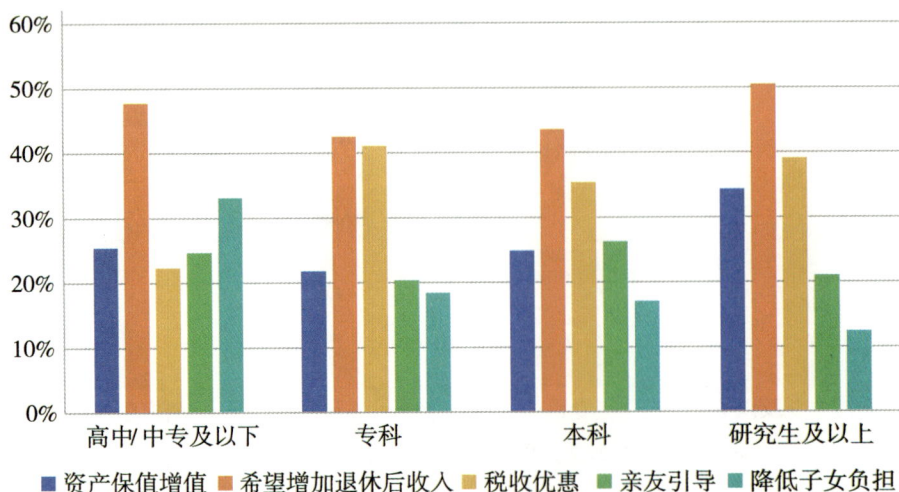

图 5-66　不同学历受访者开户的原因

不同学历人群对于个人养老金的期望收益也呈现出较为明显的差异。整体来看，受访者期望收益率主要集中在 2%—6% 这一区间，但随着学历水平的提升，受访者的期望收益率也呈上升趋势。具体来说，高中 / 中专及以下人群对于 0%—2% 的低收益率接受度更高，13% 的受访者选择了该区间，此外有 22% 的受访者选择期望收益率在 6% 以上，有 8% 的受访者表示对收益率没有明确目标。研究生及以上学历的受访者中，则有 30% 以上人群的期望收益率高于 6%，仅有 3% 的人群期望收益率在 2% 以下。

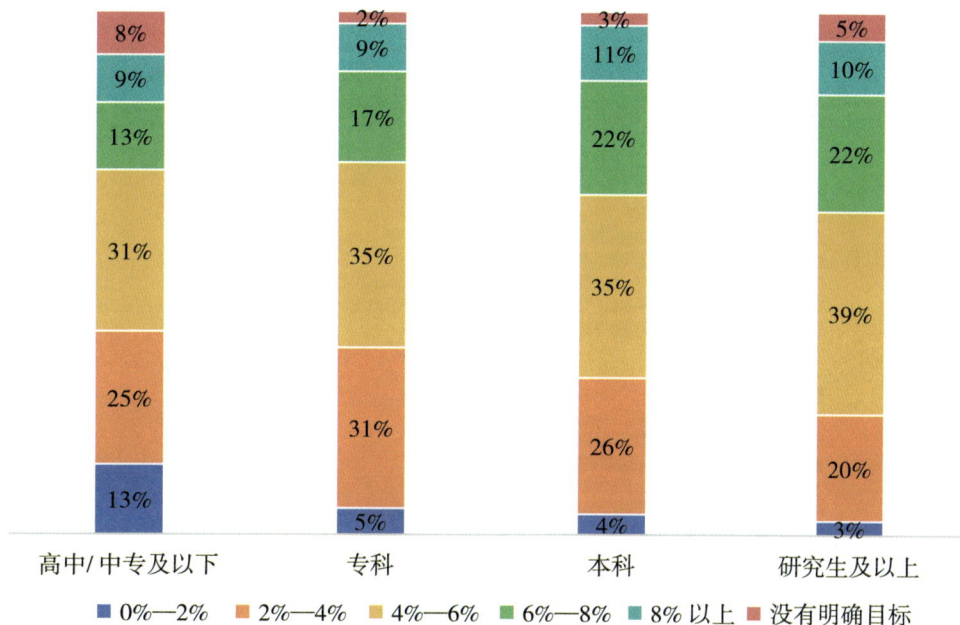

图 5-67 不同学历受访者对个人养老金的期望收益

累计缴存金额也呈现出明显的学历人群特征，受访者学历越高，平均累计缴存金额也越高。研究生及以上的受访者中，有一半以上的累计缴存金额在 12000 元以上，12% 的缴存金额超过 24000 元。而本科学历以下的受访者大部分缴存金额在 12000 元以下，缴存金额超过 24000 元的受访者比例则不超过 8%。此外，学历为高中 / 中专以下的受访者中 34% 的累计缴存金额不足 5000 元。

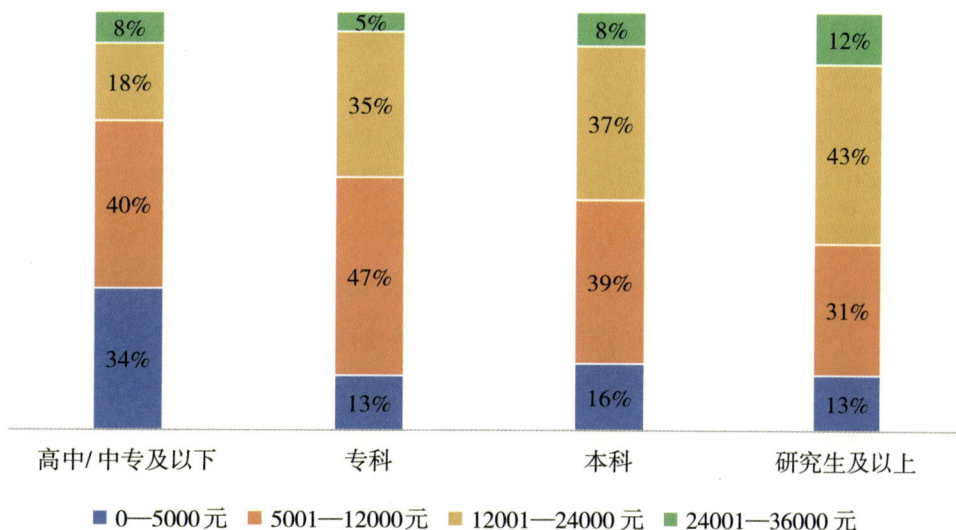

图 5-68 不同学历受访者的个人养老金累计缴存金额

不同学历受访者的投资偏好和风险偏好不同，在选择个人养老金产品时看中的因素也不同。高中 /
中专及以下的受访者风险偏好较为保守，更加看重产品的风险水平、投资期限是否在可承受的范围内。
随着受访者学历的提升，其对于风险的承受能力更强，对于投资收益的要求也更高，因此在选择产品
中更加注重投资理念、投资范围、预期收益率和历史业绩等因素。

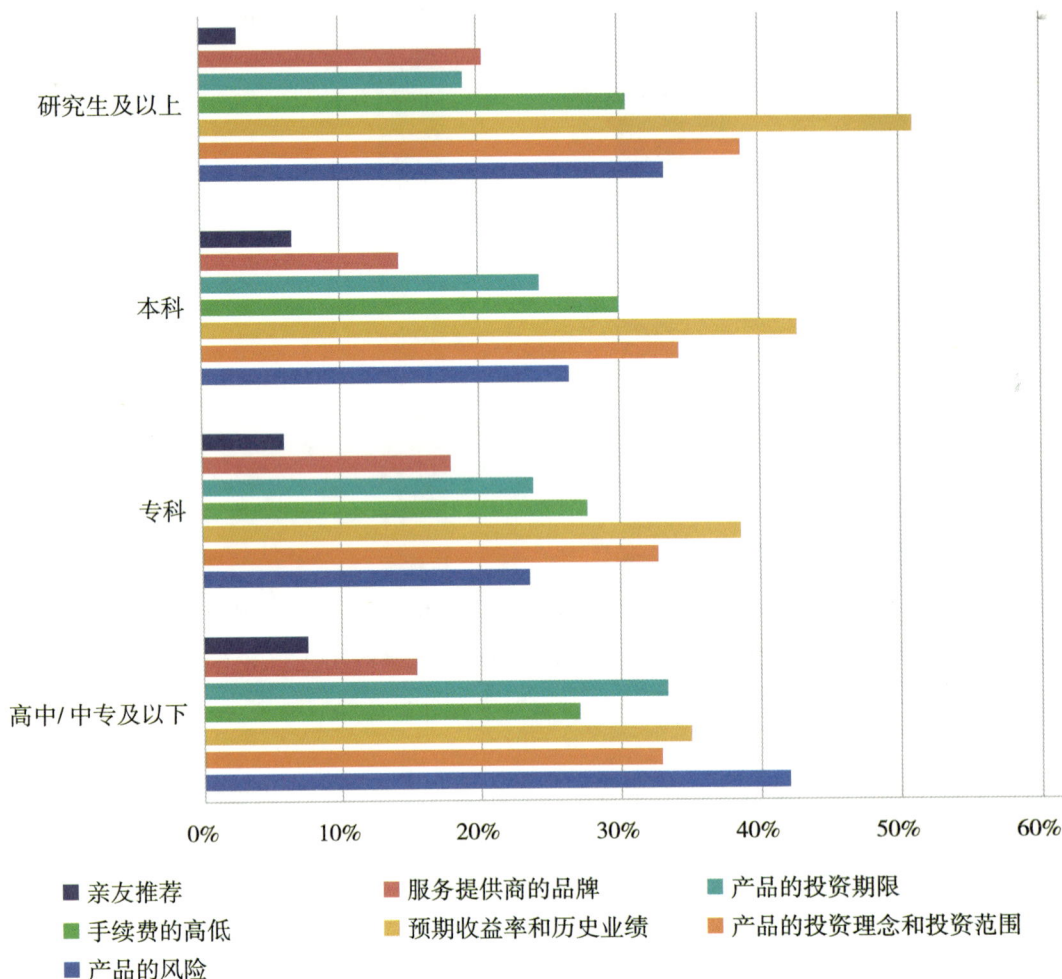

图 5-69　不同学历受访者选择个人养老金产品时最看重的因素

不同学历受访者对于个人养老金市场的认知水平不同，对于目前市场中存在的问题与挑战的看法
情况也不尽相同。高中 / 中专及以下学历受访者中近 40% 认为产品种类较少是当前市场存在的主要问
题，专科、本科学历受访者则更关注产品灵活度、开户流程、信息透明机制等问题，研究生及以上学
历受访者中还有 30% 以上认为个人养老金产品的收益率未达到预期。总体来看，不同学历受访者普遍
认为产品不够灵活、开户流程烦琐是目前市场中存在的重要问题，因此加快完善个人养老金市场建设
需要进一步简化个人养老金账户的开户流程，提升服务效能，同时优化产品机制，提高产品的多样性
和灵活性。

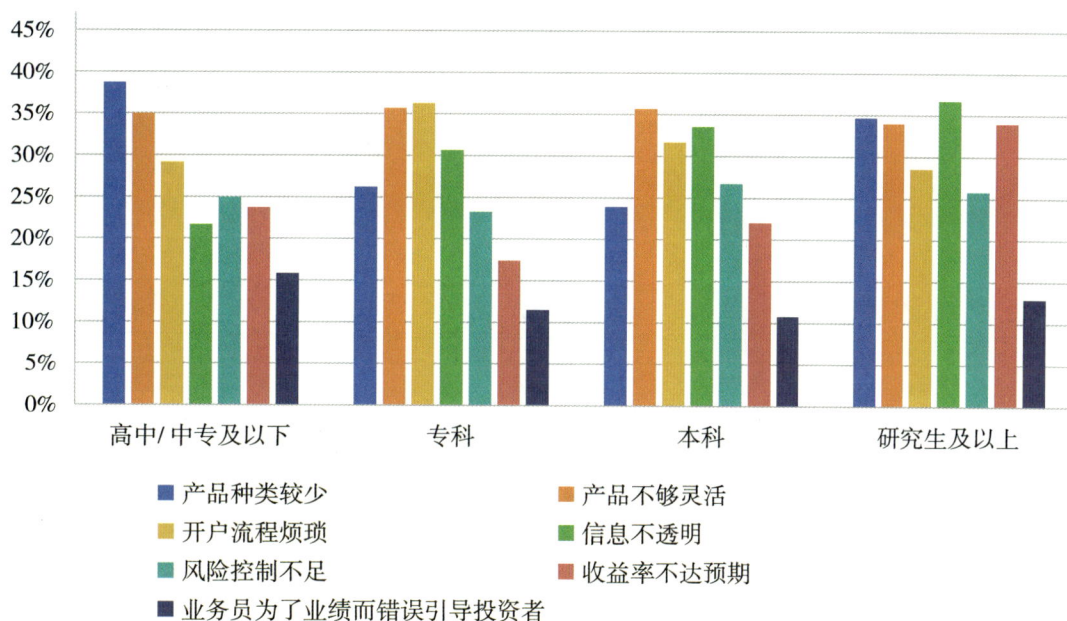

图 5-70　不同学历受访者认为当前个人养老金投资市场存在的问题与挑战

5. 不同投资经历人群的个人养老金投资情况

受访者的投资理财风格很大程度上会影响其个人养老金投资的意愿，下文以受访者的投资经历（参与过何种风险的投资）为分类观察这一影响。

有将近一半的无投资经历受访者没有开通个人养老金账户，已购买养老金产品的比例也最低。没有投资习惯的受访者一方面对投资方面的消息关注较少，另一方面由于缺乏投资经验难以选择合适的养老产品。结合不同投资经历受访者不开户的原因，缺乏了解是无投资经历受访者开通个人养老金账户的最大阻碍。

有高风险投资经验的受访者开户率也远低于有其他投资经验的受访者，这部分受访者可能认为个人养老金的投资回报较低。同时，在已开通个人养老金账户的受访者中，拥有高风险投资经历的受访者购买养老金产品的比例最高。这部分投资者的投资决策较为果断，开通账户后采取投资行动的比例很高。

无投资经历、进行过无风险投资和进行过低风险投资的受访者不开户的主要原因是对个人养老金缺乏了解以及资金压力。对于无投资经历的受访者，缺乏了解是最主要的原因。同时，部分无投资经历或进行无风险投资的受访者正是由于资金压力难以进行有风险的投资，因而个人养老金作为对未来的投资也难以吸引到他们。很大一部分有中高风险投资经验的受访者认为个人养老金投资的收益率不达预期，可能与他们偏好高风险高收益的投资方式有关。

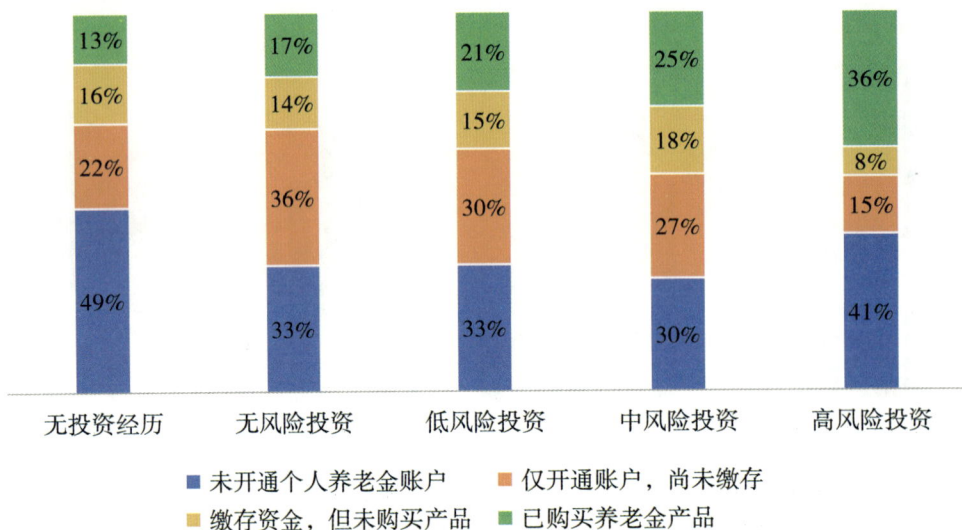

图 5-71 不同投资经历受访者的个人养老金开户及投资情况

图例：
- 未开通个人养老金账户
- 仅开通账户，尚未缴存
- 缴存资金，但未购买产品
- 已购买养老金产品

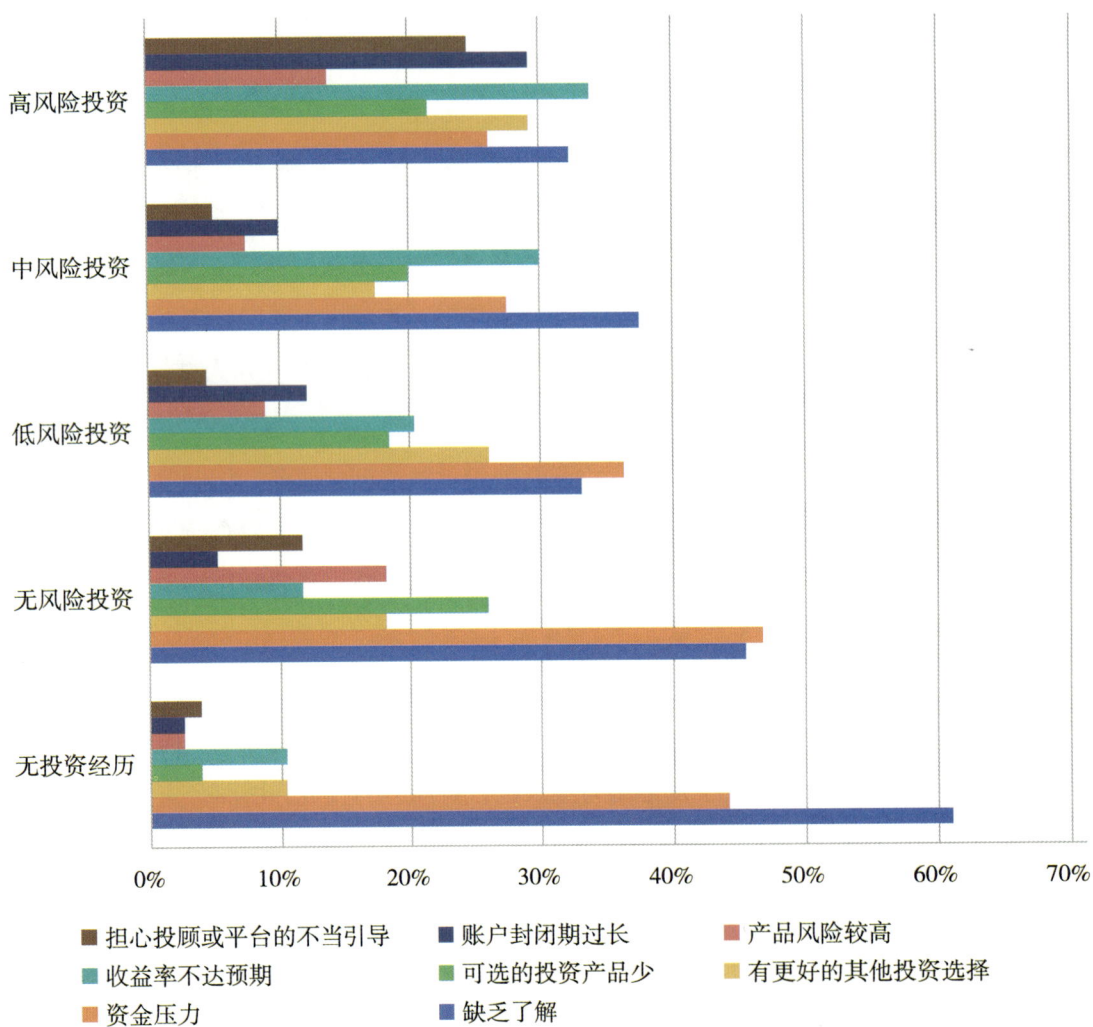

图例：
- 担心投顾或平台的不当引导
- 账户封闭期过长
- 产品风险较高
- 收益率不达预期
- 可选的投资产品少
- 有更好的其他投资选择
- 资金压力
- 缺乏了解

图 5-72 不同投资经历受访者不开户的原因

98

有投资经验的受访者选择开通个人养老金账户的主要原因是希望增加退休后收入。相比其他受访者，有高风险投资经验的受访者希望通过个人养老金投资享受税收优惠并使资产保值增值的比例更高。进行高风险投资需要一定的金融常识以及分析能力，因此有高风险投资经验的受访者与其他受访者相比，在进行投资决策时受他人的影响很小。

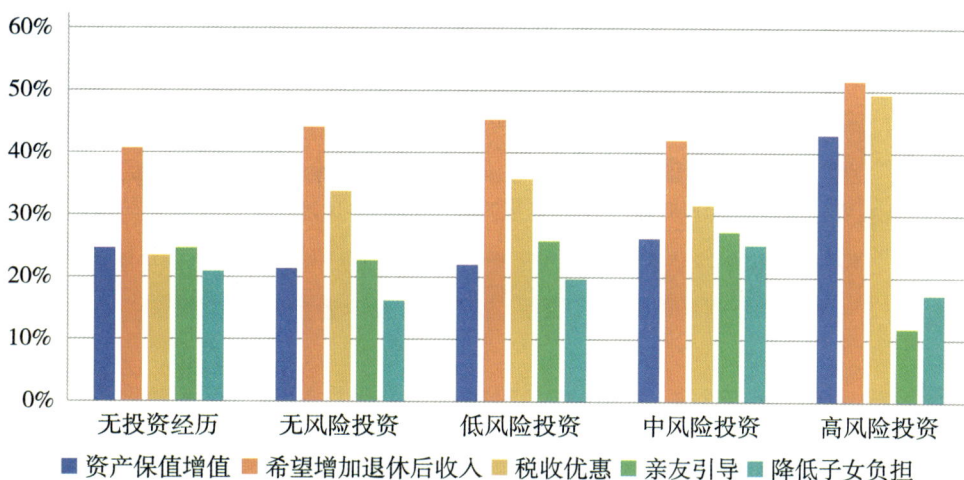

图 5-73　不同投资经历受访者开户的原因（多选）

统计两道金融常识的回答情况，可以看到有高风险投资经验的受访者的回答情况相比其他受访者最好，两题均答对的比例最高，而均答错的比例最低。

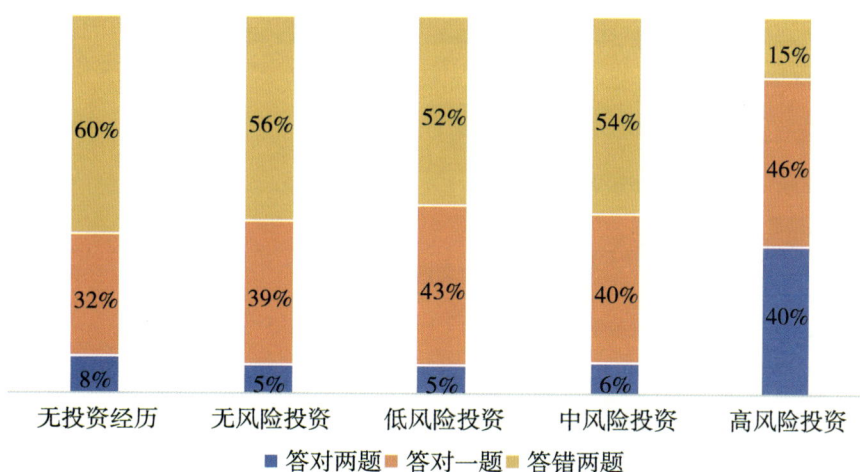

图 5-74　不同投资经历受访者的金融常识水平

无投资经验的受访者总体的个人养老金期望收益偏低，而有高风险投资经验的受访者整体的个人养老金期望收益偏高。20% 的有高风险投资经验的受访者希望个人养老金的收益能达到 8% 以上，而预期收益低于 2% 的只占不到 2%。

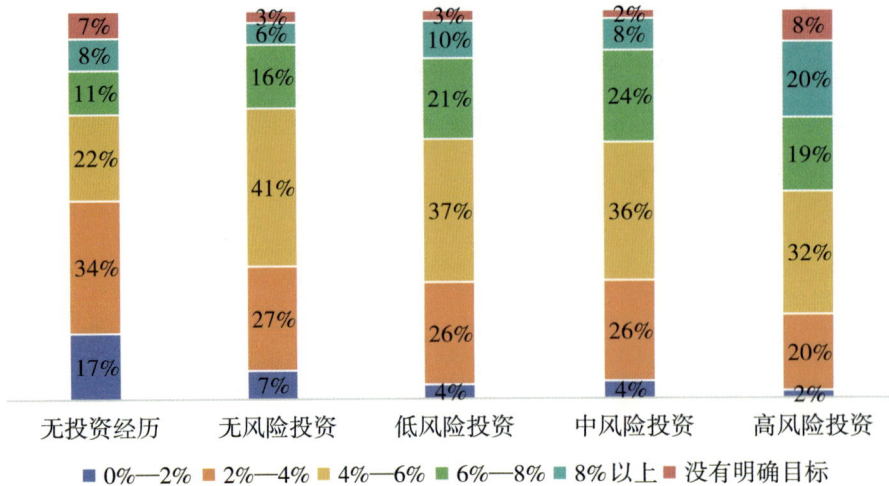

图 5-75 不同投资经历受访者对个人养老金的期望收益

有投资经验的受访者在选择个人养老金产品时最看重的因素是产品的预期收益率和历史业绩，而无投资经历的受访者则更看重养老产品的风险。有高风险投资经历的受访者在选择养老产品时最关心的三个因素是产品的风险、产品的投资理念和投资范围以及预期收益率和历史业绩，这三个因素也是进行股票、期权、期货等高风险产品投资时需要考虑的因素。

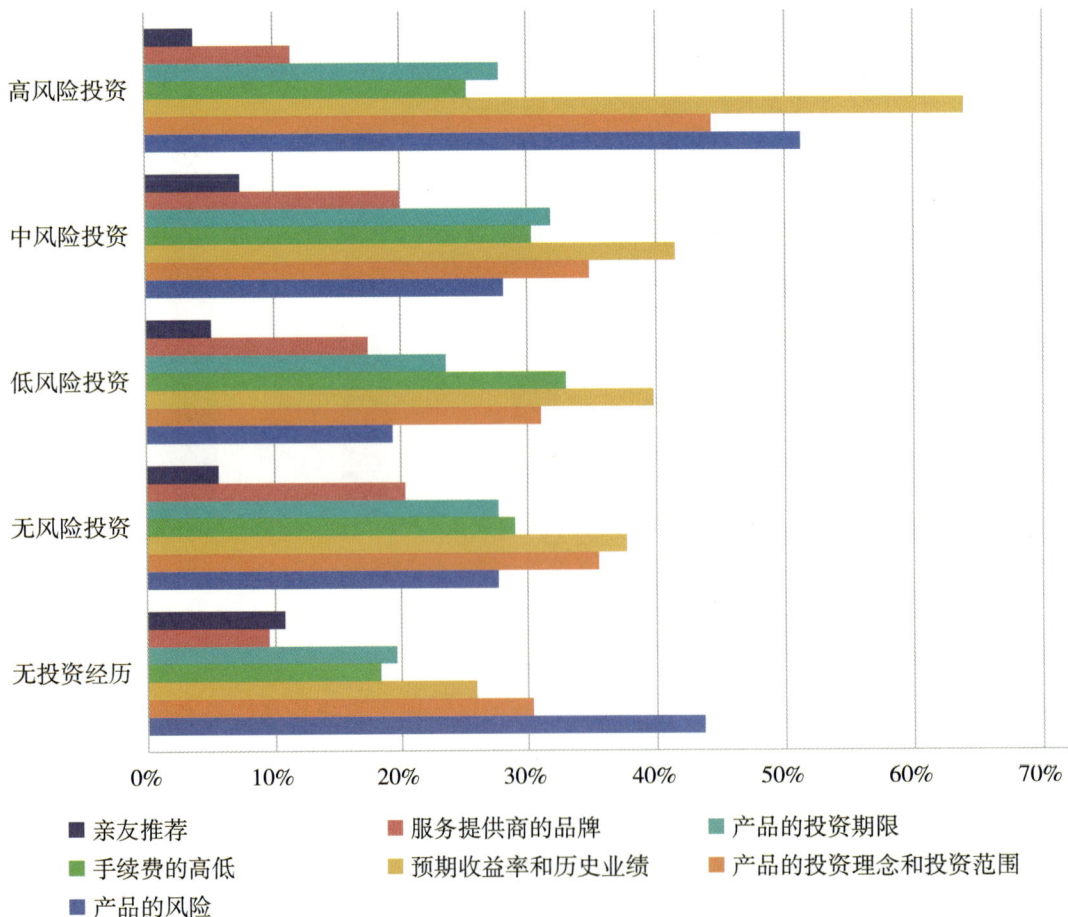

图 5-76 不同投资经历受访者选择个人养老金产品时最看重的因素

　　有高风险投资经验的受访者更愿意了解个人养老金相关知识，四类信息都有近一半的受访者选择。其中，有高风险投资经验的受访者最想了解的是个人养老金相关的税收优惠、补贴等福利。其他受访者最想了解的则是个人养老金相关的政策，与整个受访者群体所呈现的情况一致。

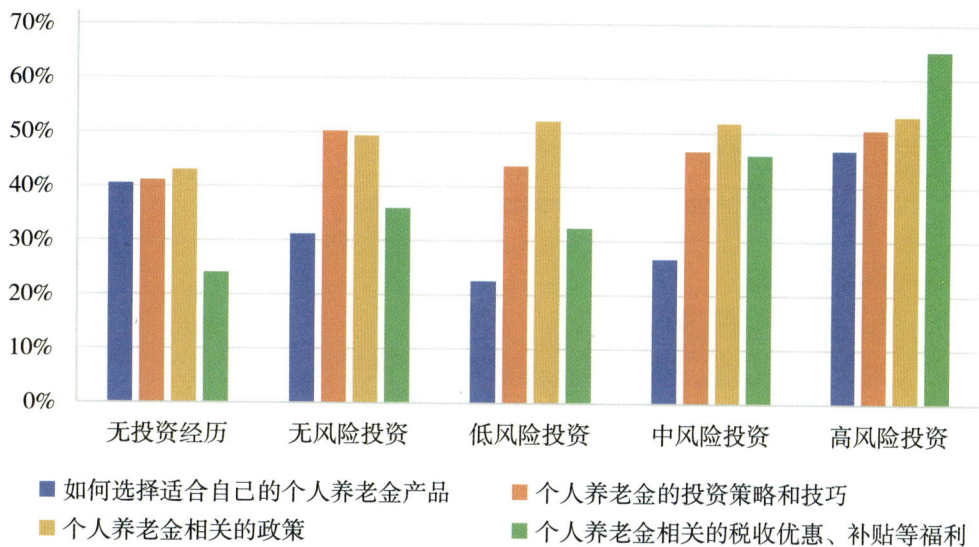

图 5-77　不同投资经历受访者想要了解的个人养老金知识

6. 不同子女数量人群的个人养老金投资情况

　　"养儿防老"一直是我国社会的主流思想，尤其是在老一辈的观念中。但随着时代的发展和经济形势的变化，传统的思想也在更新。在本次问卷调查中，各个年龄段都有覆盖，新一代父母则占比最大。子女的数量可能会影响受访者对未来养老的规划。

　　有子女的受访者相比没有子女的受访者开户率更高，且子女个数越多，开户率越高。这表明有子女的受访者更能考虑为养老做准备。然而，子女越多的受访者购买养老金产品的比例越低，可能与目前个人养老金政策推行时间较短有关。子女数量多的受访者在进行投资时往往会更加谨慎。

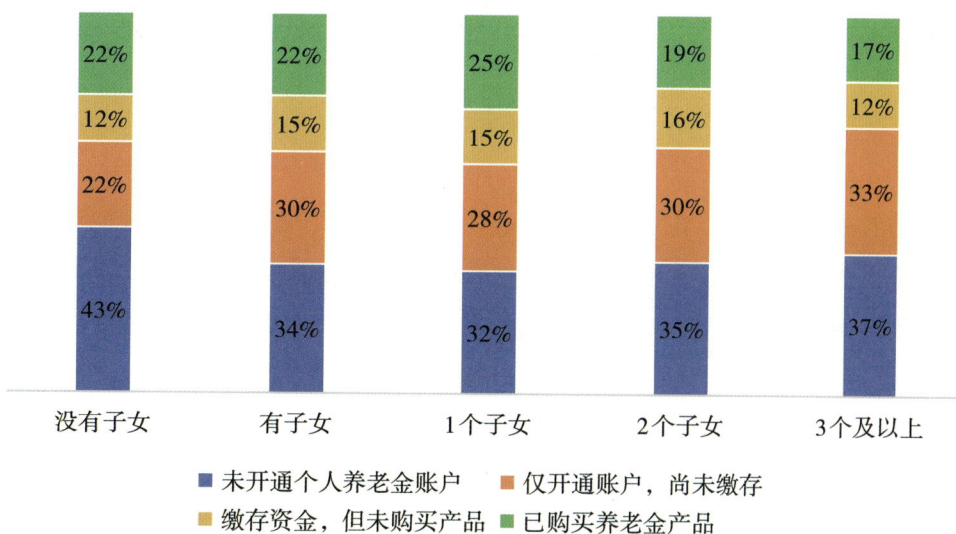

图 5-78　不同子女数量受访者的个人养老金开户及投资情况

没有子女的受访者相比有子女的受访者因为缺乏了解而没有开通个人养老金账户的比例更高，有子女的受访者则是受到资金压力的影响更大。养育子女会造成更大的资金压力，然而有3个及以上子女的受访者受到资金压力的影响更小，可能与本身的经济条件有关。通常愿意养育3个及以上的子女的家庭经济状况本身较好。

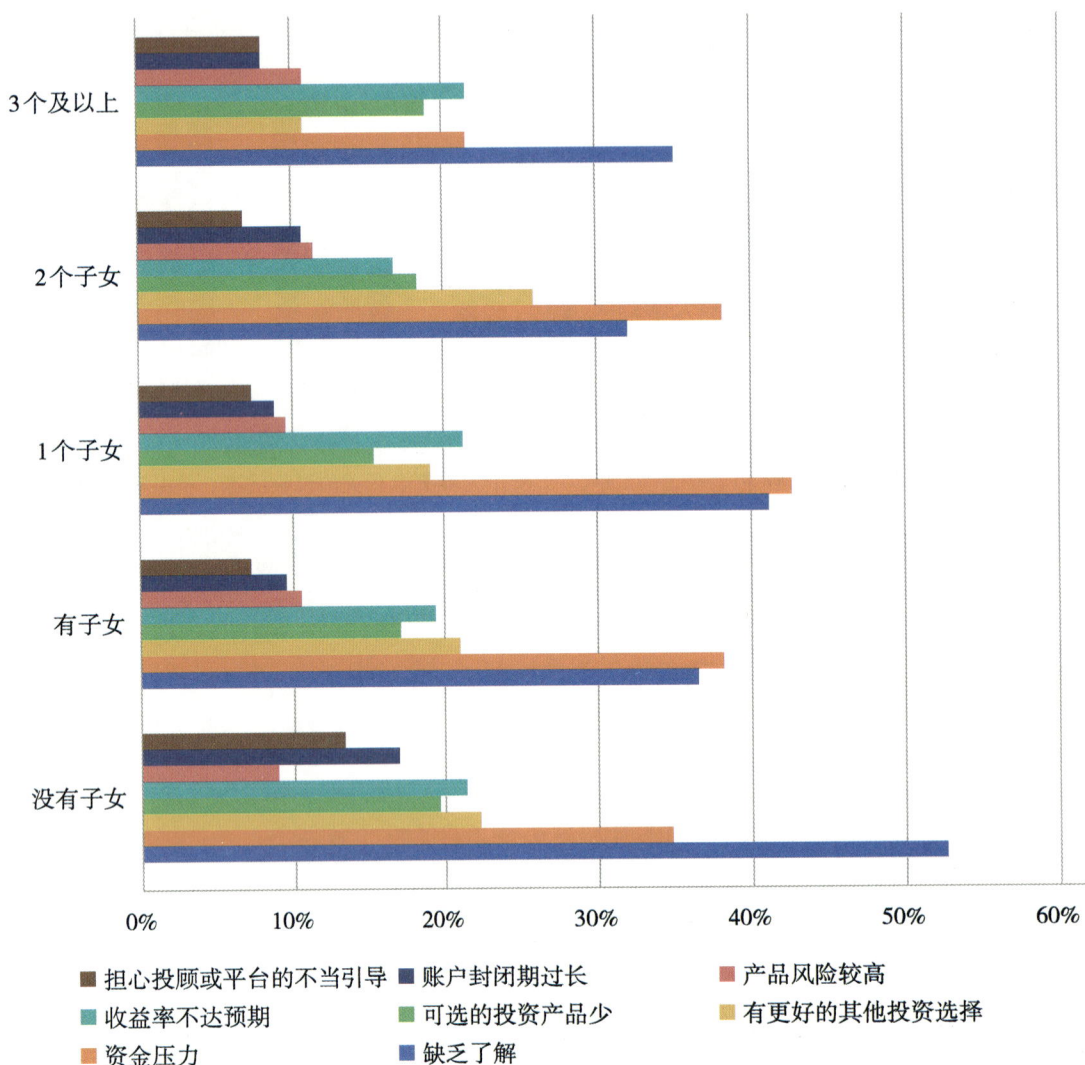

图 5-79　不同子女数量受访者不开户的原因

有子女的受访者相比没有子女的受访者在开通个人养老金账户的时候会更多地考虑到降低子女负担。然而，这不是最重要的原因。只有1个子女的受访者相对会较多地考虑子女未来的负担，而有多个子女的受访者则考虑较少，可能是因为兄弟姐妹本身可以分担照顾退休父母的责任。受访者考虑降低子女负担的比例较小可能本身并没有寄希望于退休后由子女照顾，而是将退休后的生活把握在自己手中。

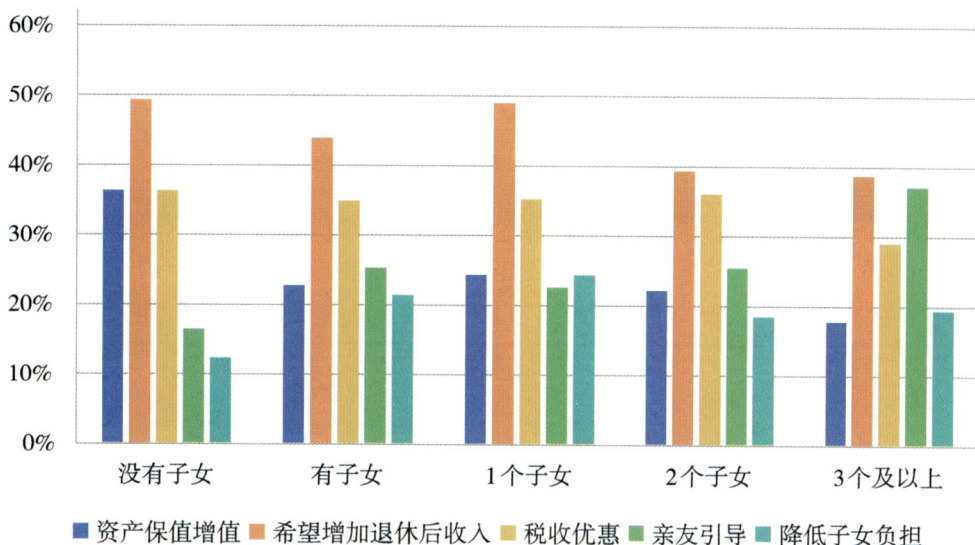

图 5-80　不同子女数量受访者开户的原因

（三）预期收益率在2%—6%的投资者分析

2%—6% 是目前个人养老金投资可实现的较为合理的收益率水平，因此我们将预期收益率在2%—6% 的人群定位为个人养老金的目标受众群体，对该部分人群特征进一步分析。

预期收益率为2%—6% 的受访者中，开通个人养老金账户的比例仅为67%，缴存资金的比例仅为39%，说明这部分投资者还仍有较大的开发潜力。

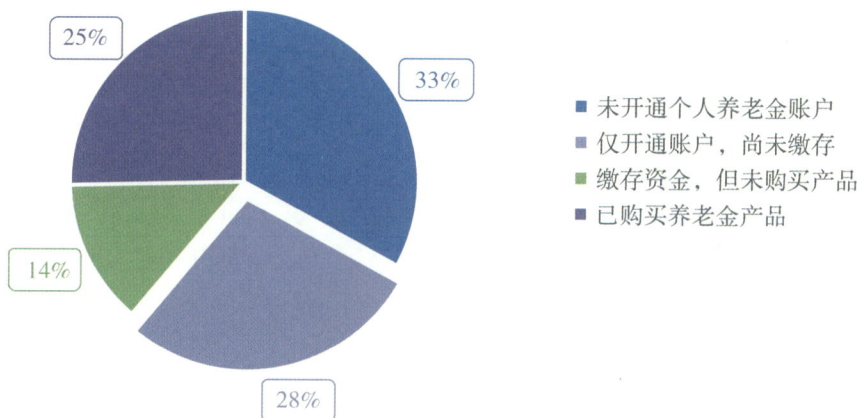

图 5-81　目标群体个人养老金账户开通情况

希望增加退休后收入和获得税收优惠是目标群体开通个人养老金账户的最主要原因，二者合计占比达 55%。此外，有 17% 的受访者认为获得资产保值增值是开户的主要原因。亲友引导或降低子女负担对这部分群体是否开通个人养老金账户的影响较小，占比仅为 14%。

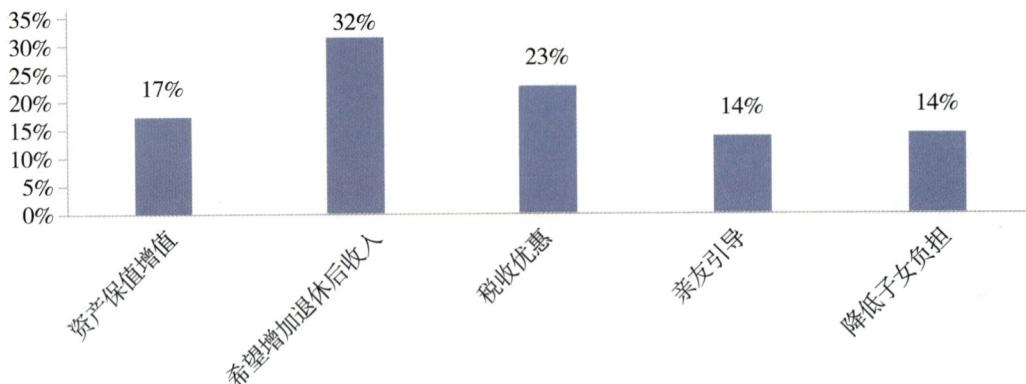

图 5-82　目标群体开通个人养老金账户主要原因

目前这部分群体的个人养老金开户比例仅为 67%，对个人养老金缺乏了解和资金压力是其不开户的最主要原因。此外，与个人养老金产品设计有关的因素，包括收益率不达预期、可选的投资产品较少也是重要原因。

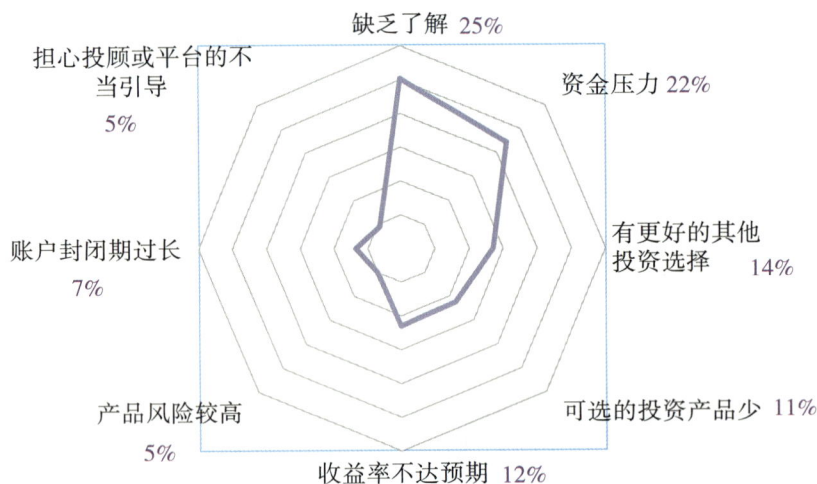

图 5-83　目标群体不开通个人养老金账户主要原因

银行、证券公司、保险公司是目标群体了解或购买个人养老金的最主要渠道，其中银行渠道占比最高，为 23%，证券或保险的占比也都超过 20%。此外，互联网平台 / 媒体广告也是个人养老金宣传和获客重要渠道，占比达 15%。亲友推荐的影响则较小，仅有 7% 的受访者通过该渠道了解或投资。

在选择个人养老金产品时，这部分群体更加侧重对产品收益和风险的考量。其中，23% 的受访者表示产品的预期收益率

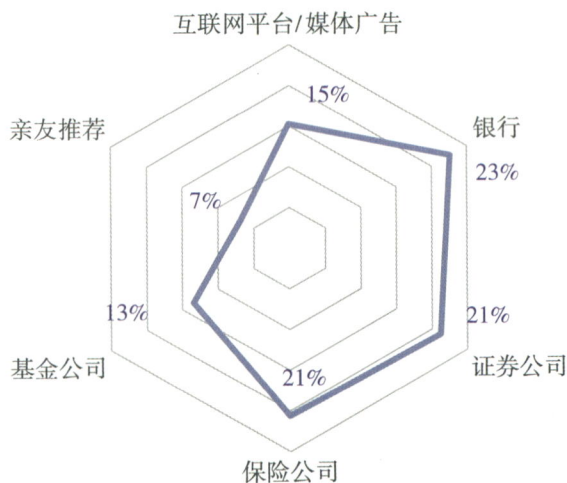

图 5-84　目标群体了解或购买个人养老金产品的渠道

和历史业绩是最看重的因素，20%的受访者表示更加看重产品的投资理念和投资范围，以此来确定产品的收益和风险属性是否与自身偏好相匹配。服务提供商的品牌或亲友的荐因素影响较小，占比低于10%。

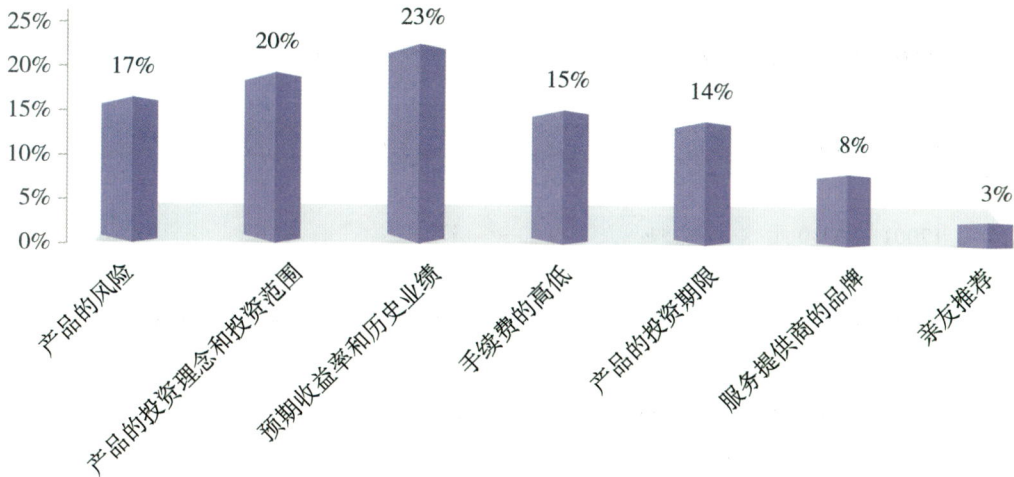

图5-85　目标群体选择个人养老金产品最看重的因素

综上所述，预期收益率在2%—6%的投资者更加关注个人养老金产品的收益和风险水平，并主要通过银行、证券和保险渠道进行投资。

（四）个人养老金投资者画像

课题组将已开通个人养老金账户并缴存的人群定位为个人养老金的主要投资者，针对该人群特征进行深入分析，为进一步提升个人养老金的产品和服务机制提供参考。

个人养老金主要投资者中，月收入在8000元以上的受访者占比超过50%，其中月收入在30000元以上的高收入者占比为13%。相比于较低收入人群，高收入人群的账户开通比例并没有明显提升，但账户的缴存资金比例却显著高于低收入者。

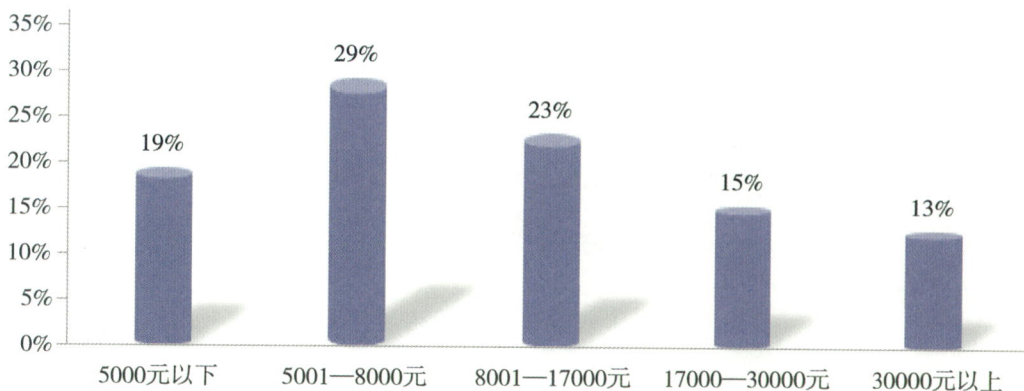

图5-86　个人养老金主要投资者月收入分布情况

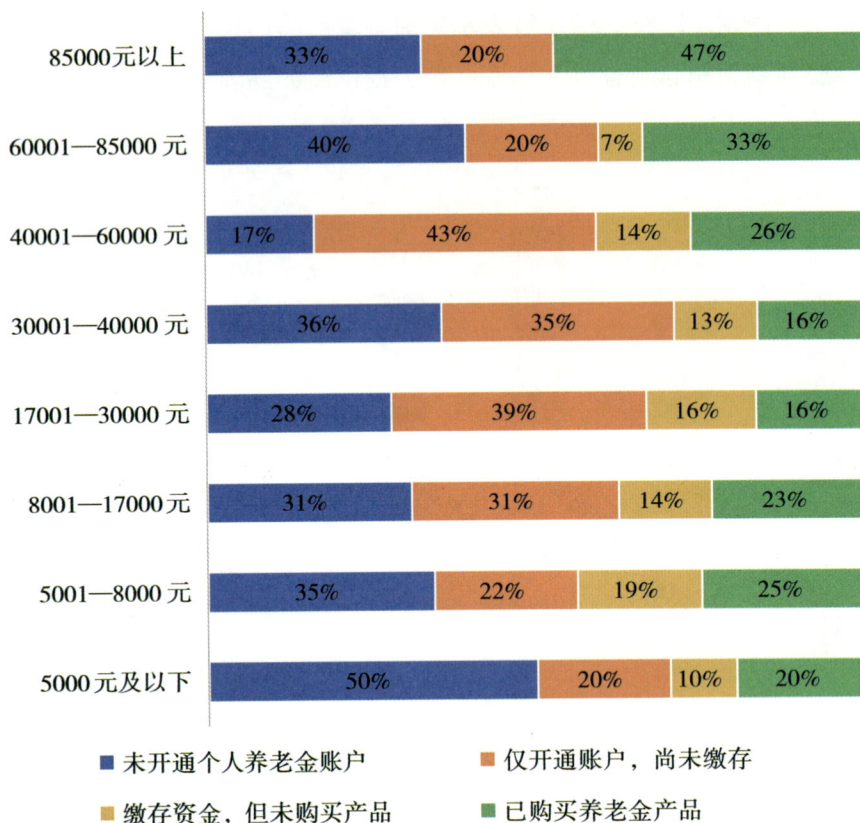

图 5-87　不同月收入受访者账户开通及使用情况

　　已缴存资金的受访者中 79% 有子女，其中 1 个子女的受访者占比 40%，有 2 个及以上子女的受访者占比为 39%，说明有子女的投资者考虑到养育子女的高成本，通过个人养老金增加收入、降低子女负担的需求更高，因此更倾向于投资个人养老金产品。

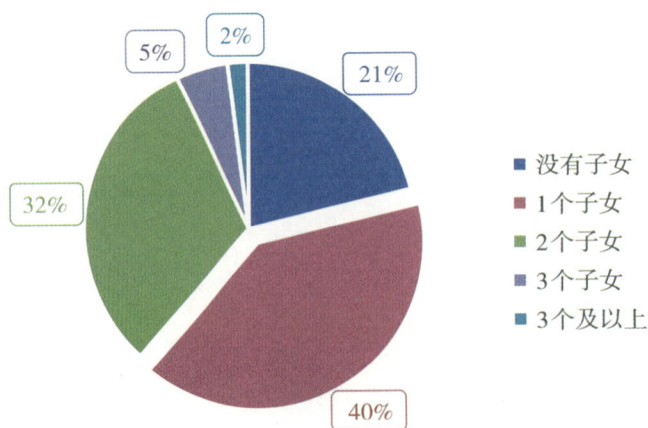

图 5-88　个人养老金主要投资者子女情况

希望增加退休收入是投资者缴存个人养老金的最主要原因，31%的投资者都考虑该因素。此外，获得税收优惠、实现资产的保值增值以及子女因素也是个人养老金投资者缴存的主要驱动因素。而亲友引导对于投资者是否缴存资金的影响较小，仅有12%的受访者选择该因素。

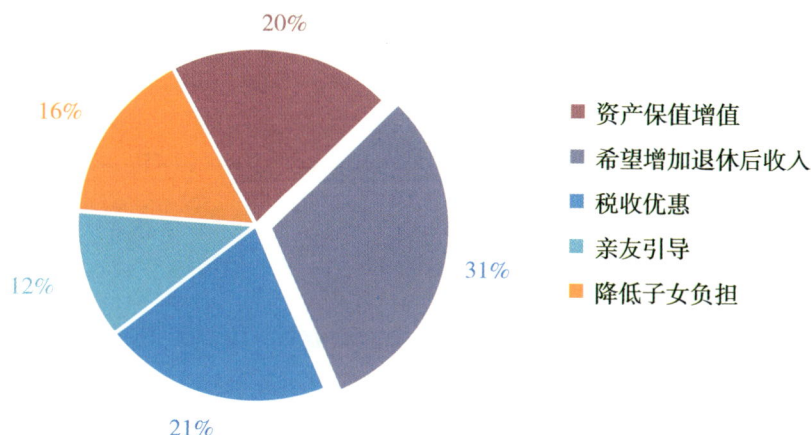

图 5-89　投资者开通个人养老金账户的主要原因

金融机构是投资者了解或购买个人养老金产品的主要渠道，其中通过银行和保险公司缴存个人养老产品的投资者占比最高，均达到22%，通过证券公司或基金公司购买产品的投资者占比总计达35%。互联网平台/媒体广告也是投资者了解个人养老金的重要渠道之一，15%的投资者表示会通过该渠道了解。亲友推荐并不是投资者了解或购买个人养老金产品的主要渠道。

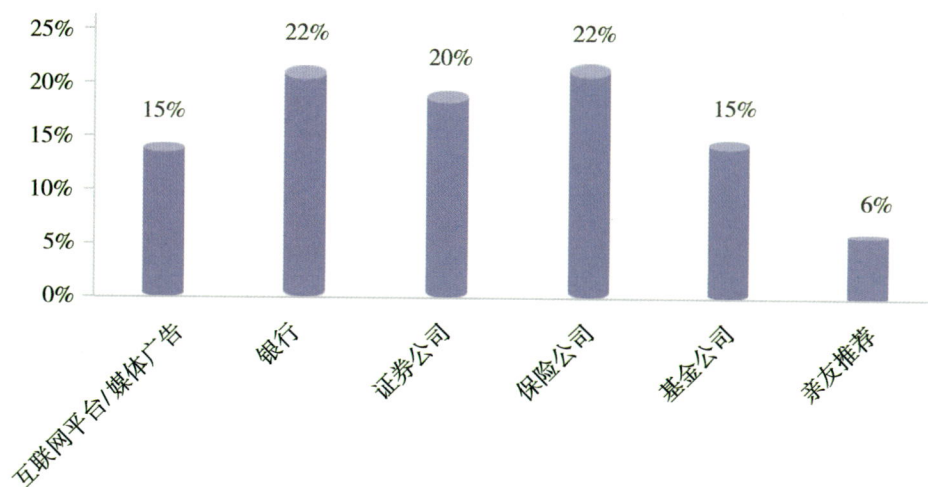

图 5-90　投资者了解或购买个人养老金产品的主要渠道

在已缴存个人养老金的受访者中，有39%缴存金额在12000元以下，未达到年缴存金额最高限额，50%缴存金额在12000—24000元之间，三年足额缴存的受访者占比仅为5%，说明个人养老金投资规模还有较大增长潜力。

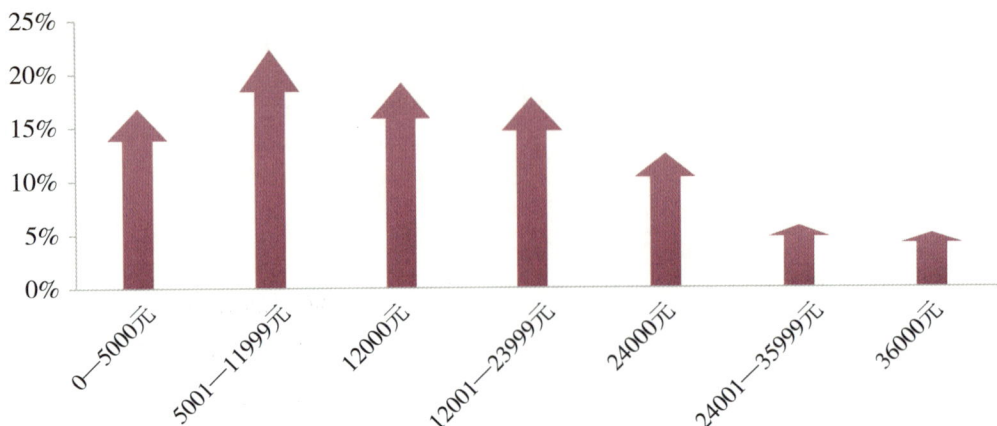

图 5-91　个人养老金缴存金额分布情况

目前个人养老金市场的产品机制设计还存在较多可以完善的地方，调查结果显示，19% 的受访者认为个人养老金产品不够灵活，14% 的受访者认为产品风险控制不足，13% 的受访者认为产品收益率不达预期。此外，信息不透明、开户流程烦琐也是阻碍受访者投资个人养老金的重要原因。

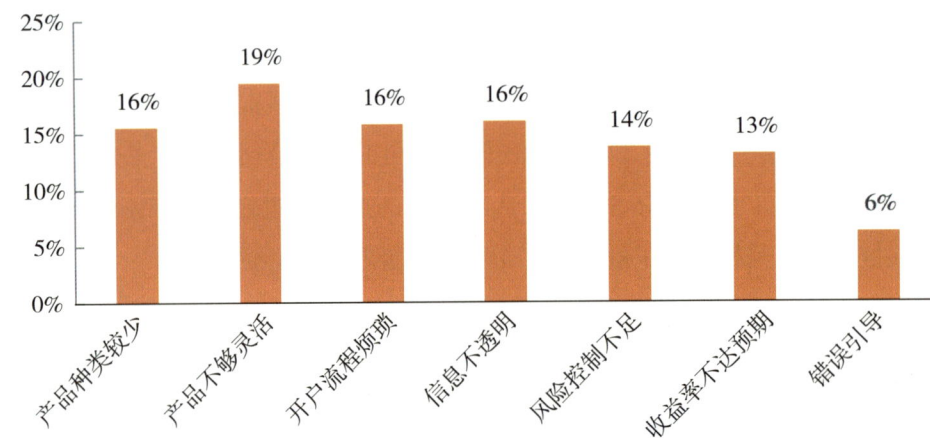

图 5-92　投资者认为个人养老金市场存在的问题或挑战

针对目前个人养老金产品和服务市场，23% 的投资者表示希望提高产品收益率并降低潜在风险。20% 的投资者则表示对个人理财顾问服务有需求，希望能根据个人情况推荐养老金产品组合。此外，投资者还表示希望简化个人养老金开户流程，并提供投资者教育。

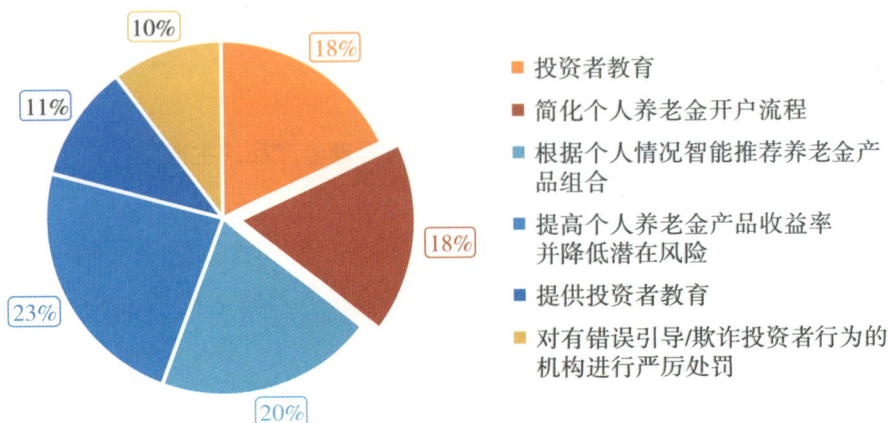

图 5-93　投资者对个人养老金市场的改进建议

108

综上所述，月收入高于30000元、有子女的投资者对于个人养老金的投资需求更高，希望通过个人养老金投资实现资产保值增值、获得税收优惠并提高退休收入。目前，个人养老金的开通和缴存资金比例仍偏低，个人养老金市场还有较为广阔的增长空间。银行、证券、保险公司是个人养老金投资的最主要渠道。要进一步提高个人养老金的投资比例和缴存规模，首先要进一步优化产品机制，设计存取期限更灵活、种类更为丰富的投资产品，满足不同偏好投资者的需求，并增强产品的信息透明度和风险管理水平；其次，完善个人养老金服务，培育个人理财顾问市场，并简化个人养老金的开户和投资流程；最后，通过金融机构、互联网平台等多渠道宣传，更加精准地触达潜在投资者，加强对投资者的普及和教育。

五、居民个人养老金投资现状与应对

个人养老金是惠及民生的国之大计。作为最早布局个人养老金业务的公募基金之一，调研组于2022—2023年实施多次个人养老金投资者行为调研，希望从持有人视角为投资者提供有益参考，并为监管机构、研究机构、新闻媒体、资管行业提供新视角，共同为个人养老金和我国养老保障事业的发展做出积极贡献。在此基础上，调研组还通过系列调研和大数据分析，剖析了部分基金公司个人养老金客户的投资行为特征。

调研分析显示，在个人养老金的投资上，居民普遍具备养老意识，也有对于未来养老财富储备的危机感，但由于当下面临更紧迫的压力如子女教育、缴纳贷款等，而将养老准备排序靠后。虽然超七成用户对相关政策有所了解，但大多数人处于观望状态，缴存投资比例有待提高。此外，在养老投资理念上，投资者普遍缺乏单独的养老心理账户，更注重单一产品的净值波动，而非从账户视角出发做全盘的资产配置规划，投资短期化倾向较为明显。

投资者行为方面，调研组分析了旗下个人养老目标基金持有人的情况，年龄分布上80后占比最高，年纪越大的群体平均缴纳金额更高。地域分布上，福建省、四川省和北京市三个地区的持有人数最多。此外，大部分用户偏向一次性买入，而养老目标日期型基金更受欢迎。

针对以上结论，调研组认为，后续的投资者教育建议关注几个方面：着力提升尽早启动个人养老金投资的意识、认识养老金投资长期收益与短期风险间的关系、树立"以识别个人风险承受能力"为核心的个人养老金投资理念、加大个人养老金投资普及力度。

（一）投资者现状：养老投资需求明显

2023年6月，天弘基金以短信投放问卷的形式对持有天弘养老金的418位用户进行定量问卷调研，并选取27名用户进行定性深访。2023年7月，天弘基金进一步开展定量调研并验证问卷结论，两次调研合计回收820份有效问卷。

调研人群基本情况如下。年龄方面：35 岁以下用户占比 45.5%，35—50 岁用户占比 43.8%，50 岁以上用户占比 10.7%。税收：不缴纳个人所得税的用户占比 39.3%，缴纳个人所得税且对应税率为 3% 的用户占比 28.1%，缴纳个人所得税且对应税率大于 3% 的用户占比 32.6%。

整体而言，投资者的养老危机感明显，有较强的养老规划意识，个人养老金相关政策的普及率较高，但缴存操作比例待提升。投资者缺乏单独的养老心理账户，导致投资者更注重单一产品的净值波动，而非从账户视角出发做全盘的资产配置规划。

1. 养老规划意识强，政策普及率高，缴存操作比例待提升

过半用户有养老危机感。25% 的被访者表示，由于所处互联网、房地产行业，目前工作前景不佳，担心中年失业致使老年贫困；25% 的被访者提出，看到身边人退休后收入落差太大，生活水平下降，甚至入不敷出而心生担忧，才开始认真考虑从现在起规划养老。整体而言，超过 50% 的用户有养老危机感，失业、收入降低、对疾病的恐惧和危机感，是用户关注养老的主要原因。

近八成用户有养老规划意识。76.8% 的用户已具备提前养老规划意识。在这些已唤醒养老意识的用户中，39.9% 的用户在 31—40 岁开始关注自身养老问题，34.2% 的用户为养老感到焦虑但没有开始行动，主要顾虑在于子女教育、房屋还贷和工作压力的优先级在这个阶段均高于养老的紧迫感。

七成用户了解个人养老金相关制度。72.9% 的用户表示非常了解或基本了解个人养老金制度，27.1% 的用户不了解个人养老金制度。在税优方面，51.2% 的用户表示非常了解或基本了解个人养老金税收优惠政策，48.8% 的用户不了解个人养老金税收优惠政策。

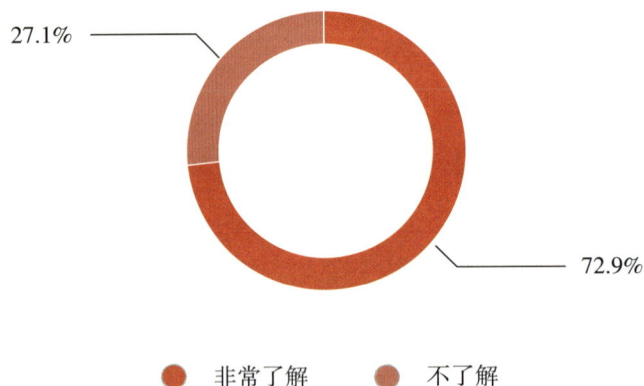

图 5-94　超七成用户了解个人养老金制度

超四成用户开立个人养老金账户。共计 57.2% 的用户尚未开立个人养老金账户，另有 42.8% 的用户已开立个人养老金账户。以上开立个人养老金账户的用户中，通过线上开设的用户占比 51.2%（占整体比例 21.91%），网点开设的用户占比 26.8%（占整体比例 11.47%），另有 22%（占整体比例 9.42%）的用户采用其他途径开户。

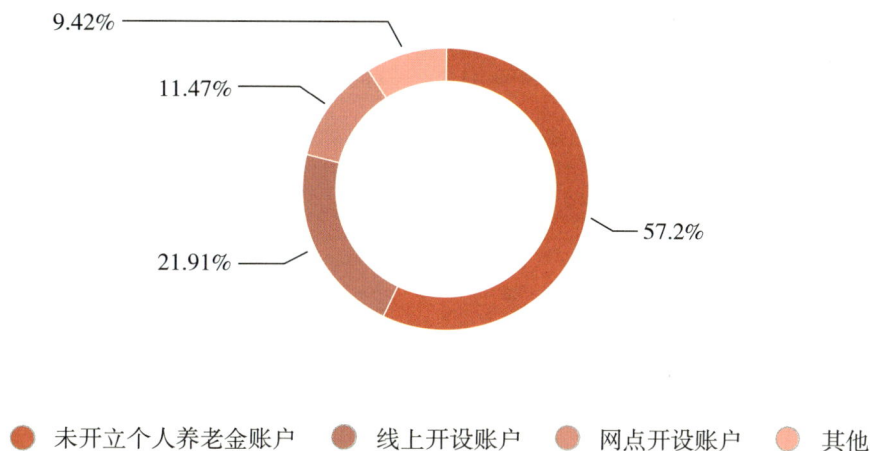

9.42%

11.47%

21.91%

57.2%

● 未开立个人养老金账户　● 线上开设账户　● 网点开设账户　● 其他

图 5-95　四成用户开立个人养老金账户

超三成用户缴存入金。在开立个人养老金账户的用户中，共计 33.6% 的用户已经缴存个人养老金，另有 66.4% 的用户尚未进行缴存操作。

制度普及、产品收益等制约个人养老金参与度。对于未参加个人养老金的原因，最主要的因素有三个：一是对个人养老金制度不了解，占比达 35.1%；二是投资产品收益不佳，占比达 34.1%；三是没有多余资金，占比达 32.1%；另有 18.9% 的用户因为税收优惠较少而未参加个人养老金；19.4% 的用户选择了其他原因。

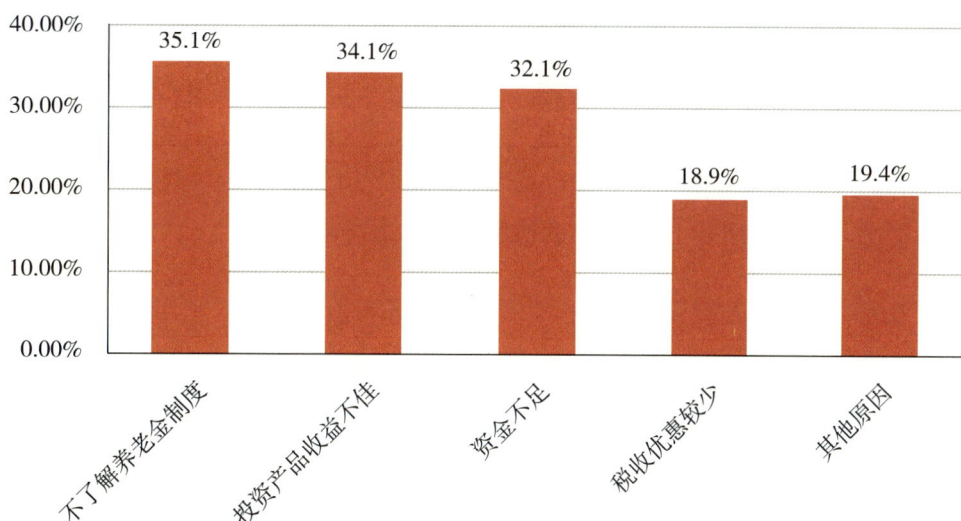

图 5-96　未能参与个人养老金的主要原因

2. 关注短期波动，缺乏养老心理账户

关注短期波动，超七成用户不接受 5% 以上亏损。尽管个人养老金投资是长期的事，但调查样本中，有 26.1% 的用户表示不能接受个人养老金产品的任何亏损，46.5% 的用户表示能够接受 0%—5% 的小幅亏损，20.6% 的用户表示能够接受 5%—10% 的亏损，另有 6.7% 的用户表示能够接受 10% 以上的亏损。整体看，超七成用户不能接受超过 5% 的亏损，显示投资者过分关注短期波动。

更受用户青睐的个人养老金产品是储蓄存款，占比达到 50.2%；理财产品的欢迎度次之，达到 40.8%；另有 38.3% 的用户选择了基金；26.4% 的用户倾向保险；11.9% 的用户表示不愿购买。

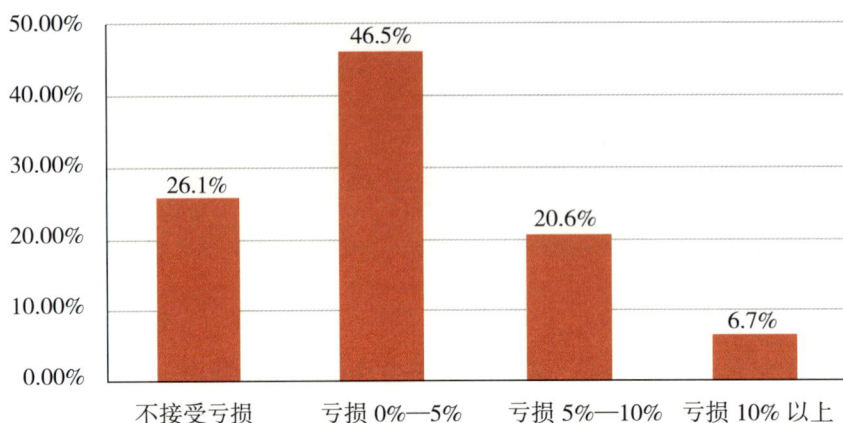

图 5-97　超七成用户不接受 5% 以上亏损

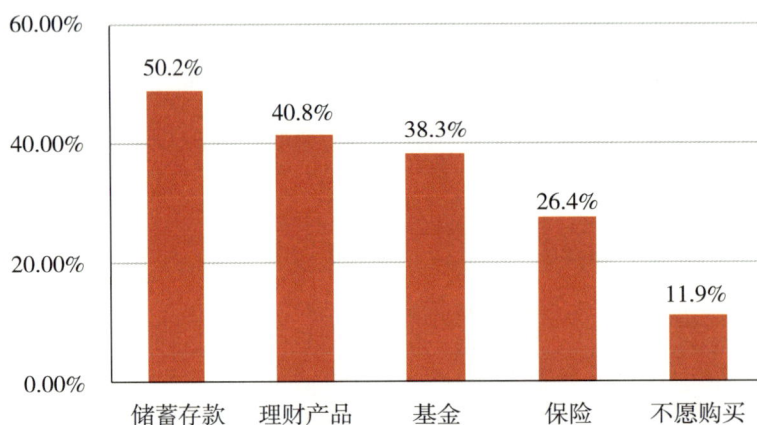

图 5-98　用户青睐的个人养老金品类分布

八成用户无养老心理账户。养老心理账户，是指人们在心理上对为退休后养老支出而准备的账户，在该账户下完成对养老投资分类记账、计算收益等过程。在调查中，虽然 76.3% 的用户已经启动了养老财务准备，其中更有 67.9% 的用户在 31—50 岁时起即为养老投资，但这些用户中 80% 的人没有独立的养老心理账户。他们不会刻意关注、搜索养老专属投资产品，也不会单独拿出一笔钱、一个账户专门用于养老投资。在这些投资者看来，不论作何投资，最终的目的都是财富增值，只要财富增值达预期，加上基本养老金就可以满足未来养老支出。

大部分投资者更注重单一产品的净值波动，而非从账户视角出发做全盘的资产配置规划。理性来说，投资者应从对单一养老产品层面的关注升级到对整个养老账户投资表现的关注，看该账户下构建的资产配置组合方案能否与客户自身的风险承受能力相匹配，然后实现长期投资的目标收益。然而在现实中，多数客户的投资情绪仍被一两只产品的表现所牵动，虽然大部分情况下个人养老金账户缴纳资金难以在退休前支取，但部分投资者表示仍会以周或月为单位定期观察净值表现情况。

（二）投资行为分析：偏爱一次性买入，80后最积极

为了更好地了解实际参与个人养老金投资的投资者的性别、年龄、地域、产品选择和持有情况，我们在2023年末对天弘基金旗下4只纳入个人养老基金产品清单的Y份额持有人进行统计分析。

总体来看，男性持有人占据大多数，占比71.87%，女性持有人占比28.13%，总体人均持有金额4675元。

年龄分布上，80后参与个人养老金最为积极。80后（指1980年至1990年前出生的群体，下同）在总体样本中占比41.07%，在各年龄段中占比最高。其次是出生在1980年以前的群体，由于更临近退休，他们在总体样本中占比39.01%。90后（指1990年至2000年前出生的群体，下同）在总体样本中占比19.22%。值得注意的是，虽然00后（2000年以后出生的群体，下同）刚参加工作不久，但也有极少数人参与了个人养老金投资，在总样本中占比不到1%。

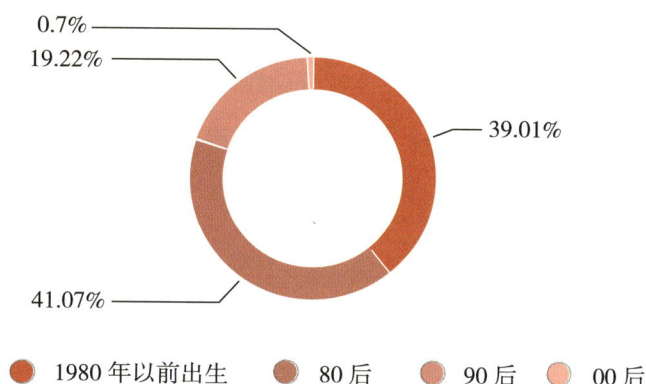

图 5-99　80后参与个人养老金最积极

从缴纳金额看，年纪越大的群体平均缴纳金额更高。原因或许是随着劳动者的年龄、职位增长，收入也得到相应的提升，因此在享受个人养老金的税收优惠政策和节税力度上，具备一定的相对优势，也有动力和意愿缴存更多资金。出生在1980年以前的群体，个人养老金平均缴纳金额高达6308元；80后平均缴纳金额次之，为4160元；90后平均缴纳金额为2623元；刚工作不久的00后平均缴纳金额为248元。

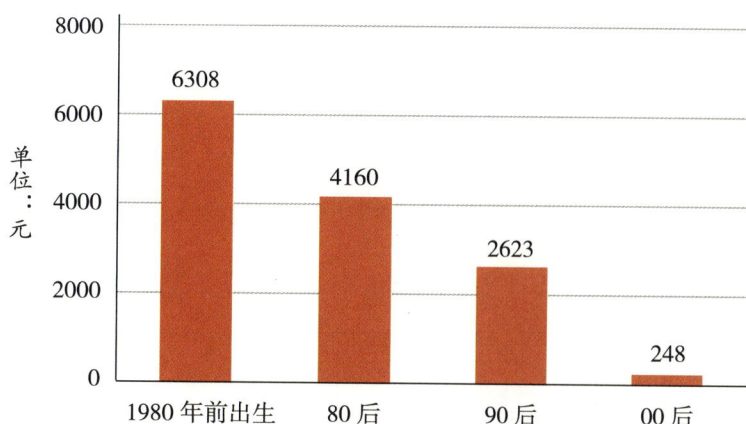

图 5-100　年纪越大的群体个人养老金平均缴纳金额更高

地域分布上，福建省、四川省和北京市三个地区的持有人数最多。从人均持有金额看，人均持有金额最高的 3 个地区分别为北京市、上海市、浙江省，均超过 5500 元，北京地区持有人的人均持有金额高达 6010 元。

图 5-101　参与个人养老金人数最多的 5 个地区

图 5-102　个人养老金人均缴纳金额最多的 5 个地区

产品选择上，养老目标日期基金更受欢迎。这或许因为养老目标日期基金可以根据产品名称中的退休时间一站式选择、匹配个人退休年龄。数据显示，近 41% 的用户选择了天弘养老 2035（Y 份额），平均持有 4700 元；此外，34% 的用户出于力求稳健的风险偏好，选择持有天弘永丰稳健一年持有期 FOF（Y 份额），平均持有 4666 元，仅次于天弘养老 2035；21.4% 的用户持有天弘永裕平衡三年持有期 FOF（Y 份额）的用户。

购买行为上，大部分用户偏向一次性买入。由于个人养老金尚属新鲜事物，在 2022 年 11 月推出、2023 年初 3 月汇算清缴以及年底报税时，天弘基金均向客户进行针对性的推送、科普和说明。从最终持有数据上可以发现，在上述节点一次性买入并持有用户占绝大多数 75%，远超于不定期购买用户数 21.8% 和定投用户数 3.2%。因此，在真正有益于用户享受税收优惠的关键时间节点进行提醒和系统性说明，有效地激发了用户的申购意愿。

六、个人养老金投资的发展与建议

（一）产品设计匹配市场需求

1. 注重中长期稳健投资的产品设计

个人养老金投资是一种长期投资，但目前我国金融市场上的个人养老金投资产品主要集中在 5 年期及以下的中短期产品，10 年期以上产品选择较少，这与我国养老金投资者的投资习惯有关。我国个人养老金投资产品中的储蓄类、理财类和基金类产品多为 5 年期及以下产品，其中储蓄类产品最受投资者欢迎，这是因为我国广大居民对银行储蓄较为了解，投资偏好风险较低的投资产品，投资的首要目标是保证本金的安全。保险类产品则更适合中长期投资的客户，根据原银保监会 2022 年 11 月发布的《关于保险公司开展个人养老金业务有关事项的通知》的规定，个人养老金保险产品的保险期间应不低于 5 年。

虽然当下我国个人养老金投资产品选择多为中短期产品，但未来产品设计应更注重服务中长期投资。据《中国养老金融调查报告 2023》调查，未来我国养老金融市场存在巨大发展空间，越来越多的年轻人愿意开始提前规划自己的养老金储备，并且现阶段只有不到两成的调查对象的养老金资产储备达到自己预期，大多数人还存在超过一半的差距。所以随着人们金融知识和养老需求的增长，我国个人养老金投资者对中长期的稳健投资也将产生更多需求，这也符合个人养老金投资是为自己的养老生活做长期规划的意义。

2. 丰富养老金融产品供给，持续探索养老金融产品创新

随着人口老龄化程度持续加深以及个人财富管理需求的不断提升，人们对养老金融产品服务有了更个性化、更高层次的需求。我们建议循序渐进，分阶段将指数型、主动权益型、债券型、混合型、货币型等产品纳入个人养老金基金行业产品池，吸引个人养老金投资公募基金。

现阶段个人养老金账户投资标的以中低风险产品为主，或不利于发挥养老资金的长期投资特性。长期来看，个人养老金产品结构需要不断改善，增加能够提供长期收益的权益类产品供给。

截至 2024 年一季度末，个人养老金账户的缴费总额 182 亿元，其中投资基金类产品 44.41 亿元，约 60% 投资于保险类、储蓄类和理财类产品，风险偏好较保守，不利于养老资金获得较高的长期收益。具体来看，储蓄类产品的预期风险收益水平最低，保险类属于中低风险型产品，理财类产品中接近 80% 的产品为中低风险型。基金类产品现阶段纳入了养老目标基金，虽然涵盖了高、中、低不同的风险类型，但在持有期限和权益类资产投资比例上有较多的限制，而能够充分发挥和体现公募基金管理人权益资产投资能力的股票型、偏股混合型等产品并未纳入。

基金公司具有更丰富的权益投资经验，权益类基金产品类型丰富，可以为个人养老金账户提供更多带来长期收益的权益类产品。此外，我们建议鼓励行业针对个人养老金基金类产品进行创新，推出

更多有利于投资者长期持有、符合养老金风险收益特征的产品，促进个人养老金制度的健康发展。

3. 满足人们多元化的养老需求

在我国生育观念发生转变、家庭结构逐渐缩小的背景下，越来越多的人不再持有"养儿防老"的观点，转而寻求更多元的养老方式，并提前为自己的退休生活做储备。

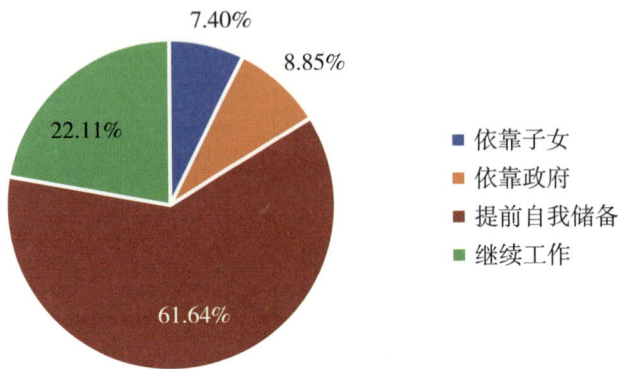

图 5-103　被调查者预期最可靠的养老方式

数据来源：《中国养老金融调查报告 2023》。

另外，随着越来越多的年轻人也开始提前规划自己的养老生活，人们的养老需求正在逐渐发生转变，不再只是关注资金的保证，开始更多地产生精神需求，注重养老生活的整体质量。据调查，现在养老生活最受关注的前三点分别是医疗服务、资金保障、社交环境，其他如护理服务、与子女亲人团聚、居住和服务设施等也受很多人重视。所以在产品设计上，各金融机构可以创新推出配套的服务和体验，满足人们日益多元化的养老需求。

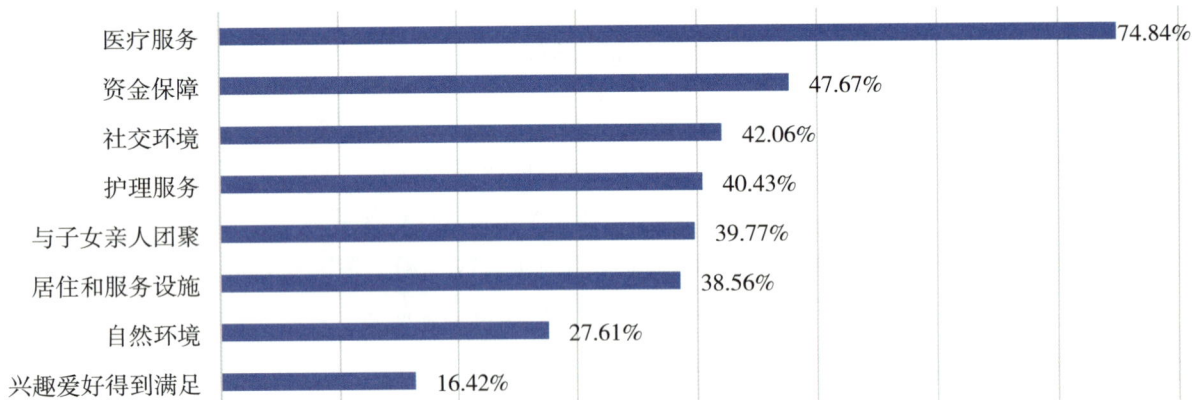

图 5-104　被调查者对未来养老生活品质关注的总体情况

数据来源：《中国养老金融调查报告 2023》。

（二）制度与机制的完善

1. 探索财政补贴机制，优化税收优惠模式

个人养老金缴费额度上限为每年 12000 元，即使参照最高档税率 45% 计算，参与者一年至多可获

得 5400 元的税收优惠，激励作用相对有限。我们建议进一步提高个人养老金的税收优惠力度，建立同经济与政策发展相适应、同参与者缴费能力与积累意愿相适应的税收优惠额度调节机制。第一，建立激励中低收入群体参与的财政补贴机制。以德国为例，只要个人养老金缴费达到个人收入的一定比例，就可匹配适度的财政补贴。对于低收入群体而言，财政补贴占其缴费比例高，具有较大的激励作用，同时也可有效提高其退休后的替代率水平。第二，探索采取"EET"（缴纳及投资阶段免税，领取阶段征税）与"TEE"（缴纳阶段征税，投资及领取阶段免税）相结合的税收优惠模式。在缴费阶段，个人可以在"EET"和"TEE"两类税收优惠模式中选择，低收入群体由于当期无须缴纳，可选择"TEE"模式；而中高收入群体存在避税需求，则更适合选择"EET"模式。如此，不同收入群体基于对个人收入和未来投资预期的考量，通过选择不同的税收优惠模式，实现收益最大化。第三，可尝试区分缴费上限和税优额度两个概念，在提升缴费上限的同时，探索建立税优额度与收入水平挂钩的机制。缴费上限的提高允许中高收入者向个人养老金制度储备更多资金，同时对税优额度的限制又可使得税收减免总量控制在合理范围内。

2. 增加特定情形支取条款，鼓励长期领取

目前我国个人养老金的明确领取方式和领取条件尚待制定，从保障个人终身现金流安全的角度出发，我们建议可完善困难条件下支取规则，并鼓励长期领取。

第一，允许特定情形支取行为。个人养老金积累资金归属权为个人，可允许个人在特定情形下进行提取，如重大疾病就医支出、首套住房需求，以及其他可能的大额资金需求情况，为参与者在面临不可预见的情形时，提供一定的灵活性。

第二，鼓励长期领取，为个人退休期间提供稳定的现金流。一种方式是为一次性提取设定限额，以强制手段保证账户资金整体长期稳定，如设置 25%—30% 不等的一次性领取比例上限；第二种方式是税收工具激励，通过设定递进的税率，鼓励参与者长期小额领取，而非一次性提取较大金额。

3. 仍需覆盖非纳税人群

人力资源和社会保障部数据显示，截至 2023 年底，全国 36 个先行城市及地区开立个人养老金账户人数已超 5000 万人。"目前来看，个人养老金开户情况整体表现相当不错，已占国家个人所得税缴纳人群的 50% 以上。"中国社会科学院社会发展战略研究院研究员、世界社保研究中心秘书长房连泉表示，这很大程度上是因为各大银行对开户推动力度大，且将开户数作为重点指标。

不过，个人养老金账户仅针对个人所得税纳税群体提供相应的税收优惠，这对缴纳个税的较高收入群体有激励作用，对中低收入群体缺乏吸引力。我国个人所得税纳税人口仅 6500 万人左右，不足劳动人口的 10%，进一步扩大个人养老金账户覆盖面，需要提高普惠性，让更多非纳税人群加入。友邦人寿、复旦大学等近期联合发布的《中国个人养老保障白皮书》也显示，相较中产阶层，低收入人群也有较强的养老资金保障性需求和意愿，期待未来有更利好他们的政策出台。

4. 账户资产管理

个人养老金制度的完善程度也对投资者参与的积极性有很大影响。据调查，很多投资者认为个人养老金账户的开户和入金操作流程较为烦琐，领取条件也不灵活。

对于账户的操作流程，金融机构可以充分利用金融科技在账户管理上做好文章。未来居民养老资产将分布在基本养老保险个人账户、企业年金（职业年金）账户、第三支柱个人退休账户以及其他个人投资账户（保险、基金、储蓄、理财等）之中。站在金融机构视角来看，个人退休账户下多个投资管理账户之间，甚至企业年金和个人退休账户之间、个人退休账户和个人养老投资账户之间，存在着养老资产配置的竞争关系。但从个人视角来看，多账户由于功能重叠，存在着归集与融合的趋势，以便统一视图下的资产检视和基于长期的整体规划。在美国，很多家庭会针对多个退休账户的融合问题（Consolidation）向投资顾问咨询。金融机构可以联合金融科技公司推出一个整合所有账户管理功能的应用，包括投资目标设置、资产组合概览、投资业绩追踪、退休账户管理、投资计划管理、关联其他金融机构账户和共享账户、日常财务支出管理等，以帮助投资者制定养老金投资规划，或方便金融机构向客户形象化地展示投资逻辑。

对于个人养老金的领取，目前领取方式较为单一，且领取条件严格，未来产品设计可以在政策允许的范围内提供多样化领取，满足不同客群需求。根据个人养老金市场现状，四类产品中，仅个人养老金保险产品提供多种领取方式，个人养老金储蓄、理财和基金产品均为"到期一次性领取"的领取方式，不符合当前居民多样化领取的诉求。且根据《个人养老金实施办法》，个人养老金资金账户封闭运行，参加人需达到以下任一条件的，才可以按月、分次或者一次性领取个人养老金：达到领取基本养老金年龄；完全丧失劳动能力；出国（境）定居；国家规定的其他情形。不便利的领取方式也会使投资者望而却步。我国可以借鉴美国 IRA 的经验，设置提前应急支取的机制，如医药费等"困难提取"条款，提高个人养老金资金运用的应急能力和灵活性，增强居民投资个人养老金的意愿。

（三）投资观念教育

1. 提升尽早启动个人养老金投资的意识

通过近年来的宣传普及，社会公众对于"养老金的积累，越早开始越主动"已有基本认知。后续应以更加生动、直接的形式，展示尽早投资与最终个人实现的积累总额之间的影响关系，提升用户缴金积累意愿。

养老金投资个人养老金积累总额，由养老金缴费率（投资于养老金的金额占当年工资的比例）、长期投资目标收益率和积累年限三个因素构成。为在退休时达到同样的个人养老金积累总额，在长期投资目标收益率不变的情况下，越早开始养老金积累，越可以凭借较低的缴费率，在不影响生活质量的前提下，达到养老金积累的目的。从另一个角度看，为实现同样的养老金积累目标，在养老金缴费率恒定的情况下，越早开始养老金积累，越可设定一个平缓、合理的长期投资目标收益率并从容实现，以此达到养老金积累的目的。

对于个人养老金投资，广大居民的投资观念在整体上较为保守，但近年来有更多人的投资目标从保值向增值发生转变。据《中国养老金融调查报告 2023》统计，48.63% 的调查对象认为投资个人养老金的首要目标是保证本金不亏损，32.43% 的调查对象认为跑赢通货膨胀是个人养老金投资的长期目标，还有 16.54% 将超越通货膨胀、实现增值作为投资目标。从四年的调查结果来看，将本金安全作为个人养老金投资首要目标的占比呈逐年下降趋势，但依然一直是最受关注投资观念，这体现出个人养老金投资观念目前整体偏向保守，但有开放趋势。

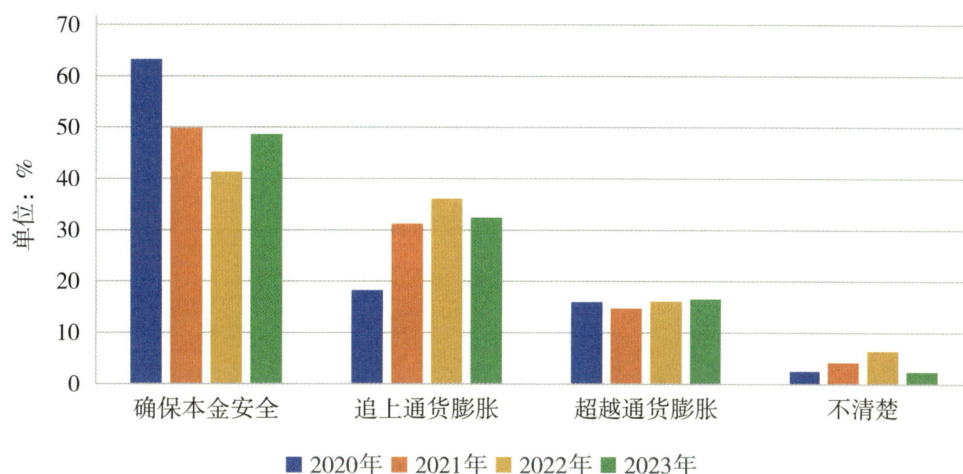

图 5-105　近 4 年个人养老金投资者首要目标

随着人们金融知识的提高，对金融市场有越来越正确的认知后，投资者承担风险的能力在逐年提升。调查数据显示，越来越少的投资者认为在养老投资的任何时候都不能出现亏损，并且已有 52.8% 的调查对象可以阶段性承受 10% 以内的亏损。这体现出我国投资者对于金融市场风险和收益相互依存的关系有了更新的认知，这也将影响人们养老金投资的长期目标和产品选择。

2. 认识养老金投资长期收益与短期风险间的关系

当下，投资者教育主要内容多为税收优惠政策解读、各机构推出的个人养老金产品介绍，以及养老金投资的重要性和必要性。由于名字中带有"养老"两字，投资者对于相关产品的偏好普遍趋于保守，大多数人选择了权益占比相对较低的产品类型。有调研机构的数据显示，选择保守稳健型产品（权益中枢在 10%—20% 之间）的投资者人数占比超过 90%。

理财产品的基础情形是投资于股票和债券两类资产。由于股票的长期收益水平和波动风险都远大于债券，如能加大股票的配置比例，产品的长期收益水平也会得到提高，但波动风险也会相应提升。在现实中，投资者保守求稳的心态和现实的市场波动，很容易让养老金投资陷入两难的决策境地：多持有权益资产，就需要接受更大的短期波动；而不持有或少持有权益资产，可能要牺牲未来的长期收益，无法达到养老金积累保值、增值的效果，而这一点常常被投资者忽视。

投资者 1989 年投资 1 万元收益安全的金融产品用于 30 年后的养老支出，到期后再投资，连续滚动 30 年，30 年的平均收益率为 5.5%，比同期的平均 CPI 水平还要高出 1—1.5 个百分点。彼时，城镇在岗职工年平均工资是 1935 元，1 万元相当于当时年平均工资的 5.17 倍；假设职工退休后支出是在岗职工年平均工资的 60%，这 1 万元就可以支撑退休职工 8 年多的支出。到了 2019 年，1 万元初始投资连本带利变为 5 万元，此时的在岗职工年平均工资是 9.34 万元，如果退休后支出仍然是平均工资的 60%，这 5 万元却只能支撑不到 1 年的退休支出。

因此，既不能只在意控制短期波动风险而放弃了长期收益目标，又不能只在意长期收益目标而忽略了自身的风险承受能力，只有当长期收益目标与自身风险承受能力匹配起来，养老金保值增值才会有一个良好的开端。

3.树立"以识别个人风险承受能力"为核心的个人养老金投资理念

客观评估自身的风险承受能力是个人养老金投资的出发点，只有认清了自身的风险承受能力，才有可能进一步去选择出与自身风险承受能力相匹配的个人养老金产品。风险承受能力，通常与投资期限相关，辅以个人的财务状况、所处生命周期阶段等因素进行综合判定。可以将它简洁客观地表达为"一定持有期（N年）内，95%的概率下本金亏损不超过1%"。

若在投资时忘记"以风险承受能力为锚"的初心，跟随市场追涨杀跌，则可能招致两种损失：一类是在股票牛市期间不断地加大股票投资比例，以至于在牛市后期的股票比例大大超过自身可以承受的风险水平，最后在股票市场牛转熊时招致重大损失；另一类是在股票熊市期间不断减少股票比例，在股票市场触底时持股比例所剩无几，大大低于自身可以承担的风险水平，最后错过了股票市场反转的投资良机。

风险水平适度是一条贯穿个人养老金投资过程的主线。投资者如果能时时刻刻以能否承受相应风险为标准评估自己的个人养老金资产配置，才有可能最终实现稳健理财。

七、小结

自2022年11月五部门联合印发《个人养老金实施办法》以来，中国养老金三支柱体系正式形成。经过一年多时间的发展，全国个人养老金开户人数已突破5000万人，进入飞速发展阶段。个人养老金制度的实施，对于建立健全多层次、多支柱的养老保障体系，增强养老保障体系的可持续性和稳定性具有重要的战略意义和实际价值，为人民群众的多元化养老提供更多的选择。

然而尽管我国的养老金制度在过去的几十年经过了飞跃式的发展，但是相比于西方国家仍然受限于较短的发展年限，导致现今的养老金体系还有部分问题亟待解决，从顶层设计到落地实施等均有大量的可发展空间。

在中央不断完善养老金相关制度的同时，也需要社会各界和个人学习并参与养老金投资，共同推动我国养老金进一步发展。

第六章
养老金投资管理案例

风 险 提 示

本章案例的观点仅供参考，不构成投资建议。基金管理人管理的基金历史业绩不代表任何产品未来业绩表现。产品名称中含"养老"不代表收益保障或其他任何形式的收益承诺，产品不保本，可能发生亏损。

一、万家基金管理有限公司

（一）万家基金养老金业务的优势

万家基金长期关注国内养老金制度及养老金资产管理业务的发展，并把养老金业务作为公司战略发展的重点。近年来，万家基金把握住行业发展大势，锚定长期投资的正确航向，实现了跨越式发展。公司业务优势明显，主要体现在以下几点。

1. 对养老金业务的高度重视

万家基金深知养老金的保值增值关乎国家的长治久安，养老金的投资管理需注重资金的安全性、长期性。公司高度重视养老金业务，长期以来致力于深刻理解养老金资金属性并在业务管理过程中落到实处。公司专设养老金部，配置经验丰富的专业人员在养老金领域开展深入研究并进行业务筹备，2018 年，公司加入中国社会保险学会社会保险基金投资管理专业委员会，成为单位会员。2019 年，参加人社部关于第三支柱制度建设的相关课题组，为顶层制度设计贡献力量。

2. 持续提升的行业地位

万家基金资产管理规模增长速度持续高于行业平均，排名不断上升，自 2015 年至今，公司公募基金管理规模增长超 30 倍，非货币基金管理规模增长超 19 倍。截至 2023 年底，万家基金管理总规模 4116.07 亿元，公募基金管理规模 3941.94 亿元，非货币基金管理规模 1579.01 亿元，排名行业第 28/第 156 名。

图 6-1　万家基金管理规模变化

注：数据来源于万家基金，截至 2023 年 12 月 31 日。

凭借优秀的投资业绩和综合实力，公司三度问鼎"金牛基金管理公司"，两度获评"最受信赖金牛基金公司"，并荣获2022年度"逆向销售金牛奖"等在内的20座金牛奖，品牌影响力持续扩大。

3. 长期优异的投资业绩

作为成立逾21年的老牌公募基金管理公司，万家基金已形成具有较强市场影响力的主动权益、固定收益、量化投资和组合投资四大业务线。旗下主动管理权益类基金近十年收益率262.08%，全行业排名2/68；主动管理固收类基金近五年收益率21.10%，在固收中型基金公司中排名3/13；主动量化与指数增强型基金超额收益显著，万家中证1000指数增强A、万家中证500指数增强A近两年、近三年收益率均排名同类前十；FOF（基金中基金）方面，万家稳健养老目标三年（FOF）、万家平衡养老目标三年（FOF）近一年收益率分别排名同类第一、同类前1/3。（数据来源：整体业绩和排名来自海通证券，基金排名来自银河证券，截至2023年12月31日）

4. 强大的风险控制能力

万家基金秉承"合规创造价值"的经营理念，以合法合规作为各项业务开展的底线，牢固树立内控优先意识，把风险管理制度体系贯穿覆盖到公司各个部门、各个岗位，以及决策、执行、监督、反馈等各个环节。公司建立全面有效的投资风险与绩效评估体系，定期完成组合的绩效和风险评估报告，不断总结提升投资决策各流程的运作质效，确保投资业务稳健规范运作。公司在业内较早建立了完备的信用风险管理体系，从事前管理、投后管理和违约应对等方面识别、监测、控制和处置信用风险。信用风险处置方面，依托已经建立的较为完善的信用风险管理制度，构建了信用风险预警机制，通过跨部门的定期和不定期的跟踪来识别、防范信用风险，及时预警、处置高风险信用标的。

（二）万家基金养老业务实践

1. 前瞻布局：提供专业养老金融服务

公司完善养老金融投资服务体系，积极开发适配个人养老金长期投资的基金产品，持续投入资源助力国家构建多层次、多支柱的养老保险体系。

万家基金把养老金业务作为公司战略发展重点，专注养老方向的产品开发和政策研究。2018年12月，公司首批获准设立养老目标基金，并成功募集了第一只产品——万家稳健养老目标三年（FOF）。2019年，作为基金行业代表之一，公司参与了人社部组织的第三支柱制度建设课题组，为个人养老金制度的发展建言献策。2020年至2021年，公司深入研究养老金业务流程，深刻理解养老金投资理念，专注于投资管理能力的持续提升，为养老金资产管理奠定了坚实基础。2022年11月底，个人养老金制度正式落地，公司旗下全部四只养老目标基金产品均入围首批个人养老金基金名录。公司以"为万千投资者提供专业养老金融服务"为使命，致力于以专业的投资能力为持有人个人养老贡献力量。

2. 投资者陪伴：时光不负每一次投入

作为一家老牌公募基金公司，万家基金积极作为，承担起养老金融知识普及和理念宣导的市场主体责任，在长周期内做好专业养老投资陪伴，助力投资人提升养老投资获得感，展现专业投资服务的价值。

（1）学术前沿探索创新，筑牢养老投资布局理论根基

作为专业资产管理机构，万家基金长期关注国内养老金制度及养老金资产管理业务的发展，积极参与个人养老金相关制度的完善，以实际行动支持学术前沿的探索，并注重养老投资前沿理论及研究成果在投教工作中的传播转化。2023年，公司协办了第九届全国社会保障学术大会养老金分论坛，与养老业界专家学者共同探讨"多层次养老体系建设与结构优化"相关话题，通过权威财经媒体传播前沿观点。

图6-2　《万家养老》手册

公司在2023年完成了15项养老金研究工作，其中监管委托研究合计9项，为推动政策优化贡献力量的同时，也为公司养老金业务开展提供支持。公司还将联合高校开展《中国养老金二三支柱融合发展研究》，探索多支柱联合发展的可行性，助力三支柱养老金的发展，并将联合中国社会保险学会展开养老金相关课题研究。

（2）确立核心养老投资理念，打造特色养老投教服务品牌

作为首批获批发行养老目标基金的公司之一，万家基金积极承担公募基金社会责任，探索创新丰富多样、简单易懂的投教方式，打造特色养老投教服务品牌。早在2018年，公司便调研处于人生不同阶段、担当不同社会角色的投资者对老去的看法，以及对养老的规划，从目标受众的实际情况出发，洞察当下养老财富管理面临的挑战和人们对养老投资最真实的需求，确立了"时光不负每一次投入"的核心养老投资理念。一方面，提醒投资者养老投资要趁早开始并长期坚持，利用时间的"复利效应"，实现养老资产的长期增值；另一方面，传递积极向上的价值观，人生亦需一步一个脚印坚持努力和奋斗。丰富的内涵和质朴的表达，让投资者更易接受和认同。

以这一理念为核心，万家基金着力打造养老子品牌——"家养老·时光不负每一次投入"，并发布品牌宣传片《时光不会辜负你的每一次投入》，引导投资者珍视当下、为养老提前做好充足准备。视频展现的真实、温情、深刻，不仅打动了千万投资者，还得到了权威认可，获评"年度最佳营销策划案例"。未来公司将持续以更多契合不同时代背景和投资者需求的投教作品推广品牌理念，倡导更多投资者为养老提前规划、持续投入，静待时间玫瑰绽放。

（3）线上线下全面推广，养老投教宣传落到实处

公司将养老投教宣传纳入全年投教计划重点，线上线下多措并举，网格化、系统化地推进开展投

教活动，提升大众对个人养老金业务的认知。

伴随养老子品牌的推出，万家基金官方养老投教微站正式上线，成为投资者了解养老资讯、学习养老知识的一站式互动阵地。特色动画投教栏目"0基础学养老"体系化传播养老投资基础知识及方法论，真人口播栏目"小师妹聊财经"第一时间解读养老政策及快讯，直播栏目"放映室"则由公司养老金团队定期与投资者互动，回答投资者的各种养老投资问题，增进投资者对国家养老制度及养老投资的认知。上线以来，微站的各类原创投教作品在全网创下数以千万计的巨大传播声量。

图 6-3 万家基金养老投教微站及原创投教作品

此外，公司与权威媒体、线上销售平台合作，为更多投资者提供专业养老金融服务——在各大银行的线上渠道，以直播、投教十问十答专题推文等形式，引导个人投资者配置 Y 份额养老基金；与蚂蚁财富联合举办多场养老投教直播活动，由万家基金养老投资团队为投资者答疑解惑；联合天天基金举办"养老36计之抛砖引玉"主题活动，呼吁投资者通过时间的复利为养老生活提供助力；通过接受权威媒体采访、参与媒体主办养老论坛等方式，依托媒体的力量提升投资者对政策的理解，展现公募基金在养老投资上的专业形象。

线下传播方面，公司深入开展形式多样的投教活动，以精准有效的"滴灌"深化投资者对养老投资的认知。从生命周期向前延伸的角度，公司积极响应中国证券投资基金业协会号召，2023 年以来，踊跃开展"基金行业话养老"投资者教育活动，养老投资专家、研究员领队进校园，走进大学生群体，帮助其树立"养老要趁早"的理念。公司在南开大学、复旦大学、华东政法大学等高校举办的多场活动得到了学生们的积极参与，丰富了学生们的理财知识储备，帮助其在人生的早期阶段就建立科学规划人生的意识。

图 6-4　万家基金养老投教进校园活动

公司通过在面对个人客户的银行、券商端举办"光耀万家"系列投教讲座，解读市场动态、分享投资策略，为投资者提供专业、有温度、高质量的投资陪伴，数十位基金经理、研究员、分析师联合业内知名财经大 V 深度参与。2021 年至今，"光耀万家"活动已走遍全国近 50 座城市，覆盖千万投资者及数万渠道经理。

图 6-5　"光耀万家"系列投教讲座走遍全国近 50 座城市

养老品牌建设功在长期积累，万家基金"积跬步以致千里"，将持续大力投入投资者教育活动，向公众普及金融投资与个人养老专业知识，履行社会责任，进一步推动投资者价值投资、长期投资的行为习惯，助力个人养老金高质量发展。

二、博时基金管理有限公司

作为首批取得全国社保基金境内外、基本养老保险基金、企业/职业年金基金投管资格的基金公司，博时基金高度重视养老业务，拥有超过20年养老金资产管理经验。博时基金管理有限公司是中国内地首批成立的五家基金管理公司之一。"为国民创造财富"是博时的使命。博时的投资理念是"做投资价值的发现者"。

（一）精心打造"一站式养老投资解决方案"

2018年8月，博时基金成为首批获批发行养老目标基金的公司之一，于2019年3月成立首只养老FOF产品。截至目前，博时基金已建立完善的养老目标FOF产品线，为不同需求的投资者提供了专业的"一站式养老投资解决方案"。

博时基金一直走在布局与创新前沿，其覆盖风险收益特征的养老基金的产品体系已基本搭建完成，分为养老目标日期基金和养老目标风险基金。在养老目标风险基金方面，稳健和平衡目标风险的产品运作稳定，能够匹配不同风险偏好的投资者需求。

目前，博时基金有两只养老FOF-Y份额的产品，分别是博时颐泽稳健养老目标一年持有混合（FOF）Y（基金代码：017326）和博时颐泽平衡养老目标三年持有混合发起（FOF）Y（基金代码：017274），可以使用2022年开始成立的个人养老金账户购买。截至2024年2月末，以上两只产品合计服务客户约3500户，户均规模约5000元，合计规模约1800万元；未来发展潜力和空间较大。

博时基金多个部门共同协作推进养老金业务。在硬件设施方面，公司新建直销系统的个人养老金专区；在销售方面，各个销售业务线相互配合，做好线上、线下等多业务线的推动；在投教方面，博时基金成立了"投资者关系部"，搭建完整的陪伴体系链路和系列培训课程，协同投研等多个部门在社交媒体投放、宣传博时养老金产品，打造博时养老投资者教育品牌，落地一系列的投教活动。

（二）积极探索养老金投资管理实践与研究

博时基金积极开展养老金投资管理实践，同时不断总结经验，获邀参与监管机构政策研究与行业发展研究，助力顶层制度设计和建设，成果得到监管部门和行业的高度认可。

近年来，在学术著作方面，博时基金与人社部联合出版《海外养老金管理》（2015）、《中国企业年金制度与管理规范》（2002）、《中国养老保险基金测算与管理》（2001）等多部著作。其中，《中国养老保险基金测算与管理》于2001年5月获劳动和社会保障部首届优秀科技成果一等奖，《中国企业年金制度与管理规范》于2008年7月获中国年金研究著作一等奖。

在研究报告方面，2023年6月，博时基金参与撰写中国社会保险学会《我国养老二、三支柱打通的可能路径探索》重点课题。2023年12月，博时基金撰写的《养老金对我国资本市场的影响研究》荣获深圳经济特区金融学会 2023 年优秀金融论文的综合金融经济类"一等奖"。2023 年 12 月，博时基金参与中国证券投资基金业协会重点课题《长期资金与公募基金创新发展》。2023 年 12 月，博时基金参与中国社科院组织的《中国养老金发展报告 2023》撰写。

此外，2002 年起，博时基金与中国劳动保障报联合开设"博时论坛"专栏，20 多年来，汇聚专业力量，共促行业发展。2012 年以来，博时基金已连续 13 年与中国劳动保障报社联合举办"养老金管理大家谈"有奖征文系列活动，这是双方在养老金国民教育上的一次大胆尝试。该征文活动主题紧跟市场热点，参加人数逐年增加，既有养老金制度研究探索、海外养老金管理经验借鉴等理论探讨内容，又有最新政策解读、养老金管理实际问题探讨等实践交流内容，已在行业内形成广泛影响力。

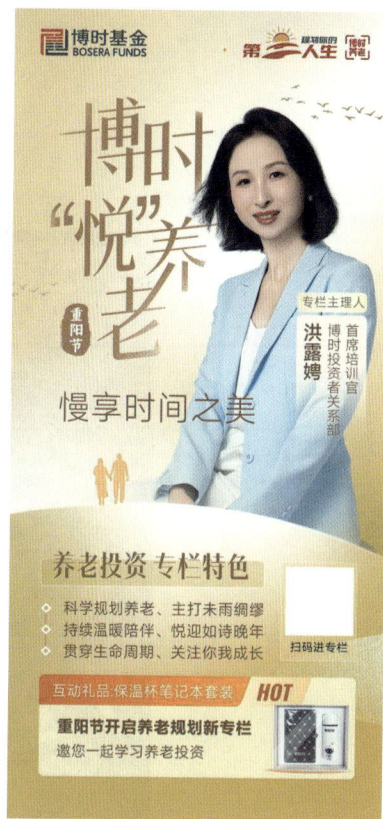

图 6-6　博时"悦"养老专栏

（三）全方位开展养老投教服务

个人养老投资存在一定专业门槛，只有深入了解了个人养老相关知识，客户才有意愿进一步去开通账户。博时基金认为，个人养老知识的投资者教育和宣讲普及很有必要。

为加大关于个人养老的投资者教育力度，一方面，博时基金在"博罗蜜"微信小程序营销平台开设投教专区、在"投资知识一号事务所"投教平台等开设个人养老金的"悦"养老专栏，通过文章、"24 节气话养老"海报、视频、直播等形式，加强普及力度。通过以上投教服务，博时基金积极普及通过公募基金进行养老计划的重要性，并在小程序内开发养老计算器、养老监测仪等小工具，让养老投资更智能、更可视化。

另一方面，对于具有一定养老基础知识的客群，博时基金聚焦投教陪伴续航，打造"博时养老"子品牌，通过多种投教手段直接触达投资者，包括但不限于短视频、音频、直播、知识卡片、文章、漫画、媒体合作等形式。2023 年，博时基金上线养老子品牌宣传片《人生第二场》，进一步向个人投资者普及养老知识及资产配置理念。通过多种轻松易懂的投教内容，为投资者提供全方位的知识及投资陪伴，满足养老投资需求。

活动方面，博时基金积极投身线下投教，以基金行业话养老普及金融养老知识。2022 年 12 月，博时基金参与中国基金报个人养老金线上论坛，分享养老投资观点。2023 年 8 月，博时基金携手天天基金开启"仲夏未来计划"，在深圳湾成功举办首届沉浸式养老互动市集，提升博时养老的品牌知名度。2023 年 10 月，博时基金参加深圳广电集团财经频道"重阳节话养老投资"节目，分享"中国式"养老面临的挑战与机遇。2023 年 12 月，博时基金在深圳开展"找搭子"线下养老主题投教快闪活动，围绕"为什么要投资养老、养老保障体系三支柱、养老目标基金、如何规划养老投资、基金 Y 份额、机构选择"六大问题制作成互动筛子进行学习互动，帮助客户了解个人养老金知识，通过养老目标产品提前进行养老规划。

图 6-7　博时基金养老品牌宣传片《人生第二场》

图 6-8　2023 年 8 月，博时基金携手天天基金，在深圳湾成功举办首届沉浸式养老互动市集

图 6-9　2023 年 12 月，博时基金在深圳开展"找搭子"线下主题投教快闪活动

博时基金将持续通过走进企业、机关、学校、社区，与客户面对面地进行养老金融投教交流，推动我国个人养老体系的高质量发展。

（四）产品、投研、客群三管齐下

未来，博时基金个人养老金业务将继续从产品、投研、客群三个方向出发，多业务线协同展开。

产品角度，博时基金将不断优化养老产品，结构持续打磨，打造布局完整、特色鲜明的养老 FOF 体系。公司将做优产品布局，做好精品培育，继续丰富养老 FOF 产品矩阵；打造特色型产品，加大产品定位的差异化、风格化。

投研角度，博时基金将加强策略优化更迭，丰富养老 FOF 投资策略、提升业绩。公司持续做好国内外总量宏观研究和政策追踪，密切跟踪各类资产边际变化，加强养老 FOF 方法论整合，继续提高准确性、稳定性及风险预警能力，抓紧对类属资产和收益增厚型工具的研究运用、丰富养老 FOF 投资策略，为持有人创造稳健收益。

客群角度，博时基金将深挖客户需求、做好投顾陪伴。加大产品与客户风险适配工作，拓展券商渠道、网金渠道、企业单位、社区的产品和业务合作，充分把握客群特性，对接需求痛点，大力做好投顾陪伴及个人养老知识普及与深化。

通过加强投资与市场联动，各个业务板块协同互通，博时基金将持续站在投资者角度，及时响应投资者需求，充分发挥公司的投资者陪伴体系优势，加大投教服务；同时依靠金融科技的力量，精准定位客群，持续探索投教新模式。

博时基金将持续大力倡导个人养老金产品的长期性属性，进一步加强投教和宣传力度，提升国民养老意识，充分发挥长线资金的投资优势，推动个人养老金产品和金融市场的健康发展。

三、建信基金管理有限责任公司

近年来，养老成为备受关注的话题。2023 年更是个人养老金业务落地的关键时期针对快速发展的个人养老金业务，建信基金打造"老有所 Young"养老子品牌，持之以恒地开展养老专项投教活动，线下线上齐发力，针对不同类型的投资者策划匹配性、多元化的投教内容，以丰富有料的投教知识和陪伴形式，帮助唤醒社会大众的养老早规划意识。

（一）线下多元化创新，打造"一个品牌、两种场景、三类客群"特色投教

"老有所 Young"不仅谐音"老有所养"，更寓意未来从现在开始，未雨绸缪，让老年生活更加从容有活力。建信基金通过专题讲座和创意主题活动两种不同场景，针对青年、中年、老年三个年龄阶层的投资者群体策划匹配性、特色化的投教内容。依托中国证券投资基金业协会"一司一省一高校"活动平台，2023 年开展了系列养老专题投教活动，具体包括：联动中国建设银行总行走进中国海洋大学，联动属地分行两次走进银行网点，跟随公司十八周年司庆活动走进上海陆家嘴，携手蚂蚁"蓝马甲"走进社区进行公益宣讲。

2023 年 6 月，建信基金走进建行济宁分行，借助客户经理的力量从源头上做好投教工作。建信基金讲师团与现场近 200 名投资者近距离交流和互动，向现场观众分享了个人养老投资理念与方法，解答了他们在养老投资方面的一些疑难问题。对于个人养老金融产品的选择，投资者要做到"知己知彼"，结合自身风险偏好和收益目标，选择真正适合自己的产品。

图 6-10　走进建行济宁分行

继图 6-10　走进建行济宁分行

值得一提的是，建信基金"走进银行网点"活动不仅面向普通大众投资者，还邀请了银行网点的客户经理全程参加，以点带面，力争从源头上做好投教工作，希望借助客户经理的力量辐射更广泛的人群范围，持续性地帮助投资者更好地培育起良好的理财意识和科学的投资理念，更好地管理自己和家庭的资产。

为了增强养老投教的趣味性，让投资更贴近生活场景，建信基金在上海陆家嘴策划了夏日"养老漂流瓶"线下互动快闪活动，打造创意主题活动进行场景化养老投教。活动现场，200 余名投资者积极参与其中。大家把养老心愿装进超大养老漂流瓶，畅谈自己对未来养老生活的期望。在"养老漂流瓶"快闪展位前，大家充分感受了时间在养老规划和基金投资中的力量。养老 Style 测试环节，现场参与者更是表达了对未来养老生活的期望，大家纷纷表示要未雨绸缪早规划。

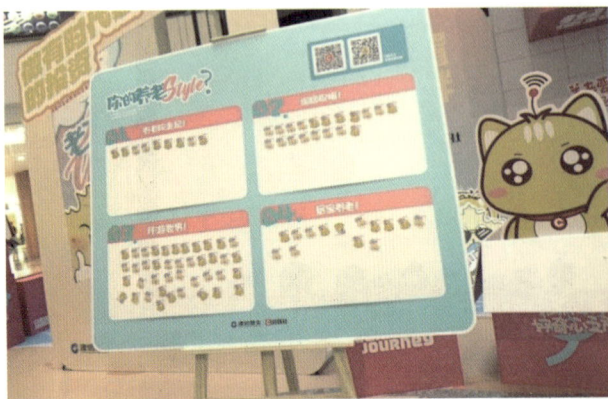

图 6-11　养老 Style 测试

图 6-12　"养老漂流瓶"

金秋九月开学季，建信基金联合中国建设银行走进中国海洋大学崂山校区，与 Z 世代新青年共话养老新花 Young，让养老投教寓教于乐，更年轻有活力。在"投中你的养老计划"主题活动的现场，户外投篮赛热血澎湃，活动获得近千名师生的关注。

"年纪轻轻，有必要为养老做准备吗？""养老到底需要多少钱？"建信基金讲师通过生活实例和数据展示向大家介绍了养老早规划的必要性，讲解了国内养老保障体系、个人养老金制度以及我国养老三支柱体系的发展现状，同时了解了同学们对于未来养老生活的规划。干货满满的内容、生动有趣的形式、深入浅出的讲解，让在座学生津津有味地参与到了分享活动中，现场互动氛围浓厚。

图 6-13　走进中国海洋大学崂山校区

2023 年 11 月，建信基金在山东青州市举行养老专项投教活动，将公募基金和个人养老金投教工作下沉到区县，是建信基金开展养老投教工作的一次成功实践，旨在将专业的投教内容、优质的投教服务带入三四线城市，提高三四线城市居民对个人养老投资规划的认知。

图 6-14　山东青州市养老专项投教活动

继图 6-14　山东青州市养老专项投教活动

　　活动现场，建信基金讲师与百余名投资者和客户经理进行了一场别开生面的交流，通过专题讲座、问答互动等环节分享有趣有料的养老投教知识，帮助培育区县级投资者的养老规划意识。具体到内容上，注重用通俗易懂的口语化方式讲解投资者可能关注的养老投资内容，建信基金讲师将个人养老规划比作"为自己操心"，生动形象地展示养老投资规划的必要性。

　　为提高老年人识骗、防骗意识及应对经验，建信基金携手蚂蚁基金"蓝马甲"面向银发人群助老防骗，开展走进社区公益行系列宣讲活动，助力银发人群"安心养老"。深入北京、上海、广州、杭州城市社区，向老年人群深入细致地讲解养老投资相关金融知识、投资理财诈骗案例、如何有效防范诈骗等贴近生活的内容，系列活动获得了老年投资者的好评。

图 6-15　携手"蓝马甲"走进社区公益行

（二）线上精细化运营，从"三大维度"深化投资者陪伴

为了深化养老领域的投资者教育工作，系统性地呈现养老投教内容，建信基金打造"遇见美好时代"投教园地，将"特色化、品牌化、实用化"三大维度贯穿整个投教平台搭建过程中。在官微服务号开设"养老课堂"投教专栏，将养老投教内容矩阵式呈现；在官微订阅号上线"老有所 Young"H5专辑，以生动有趣味的风格提高投资者对个人养老投资规划的认知。

一是积极布局养老投教特色栏目。建信基金根据不同客户群体的风险偏好、专业程度以及不同主题内容输出差异化的投教素材，"养老课堂"投教专栏包括六大养老投教板块，具体为："养老连续剧"板块通过每集 3 分钟的短视频讲述养老早规划的必要性，"养老生活指南"板块以系列长图文的形式帮助投资者深入了解个人养老金投资，在"建行话养老"板块中母子联动进行养老投教宣传，"养老产品旗舰店"板块详细讲述了养老目标日期基金和养老目标风险基金两类产品，"梧桐学院（养老篇）"板块以音频的形式帮助投资者通晓养老，"养老市集"板块通过趣味小游戏来呈现养老投资相关内容。

二是养老投教与品牌建设融会贯通。建信基金在日常工作中注重将品牌建设与投资者教育工作有机结合，全力提升投教工作质效。建信基金以"老有所 Young"养老子品牌的打造为契机，将优质养老投教素材整合为 H5 专辑的形式，通过"年轻""活泼"的风格与年轻人建立链接和互动，并与公司其他投研子品牌进行联合宣推，吸引投资者学习和关注。

三是注重养老投教内容的实用性。针对快速发展的个人养老金业务，建信基金定期发布个人养老金实操类系列 SVG 长图，聚焦养老基金 Y 份额、如何享受个人养老金税收优惠、能省多少税、如何退税、个人养老金投哪里、怎么选产品等投资者在实际投资中可能关注的问题，内容由浅入深。在养老防诈骗视频《以陪伴之名》中设置生活化受骗场景，引入青年、中年和老年等不同的现实人物角色，通过生动趣味的画面来引起受众共鸣，倡导人们增强风险防范意识，理性选择养老投资产品。

养老早规划，方能实现"老有所 Young"。作为公募基金行业一员，建信基金始终坚守为民初心、专业初心，服务大众理财，管好百姓"钱袋子"。在加强专业能力建设的同时，持续做好投资者教育和陪伴工作，以丰富翔实的内容、生动有趣的形式向社会公众普及公募基金和个人养老金投资相关知识，让"养老金融"走进千家万户，以优质服务和专业能力做好"五篇大文章"，助力公募基金行业高质量发展。

图 6-16　建信基金"投教园地"

四、南方基金管理股份有限公司

南方基金作为国内首批规范的基金管理公司，26 年来秉承初心、持续奋斗，积极参与和推动了中国公募基金业发展。自 2002 年首批入选社保基金投资管理人以来，南方基金深耕养老领域已超 20 年，致力于为投资者提供养老资产"一站式的生命周期管理"。

（一）整合资源，加大投入

南方基金自成立以来，坚持稳健合规经营，在业务及产品创新方面持续引领市场，公司高度重视养老金业务的发展，将其作为重要的战略业务不断探索。个人养老金业务的推出，补齐了南方基金养老金三支柱的业务板块。

公司全面整合现有资源，加大养老金业务的投入，在产品方面，充分利用公司投研资源，发挥 FOF 团队精选产品的优势，开发出更多适合投资者需求的产品；在服务方面，主动了解企业客户和个人客户的差异，优化服务模式，提供更有针对性的服务；在人才储备方面，加强对养老金业务投资人才、研究人才、投顾人才、服务人才的相关培养和储备，不断提升养老金管理人才队伍的专业化水平；在投资者教育方面，配合监管的统一安排，与行业同人一起，致力于引导广大投资者树立长期投资理念。

（二）业务能力居行业前列

南方基金参与管理了全国 32 个省、自治区、直辖市的职业年金，服务企业年金客户超过 200 家；南方基金也是入选首批个人养老金基金名录数量最多的基金公司之一。截至目前，南方基金与 47 家银行、券商、第三方平台已开展养老 Y 份额业务合作，累计新开户 7.3 万户，申购金额近 4.1 亿元。

截至 2023 年 12 月 31 日，南方基金母子公司合并资产管理规模 20169 亿元。其中南方基金母公司规模 18926 亿元，位居行业前列。南方基金公募基金规模 10681 亿元，累计向客户分红 1880 亿元，管理公募基金共 353 只，产品涵盖股票型、混合型、债券型、货币型、指数型、QDII 型、FOF 型等。南方基金非公募业务规模 8245 亿元，在行业中持续保持优势地位。凭借优秀的投资业绩和综合实力，截至 2023 年底，公司荣获 7 次"金牛基金管理公司"（2004 年、2005 年、2006 年、2012 年、2014 年、2015 年、2016 年），累计获得中国基金业金牛奖 66 项，受到行业内认可。

（三）有效的投资风控体系

南方基金秉承"合规创造价值"的理念，以合法合规作为各项业务开展的底线，树立内控优先思想，使风险意识、风险管理制度体系贯穿覆盖到公司各个部门、各个岗位，以及决策、执行、监督、反馈等各个环节。

针对投资业务的开展，公司建立了全面有效的投资风险与绩效评估体系，并根据实际投资组合，结合外部市场行情数据，定期完成组合的绩效和风险评估报告，总结投资决策各流程的运作效率，确保投资业务稳健规范运作。

信用风险管理方面，公司在业内建立了完备的信用风险管理体系，从事前管理、投后管理和违约应对三方面识别、监测、控制和处置信用风险。信用风险处置方面，依托已经建立的较为完善的信用风险管理制度，构建了信用风险预警机制，通过跨部门的、定期和不定期的跟踪来识别、防范信用风险，及时预警、处置高风险信用产品。

（四）养老金业务的探索

南方基金发展战略规划中特别强调养老金业务的发展战略："以长期稳定的投资业绩、优质完善的客户服务赢得各类养老金客户的信赖。"作为业内为数不多的养老金投资"全牌照"的基金公司，南方基金高度重视养老金业务，无论是过去还是未来，包括个人养老金在内的养老金业务都将一直是公司的战略重点。

2002 年，南方基金首批获得全国社保基金投资管理人资格，但对养老金投资理念和投资策略的研究在此之前就已经布局，之后在实践中得到进一步检验。2005 年，公司首批获得企业年金基金投资管理人资格，凭借强大的综合实力、优良的公司治理、稳健的投资风格以及长期、稳定、优良的投资业绩，南方基金在竞争激烈的年金市场中充分体现出公司在养老金领域的核心竞争力，树立了自己的品牌。

2016 年，南方基金首批入围基本养老基金投资管理机构，同时获得职业年金投资管理人资格，养老金业务领域的不断完善，促使公司持续加大对养老金业务的投入。公司设立养老金业务部，专门负责相关业务的市场营销和客户服务，对接客户、受托管理机构，持续提升服务效率。考虑到企业年金和职业年金股债一体的特性，公司专门成立混合资产投资部，强化权益和固收投资经理之间的交流和合作。在公司年金投资决策委员会的指导下，推动投投融合、投研融合和投销融合，取得了良好的效果。

在个人养老金领域，2018 年，公司首批获准成立养老目标基金，探索面向个人投资者的养老基金产品。同时，公司积极参与监管部门组织的政策、产品研讨，结合投资实践献言献策，推动个人养老金制度尽快出台。

2022 年 11 月，南方基金旗下有 8 只养老 FOF 产品获得证监会批复增设 Y 份额，开启了养老金业务的新篇章。

（五）个人养老品牌培育

作为首批获批发行养老目标基金的公司之一，南方基金自 2022 年起，持续打造"优质养老，优选南方"的养老品牌，全面开展个人养老金知识的普及与宣传，持续引导社会大众深入了解个人养老金相关政策，促进个人养老金健康有序发展。

经过持续不断的努力，"执我之手 与你偕老"投教品牌收获了投资者和监管部门的一致认可。相关养老投教工作被中国证券投资基金业协会收入"基金行业话养老"专项投教活动成果汇编，并在基金业协会公众号发表《执我之手，与你偕老｜南方基金打造高质量养老投教体系》一文，作为范例推广；养老投教宣传手册《养老生活的"投"与"防"》获得由深圳市地方金融管理局发起的"深圳市居民金融素养提升工程办公室"颁发的"2022年度优秀金融宣教素材"奖项。特色项目具体如下。

1. 集众志汇合力，多方联动齐推广

个人养老金政策出台后，南方基金迅速响应，由公司高管牵头成立了第三支柱养老推动与宣传小组，形成了跨部门、跨层级的协同组织，从多维度保障个人养老宣传效果。南方基金积极利用线上平台优势，以南方基金投资者教育基地为"主阵地"，联合公司官网、微博、微信公众号等自媒体平台及各金融机构财富号、第三方平台、各主流财经媒体等，持续深入推广个人养老相关内容，扩大养老投教品牌影响力及覆盖范围。

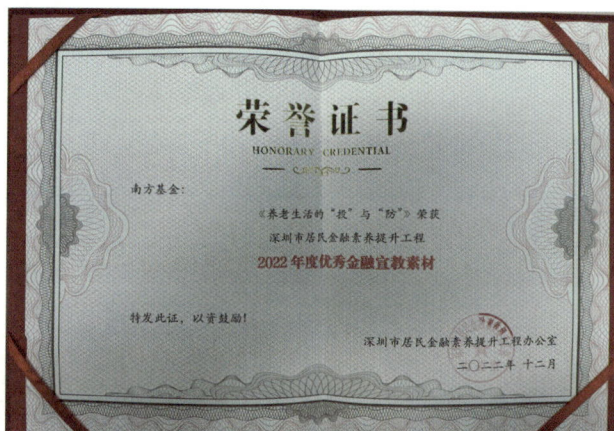

图6-17　《执我之手，与你偕老》一文与《养老生活的"投"与"防"》获奖证书

2. 常聆听细思考，丰富形式与创意

自个人养老金政策实施以来，南方基金持续关注政策导向，不断结合投资者需求与偏好，创作了海报、视频、文章、科普手册等形式内容丰富的养老投教产品，以创新的形式与角度，持续引导国民对个人养老的关注并有效科普科学养老规划的方式及重要性。

温馨微电影唤醒养老共鸣。通过拍摄并投放《在变老，也在慢慢变更好》以及《诗与远方的底气》微电影，给年轻人输入"想要体面地养老，需要不断积累财富"的理念，唤醒他们的养老规划意识。

养老品牌宣传片。制作并发布《当你老了》与《养老去南方》系列品牌宣传片，展现多样化的养老生活选择。通过真实故事和情境描绘，传达尊重每位个体养老方式的多样性，同时倡导一种涵盖身心健康的全面优质养老生活理念。

图 6-18　《当你老了》与《养老去南方》系列品牌宣传片及《诗与远方的底气》微电影

养老陪伴系列短视频。制作 5 期专注于养老主题的口播短视频，内容覆盖个人所得税退税操作、实操手册、退休金测算、养老金投资产品，以及个人养老金缴纳的意义，旨在全面提升投资者的养老规划意识。

图 6-19　5 期养老陪伴系列短视频

口播短视频详尽科普个人养老。拍摄 8 期《聊聊养老那些事儿》系列口播视频，从如何看待养老、海外养老经验、个人养老金制度、个人养老金参与意义及可投资产品等方面进行分享，帮助投资者深入了解个人养老金政策。

AI 视频古今融合话养老。将传统文化与新兴科技相结合，利用 AI 技术制作《以古鉴今话养老》短视频，从扁鹊的故事切入，运用先贤智慧结晶，指导当下，说明防患于未然的道理，并讲解个人养老金的重要性。

图 6-20　《聊聊养老那些事儿》口播视频与《以古鉴今话养老》

数独养老视频。推出《个人养老金全攻略》视频，全面解读个人养老金制度、税收优惠政策及参与步骤，强调科学养老规划的必要性，引导投资者合理规划退休生活。

图 6-21　《个人养老金全攻略》视频

宣传手册图文并茂解析养老。针对中、老年群体，联合深圳市居民金融素养提升工程办公室，结合投资者生活常见场景，创作印刷《养老生活的"投"与"防"》手册，图文并茂地介绍个人养老理财相关知识和反诈知识，帮助投资者正确认识养老、识别诈骗风险、做好养老规划。该手册已先后印制近千本，被监管机构、银行等在社区活动中广泛应用。

图6-22　《养老生活的"投"与"防"》手册及多元化科普

文章、长图、宣传海报多元化科普养老。紧跟个人养老金业务推广进度及相关制度发布进程，创作近30篇《走近"养老金"》系列投教图文；设计20余份养老宣传海报、展架及手持KT板，从多角度助力投资者了解个人养老金政策。

3.聚云端面对面，多元活动尽温暖

个人养老金政策实施以来，南方基金积极开展多样化的个人养老投教活动，通过线上直播、彩虹之旅、走进社区、走进企业、走进高校等形式，全方位、多层次地向不同的投资者群体传递个人养老金相关内容，帮助投资者了解个人养老金政策，科学高效规划晚年生活。

走进17座养老试点城市，面对面答疑解惑。2023年至今，南方基金"彩虹之旅"全国巡讲已陆续走进17个养老金试点城市，开展了多场丰富多样的投教活动，与近万位投资者面对面交流。邀请各领域专家，针对投资者日常生活中遇到的投资困惑与养老问题，进行面对面分析与答疑。并在公交车站、小区电梯间等人流密集的地点场所投放线下广告，持续推广个人养老金政策，助力国民树立科学养老规划意识。

图 6-23　走进 17 座试点城市巡讲

图 6-24　线下广告

线下投教快闪店，开辟养老投教新范式。联合深圳咖啡品牌"十日谈"，上线"梦想联萌店"，开辟线下养老投教新形式，让广大投资者在轻松愉悦的氛围中获取养老知识。在店铺设置投教宣传角，摆放单页、手册、折页等多种形式的养老投教产品，帮助投资者了解个人养老金制度、解析养老生活常见问题、防范养老诈骗陷阱。

图 6-25　"梦想联萌店"投教产品

参展金融宣教节，寓教于乐守护幸福晚年。在深圳首届金融宣教节活动现场，搭建金融宣传展位，设置金融知识宣传角，摆放防非反诈单页、基金知识科普手册、个人养老解读手册等丰富的金融投教产品，供投资者取阅学习；派发"个人养老大礼包"，帮助投资者在科学规划养老的同时，学有所"获"；设置金融知识快问快答互动游戏，吸引数百位投资者参与，在寓教于乐中传递反诈与养老知识。

图 6-26　参展金融宣教节

联合十余所高校，为学子讲解金融养老知识。积极践行国家产教融合的理念，响应行"一司一省一高校"活动号召，与上海交通大学、中国政法大学等十余所高校联合开展多样化的交流活动，帮助上千位高校学子学习金融知识，认识个人养老。邀请高校学子走进南方，通过面对面的学习交流，助力其丰富金融素养；走进多所高校，为高校学子讲解公募基金发展史、个人养老金如何投资公募基金等知识，助力美好未来。

图 6-27　为高校学子讲解金融养老知识

走进多个社区，特色养老活动陪伴投资者。积极配合监管部门，开展了多个特色化养老投教活动。

走进深圳桃花园社区、深圳水湾社区、合肥金荷社区、北京三里河社区等，向老人科普防非反诈及个人养老相关知识；走进深圳福田区福利中心，针对养老投资的问题进行答疑解惑，助力老人安享晚年。

图 6-28　走进社区

走进多家企业，差异化精准科普养老。通过加强渠道合作，联合相关企业举办了超 40 场个人养老金主题分享活动，结合企业员工具体情况，有针对性地普及个人养老金相关知识，鼓励企业职工选择适合自己的养老产品及投资方法。

图 6-29　走进企业

抓住时事热点，深入浅出解析养老金。结合妇女节、父亲节等特殊时点，开展了 60 余场个人养老金解读直播活动，邀请公司投研嘉宾进行分享，通过还原生活常见场景，帮助投资者更清晰直观地了解科学的养老规划对自己、对家庭的意义。

自 2022 年以来，南方基金不断创新投教形式，创作了内容丰富的图文、短视频、长图、漫画、手册等养老投教作品，开展了形式多样的养老投教活动，多向发力、持续引导公众对个人养老的关注，累计覆盖人次超千万。

南方基金《优质养老，优选南方》养老系列直播，利用节日热点，创新直播形式，以养老规划和解惑为主要内容，持续输出养老直播陪伴。

五、嘉实基金管理有限公司

养老是关系千家万户的重大民生问题，养老金是普通老百姓的养命钱，养老金投资需要在深刻理解资金属性的基础上，明确"资产配置为基石、权益资产为矛、核心固收为盾"的养老金投资理念，既需要追求当期业绩持续稳定，又需要追求长期业绩卓越，权衡各类资产风险收益，配置匹配养老目标的投资方案。

（一）投资理念构建

1. 以资产配置为核心基石。资产配置需面对多资产的风险收益平衡，以"不犯大错"为底线。

2. 权益投资要锐利，是实现长期业绩最大化和短期业绩锐利的矛。既包括基于长期视角的战略性资产选择，也包括基于短期环境变化的类属资产战术性调整。

3. 固收投资要稳健，不做信用下沉，是确保实现长期收益目标的盾。既要以围绕长期收益目标、选择战略性资产的方向，又要为年金投资积累安全垫、挖掘符合年金投资的生息资产。

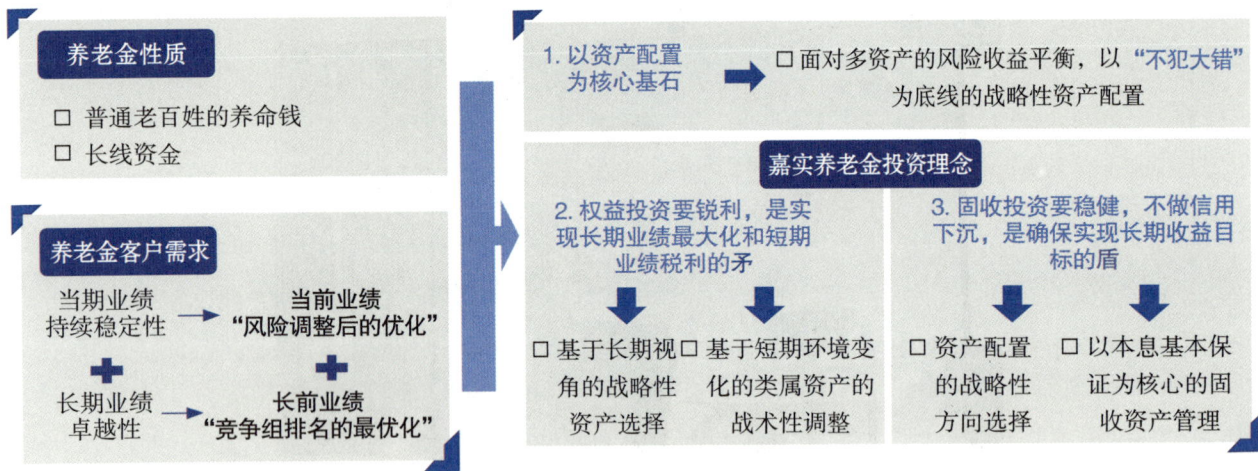

图 6-30　嘉实养老金投资理念

（二）投资方案配置

投资管理机构会根据客户的需求识别，确定投资组合的收益目标、风险偏好、客户管理风格等要素，设定年金组合资产配置方案。

根据年金组合特征及分类情况，选择投资团队、确定投资范围及比例，设定相应大类资产配置方案，并依据风险预算做动态跟踪。年金基金各可投品种投资策略由各组合投资经理在测算潜在收益率及置信度的基础上给出以绝对收益结合相对排名为目标的投资策略建议和投资标的建议。风险管理部门根据由各年金组合的大类资产配置情况及各年金组合已实现收益率及静态收益率，对组合进行多种情景假设下的收益率测算，将结果反馈至组合投资经理，由投资经理进行策略调整和各类属资产的策略执行。风险管理部门对组合业绩进行跟踪及预警。投资团队中权益投资经理、固定收益投资经理、投资经理助理、账户经理均承担风险管理责任，在风险管理部门提供的数据基础上，做好各自类属资产的风险预算管理，从而整体上控制组合风险。

1. 年金组合投资策略制定

考虑到年金需求具有本金安全要求高、年金投资收益相对稳健等特点，即"高度安全，稳健收益"，根据委托人的员工结构和需求特点，结合对当前及未来一段时期经济周期所处的阶段及市场趋势的判断，一般将年金组合投资策略制定分为建仓期和运作期。

（1）建仓。考虑年金的资金性质，建仓期内组合的投资原则是建立安全垫，底层资产以成本计价类资产为主，视组合积累的安全垫厚度增加风险资产暴露。

（2）运作期。运作期通过研究不同类型的大类资产收益风险特征及资产间的相关性，以中长期考虑股、债内部的结构，寻找适合组合风险收益特征的资产，同时结合历史经验和未来市场研判，综合分析各类资产的收益和波动情况，逐步优化各类细分资产比例，挖掘风险收益优化、满足组合投资收益目标要求的投资机会。主要包括固收投资策略、细分权益策略、固收＋策略、养老金产品配置策略等。其中，固收投资策略主要包括久期策略及杠杆策略、信用策略及品种偏好等；细分权益策略包括股指期货对冲策略、打新策略、固收＋策略、养老金产品配置策略等。

在养老金配置策略方面，嘉实基金已构建以内部配置与外部客户的需求为导向进行产品线建设，从产品类型又可进一步分为权益类、混合类、固收和货币类等。

2. 养老金投资过程管理

嘉实基金养老金投资管理具备清晰的投资决策流程以及权限分配制度，强调投委会集中决策的纪律性与组合投资经理主动管理的灵活性相结合，并制定了清晰的养老金资产管理各项制度、规章，精确指导各管理环节和决策流程。

（1）大养老业务投资委员会制定年度养老金大类资产配置中枢，并定期给出资产配置比例建议；组合主投资经理结合管理团队协商意见、组合风险偏好及实际运营情况等因素确定组合的对标仓位水平。

（2）权益投资经理和固收投资经理确定权益与债券内部结构。

（3）团队账户经理与投资经理共同执行决议。

（4）账户经理进行账户监控，对于资产配置异常以及业绩落后组合，及时提示投资团队拟订方案进行改善。

（5）风险管理部门对上述执行的过程和进度实行全程跟踪和监控。

嘉实基金十分重视对养老金组合资产配置方案的事中监测和事后监控。事中监测的是投资行为是否符合投资决策，事后监控的是投资决策结果是否与市场相背离。组合资产配置方案的回顾评价方法主要包括对组合业绩的绝对评价和相对评价。

（三）风险管控

1. 风控理念

严格的风险控制是公司可持续发展的关键，也是投资者利益的有效保障。理性而具远见的风险管理不仅针对投资风险，更是渗透公司各个业务环节的全面控制过程。嘉实基金高度重视合规经营，具备完善的风险管理防线与组织架构，以及覆盖全业务流程、多风险类型、全员参与的风险责任体系。公司建立了多层次的风险控制技术体系和执行严格而规范的风险控制制度来保证投资风险的可控性。

对养老金资产的风险管理理念为：以绝对收益为基础，以相对收益为目标，以严格止损为纪律。坚持以下四项原则：底线风险控制；有竞争力的业绩目标；风险可控的投资偏离；主动风险管理。

2. 风控体系

嘉实基金专门建立有养老金的风险管理体系、制定养老金风险管理制度、进行日常风险指标监控并执行相应的风险管理措施，当触及既定的风控指标阀值时，风险管理部可直接对相关组合执行风险控制措施，以防范风险事件的发生、协助投资目标的达成。

公司的风险预算管理机制主要体现在常规管理过程中的风险回撤控制阀口和极端市场情况下的回撤纪律执行。常规管理过程中的风险回撤控制阀口可以根据既有固定收益类资产的收益水平和收益目标进行约定。关注资产配置流程的有效性和可实现性，建立各类属风险资产的核心品种池，由对应类属策略组负责实施跟踪、每月分析。通过加强核心品种管理，降低个体差异所导致的业绩离散，保证资产配置流程的有效性和可实现性。

为应对极端市场情况的发生，在风险预算管理的基础上，明确最大回撤制度的执行纪律，风险管理部门在产品触发回撤条件下直接干预产品风险资产敞口管理。采取动态风险预算作为链接点，同时建立反馈机制以便资产配置委员会做动态调整。

3. 风控指标

公司建立了多层次的风险监测和预警体系，并借助风险和业绩分析系统提升执行效率。在此基础上，明确组合层面的风险管理机制，通过风险等级矩阵，对不同业绩、风险等级的组合采取不同应对措施，兼顾"绝对收益＋相对收益"是年金组合管理的客观事实，也是市场风险管理的重要目标，经研究实践得出，年金基金市场风险相关的评估指标可分为绝对风险指标和相对风险指标两类。绝对风险主要来源于衡量市场风险的具体指标；相对风险是指实际资产组合相对于基准资产组合的偏离风险。以下以嘉实基金进行年金市场风险管理的实践经验就各项指标的使用场景进行分析。

4. 风控系统

公司建立了科学严密的风险管理体系，风险控制委员会作为公司风险管理的最高决策机构，对公司内外部风险进行识别、评估和分析，及时防范和化解风险。基于公司的风险管理体系，构建了覆盖投前、投中、投后全业务流程的风控系统，从投前的风险评估、压力测试、风险试算、合规约束，到投中的实时风险监控，再到投后的风险分析、绩效归因，全方面防范投资风险。公司的风控系统以自研系统为统一平台，集成了业界成熟的风险分析工具。基于嘉实长期以来的投研、风控、数据、AI 等领域的知识及经验沉淀，自建了大量的绩效风险指标库和研究模型，能够从各个维度对组合的风险进行监测和评估，并支持定制化的数据报表和分析报告服务，形成一整套解决方案，便于风险管理人员及时高效地获取产品业绩风险信息。

此外，公司风控系统涵盖投前投中投后的全生命周期数字化管理，统一多个子系统，统一业务数据标准，助力资产管理和风险管理能力提升。同时为公司所有业务和科技体系提供风险、业绩、基金、基金经理等全方位的数据服务，全面助力公司整体的一体化科技平台建设以及数字化转型。

六、天弘基金管理有限公司

天弘基金立足长远，战略布局养老金业务，长期关注国内养老金制度的发展，力争通过专业、精深的投资运营服务，维护广大投资者的切身利益，尽到应有的社会责任。

（一）养老金业务优势

近年来，公司的养老金业务快速发展，业务优势明显，主要体现在以下几点。

1. 全方位布局养老金业务

公司高度重视养老金业务的发展，为服务于我国多层次的养老保障体系建设，公司对此进行了全方位的布局。

自 2015 年以来，公司在养老金投资能力、产品开发、服务团队、政策研究和品牌建设等方面进行了长期的、充分的准备，包括加强养老金资产配置与投资能力，打造专业养老金投资团队；布局养老型产品，获市场高度认可；深度参与国家养老政策研究，打造天弘养老金品牌；与养老金资格主管部门保持密切联系。

公司专注于贯穿养老一、二、三支柱的全方位养老金业务，同时立足于天弘庞大的个人客户群，打造基于智能需求分析和资产配置能力的个人养老金服务流程，为客户提供包括目标日期基金、目标风险基金等一系列养老主题产品。

为此，公司打造了专业资深的养老金业务团队，由多位业内具有资深社保、年金管理经验的养老金融专家组成，核心成员曾参与多项国家养老金政策课题，深刻理解国内养老金政策和国外养老金运营经验。

2. 行业领先的资产管理规模

2015 年底，天弘基金成为国内基金业史上首个资产管理规模破万亿元的基金管理公司，自公司 2014 年 11 月成立以来，截至 2023 年 12 月 31 日，天弘基金公募基金管理规模 11073.62 亿元，非货币公募总规模 3330.06 亿元，累计为超过 7 亿公募基金持有人创造收益 2811.07 亿元。根据基金业协会公布的公募基金非货公募月均规模排行榜显示，截至 2023 年 9 月 30 日，天弘基金 2023 年三季度末位列全市场第 16 名。[①]

经过不断努力，天弘基金已经为超过 7 亿投资者提供了专业的理财服务，管理着万亿资产，获得了广泛好评。天弘基金始终秉持客户第一的价值观，以"稳健理财，值得信赖"为经营理念，致力于全方位满足客户的理财需求。

[①] 规模中未剔除 ETF 联接基金重复投资部分（328.89 亿元），排名数据来源：基金业协会。

3. 稳健卓越的投资管理能力

公司多年来倾力打造了稳健卓越的投资管理能力。

流动性管理方面，透过天弘余额宝的管理，体现出天弘基金优秀的流动性管理能力，通过自研的申赎预测系统、组合配置、流动性互助机制、存款白名单、贷审和信评互助机制、鹰眼、信鸽等研究支持系统等安排，在严控流动性风险、信用风险的前提下，争取为客户获取超额收益。

固定收益投资管理方面，公司坚持"稳中求进"的风格，在严格控制风险的前提下，力争帮助客户实现稳健增值，在近五年／七年固收类收益率在固收大型公司绝对收益排行榜中排名第二[①]。其中，天弘永利债券多次荣获开放式债券型持续优胜金牛基金，公司连续10年获得金牛奖[②]。

权益投资管理方面，公司一直以来秉承成长投资、价值投资、指数投资和绝对收益投资等投资风格。

4. 健全有效的风控体系

天弘基金深刻认识到风险管理对于资产管理行业的极端重要性，并持续进行文化、机制和系统建设。"风控创造价值，风控为业务赋能"是公司风控系统的重要特色之一，有别于资产管理行业传统的"应对"式风控体系，公司建立了一套较为完善的"预测＋应对"式风控体系，前瞻性观测并预判市场波动及波动产生的风险传导，充分发挥信息技术、大数据、云计算等特长，通过采用行业领先的开源技术架构与先进的互联网设计思想，将各类风险管理模型封装进风险管理系统进行事前、事中、事后的全方位管理。

公司在业内率先设立首席风控官，以加强对合规风险、操作风险特别是市场风险、信用风险和流动性风险及新产品、新的投资工具的管理；植根于国内外资产管理行业的优秀风险管理实践，依托公司强大的技术开发能力，开发了"天眼"等风险管理系统，以实现对各类风险的系统管理。

自成立以来，从未发生任何重大运营和合规风险事件。天弘基金的风险管理机制和经验得到了相关监管部门及其他专业机构的高度认可。

5. 先进的金融科技能力

天弘基金的核心竞争力是优秀的智能投资研究、智能风控体系及可支撑数亿用户的清算系统。近年来，天弘基金通过发展大数据、云计算等技术站在了科技金融浪潮的前沿，借助互联网技术构建出极致的客户体验和强大的系统处理能力，极大强化了产品的普惠性和便捷性。这也使得天弘基金无论是在用户数量，还是公募资产管理规模上，都在行业中处于领先地位，获得了投资者的一致认可和好评。天弘基金凭借创新精神在大数据、云计算、移动互联等信息技术方面不断突破，成为业内"科技＋金融"的典范。

（二）开启个人养老金新篇章

作为天弘基金三大战略业务之一，公司自2015年起设立专门的养老金条线，全面推进个人养老金

---

① 数据截至2023年12月29日，数据来源：海通证券。
② 数据来源：天弘基金，金牛奖颁奖机构：中国证券报。

业务发展，专注养老金方向的政策研究、产品开发、用户研究和投资者教育。

2018年，公司参加中国社保学会建立中国特色第三支柱个人养老金制度研究，该课题得到中央政治局常委韩正的批示。2019年9月，公司发行并成功募集了第一只养老目标基金——天弘养老2035。作为当前国内养老金领域排名第一的智库，天弘基金发起成立中国养老金融50人论坛，作为中国证券投资基金业协会养老金专业委员会委员单位、中国保险资产管理业协会养老金专业委员会委员单位、中国社会保险学会社保基金投资管理专业委员会成员为个人养老金制度建言献策。在个人养老金业务准备方面，天弘基金是首批通过人社部准入测试、完成四方联测的机构之一，也是首批通过中登验收测试的机构之一，为业务上线做好了先决准备。2022年11月底，伴随个人养老金业务正式落地，公司旗下4只养老目标基金均首批入围个人养老金基金产品名单。

个人养老金业务的本质是普惠金融，是服务百姓的需要长期耕耘的事业。为迎接即将到来的个人养老金投资时代，天弘基金为推动个人养老金的建设发展持续贡献力量。

1. 基于海量客群进行线上调研，做更了解客户真实养老需求的养老金融行家

天弘基金服务超7亿用户，为了解客户真实养老需求，天弘基金利用自身客户、数据及技术优势，广泛进行覆盖全国范围的个人养老需求调研。自2022年11月29日个人养老金Y份额正式上线交易以来，两次通过定量、定性结合的方式向用户投放问卷，累计投放逾10万份，回收有效问卷820份。在了解用户养老投资行为普遍特征的基础上，按全国各线城市、收入、学历、理财知识等维度的差异抽样，进行平均3小时/人的深度访问，进一步深入了解客户对养老金产品设计要素的综合性反馈。

图6-31 进行问卷调查

2. 将国际经验和国内实践相融合，做中国特色养老金融探索者

天弘基金坚持"研究先行再实践、实践再精进研究"的养老金融创新思路。在个人养老金研究方面，先后形成数十余篇国际、国内经验研究成果、课题报告，举办近20场行业会议、专题讲座和同业交流，深入研究个人养老金服务链条的各环节设置底层逻辑。在具体实践上，积极探索各类养老金融产品形态，满足多样化、多层次个人养老投资需求。

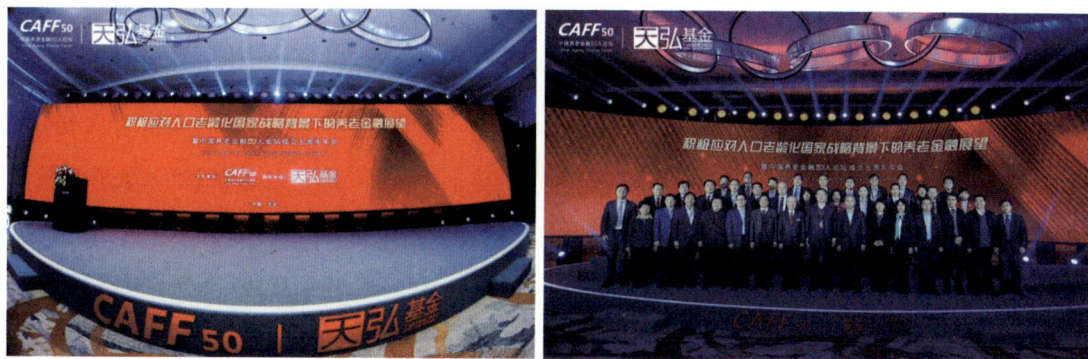

图 6-32　举行行业会议主题讲座

3. 基于国情设计关键产品要素，做全频谱养老金融产品供应商

天弘基金不断完善个人养老金产品线布局，充分发挥养老金投资大类资产配置能力，有针对性地研发养老金特色产品，满足养老金资产配置多元化趋势，先后推出多款养老目标基金，涵盖目标日期、目标风险策略，多只产品成立以来运作良好，得到了个人投资者及机构投资者的认可。在养老目标日期基金下滑曲线设置上，采用契合国情的阶梯型和到点型（To）下滑曲线；并根据我国资本市场波动较大的特性，设置不对称的权益仓位带宽，相对权益中枢上浮不超过 10%，下浮不超过 15%。

4. 将类社保基金资产配置策略的商业复制与大数据辅助的基金优选系统相结合，持续夯实投研能力，做特色养老金投资行家

在总结、借鉴社保基金 10 多年的投资管理经验基础上，天弘基金建立了根据收益目标确定各类资产平均风险敞口、制定资产配置动态调整标准、定期进行资产配置决策的资产配置框架，并自主研发了大类资产配置系统。经过长期实践，天弘基金在养老金投资方面建立起以"平均风险敞口设定产品定位""大类资产配置与动态调整""全市场基金优选获取 alpha"为核心的体系化的投资框架。同时，按照投研一体化、专业化分工思路建立了全面覆盖资产配置、基金选择、投资管理的投资团队，并与公司权益、固收、流动性投研团队协同，互为借鉴补充。

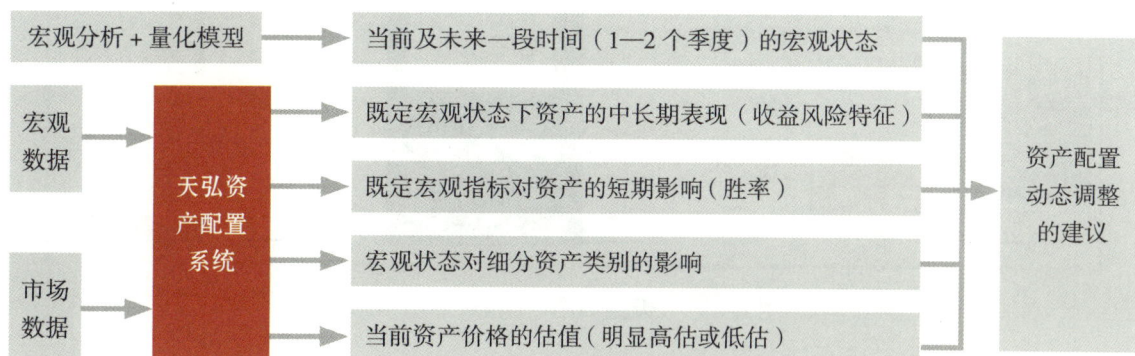

图 6-33　天弘基金资产配置框架

5. 秉持"以客户为中心"的初心与理念，做与客户长期相伴的养老服务者

天弘基金致力于打造"投前养老规划、投中产品适配和投后全程陪伴"的全链路系统工程，为投

资者提供一站式大类资产配置解决方案和贴心的陪伴服务。天弘基金在官网、APP、微信公众号、蚂蚁财富号等多平台均上线"养老专区"，通过养老金计算器、税延计算器为投资者提供更为直观、科学、便捷的个人养老金财富储备建议。

天弘APP的"养老专区"不仅集合了养老投教、养老计算器、养老政策解读、养老主题讨论区等常规功能，更开通了个人养老金业务订阅提醒、个人养老金投资、养老资产分类展示等创新功能，为投资者提供一站式养老投资和社交聚集地，开辟"养老小课堂"和"养老全知道"栏目进行主动内容投放，丰富投资者的养老理财知识。同时，为养老金客户开通专属养老服务热线，设置专属养老咨询客服坐席。

图 6-34 天弘 APP"养老专区"

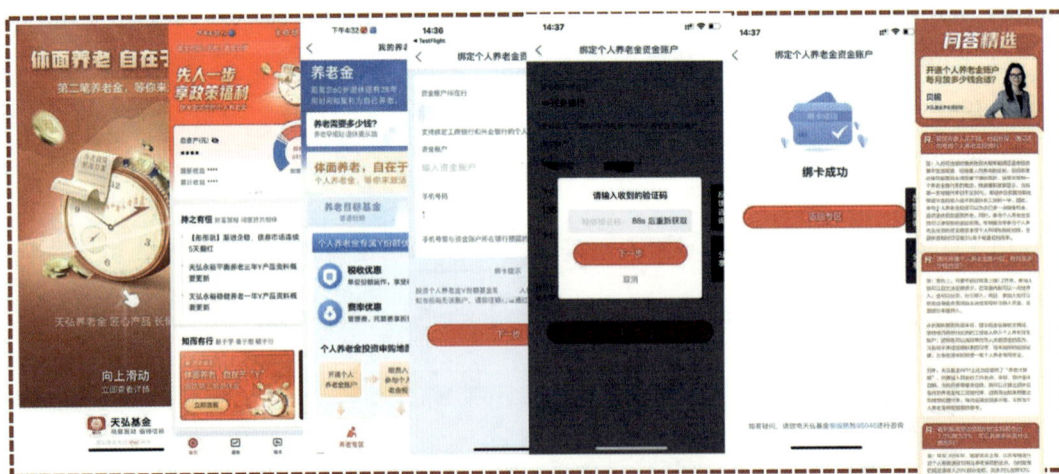

图 6-35 天弘 APP"养老专区"

此外，天弘基金还通过举办天弘敬老节、策划养老投资者教育系列课程等方式，多措并举，多渠道发力，用大众看得见、听得懂的方式推广养老投资理念，帮助投资者做好养老规划和养老投资。在线上，公司以多平台开辟养老专区，依托4只Y份额养老目标基金产品为投资者打造一站式直销平台。开辟"养老进化论"微信公众号，着力于个人养老金规划与投资知识推广普及。此外，还与多家银行、第三方平台携手共创，输出高质量、场景化的专区、活动和内容，借助外部平台以点带面触达广大投资者。

在线下，公司积极走进中铝集团、国家电网、天津南环铁路、北京凤程航旅等多个企业，面向企业员工介绍个人养老金相关政策和理念；走进南开大学等高校，通过投资专业讲座、展台宣传活动，面向大学师生开展"话养老"投教活动。

图 6-36　线上多平台养老专区

图 6-37　线下走进企业、高校投教活动

未来，天弘基金将秉持以客户为中心的理念，为个人养老金客户提供更细致周到的投资服务与陪伴，力争助力投资者追求高质量晚年生活。

七、汇丰晋信基金管理有限公司

汇丰晋信基金管理有限公司（以下简称"汇丰晋信"）成立于 2005 年，由汇丰环球投资管理（英国）与山西信托强强联手合资设立。公司秉承汇丰集团服务中国投资者长期财富管理需求的目标，自成立伊始就不断探索能够满足国内投资者日益旺盛养老投资需求的最佳途径。

（一）国内生命周期投资先行者

汇丰晋信是国内最早发行生命周期型基金产品的公募基金公司，也是国内生命周期投资实践经验较为丰富、经历完整周期的公募基金公司之一。

早在 2005 年，以时任总经理李选进先生为代表的汇丰晋信管理层一致决定，将公司的第一只公募基金产品定位于"养老目标基金"，以彰显公司对于养老等长期投资需求的重视。在与汇丰集团充分交流了其在海外市场管理运作养老目标基金的成功经验基础上，采用了国际最流行的"目标日期型"生命周期运作方式，经过产品部门的精心设计和反复打磨之后，于 2006 年 5 月成功发行了国内第一只生命周期型基金产品——汇丰晋信 2016 生命周期开放式证券投资基金。2008 年 7 月又发行成立了汇丰晋信 2026 生命周期证券投资基金，并将两只生命周期基金的运作管理经验总结成了《目标时间型生命周期基金在中国的实践》相关调研报告，力求为顶层制度设计和养老基金的未来发展做出一定贡献。

图 6-38　汇丰晋信 2016 生命周期基金与汇丰晋信 2026 生命周期基金发行海报

截至 2023 年末，汇丰晋信旗下的两只生命周期基金已平稳运作 15 年以上。其中，汇丰晋信 2016 生命周期开放式证券投资基金已经顺利完成 10 年的生命周期历程，并以二级债基的形式继续运作，为投资者提供相对低风险的养老金理财工具。这也使得汇丰晋信基金成为国内少数拥有生命周期基金完整管理经验的基金公司之一。

（注：基金管理人与股东之间实行业务隔离制度，股东并不直接参与基金财产的投资运作。）

（二）提供长期优质投资体验

通过建立一套科学合理、长期有效的投研和风控体系，汇丰晋信为投资人打造合适的解决方案，"让投资更简单"，才是资产管理机构的核心使命和存在价值。

汇丰晋信的投资管理理念可以总结为：相信长期和专业的力量，追求投资能力的"可解释、可复制和可预期"。其中，"可解释"是指能够清楚地解释基金获取的超额收益来自哪里，而且这个来源是真实可靠的；"可复制"，就是由具体的投资策略和投资流程支持所获得的收益，才会有一定的可复制性；"可预期"，则是指所有产品的风险、收益特征是非常清晰的，能够让投资者相对简单地对汇丰晋信基金的长期业绩建立合理的预期。

汇丰晋信成立 18 年来，不断加强投研团队建设和人才培养，并通过将汇丰投资管理在海外的成功经验与公司的本土实践相结合，摸索出了以"估值—盈利"策略为核心的投研体系，涌现出了一系列优秀的基金产品。汇丰晋信基金累计获得各类权威奖项 45 座，其中包括金牛奖 9 座。2022 年 8 月，荣获《中国证券报》第 19 届中国基金业金牛奖"权益投资金牛基金公司"。

（三）养老业务的成功实践

过往 18 年的成功实践，证明了生命周期型产品完全适应国内市场环境，且能够较好地满足国内投资者对于养老投资的长期需求。

1. 科学的产品设计

汇丰晋信 2016 生命周期基金与汇丰晋信 2026 生命周期基金是在借鉴汇丰集团生命周期投资长期实践经验之后，针对国内投资者需求量身定制的，主要满足国内投资者养老等长期投资需求的生命周期型公募基金产品，也是国内最早的一批生命周期基金之一。两只产品科学合理的设计，是其能够在过往 18 年里，帮助投资者有效实现养老等长期投资目标的重要前提。

首先，两只基金均采用了阶梯式下降的权益资产配置策略，并在投资过程中严格执行。通过这种方式，两只基金能够在生命周期的中前期积累投资收益，并在产品生命周期的尾声尽力过滤市场的异常波动，帮助投资者守住投资成果，平稳的进入下一个阶段。

其次，两只产品在生命周期的大框架下还做了进一步细分。2016 生命周期基金采用了"小阶梯"设计，权益仓位上限逐年下调。这种设计方式使得 2016 生命周期基金的表现更为稳健，不同阶段的最大回撤、年化波动率、夏普比率（年化）等指标均显著优于对应的同类基金平均水平。这也使得汇丰晋信 2016 生命周期基金受到风险偏好较为稳健的投资者的欢迎。

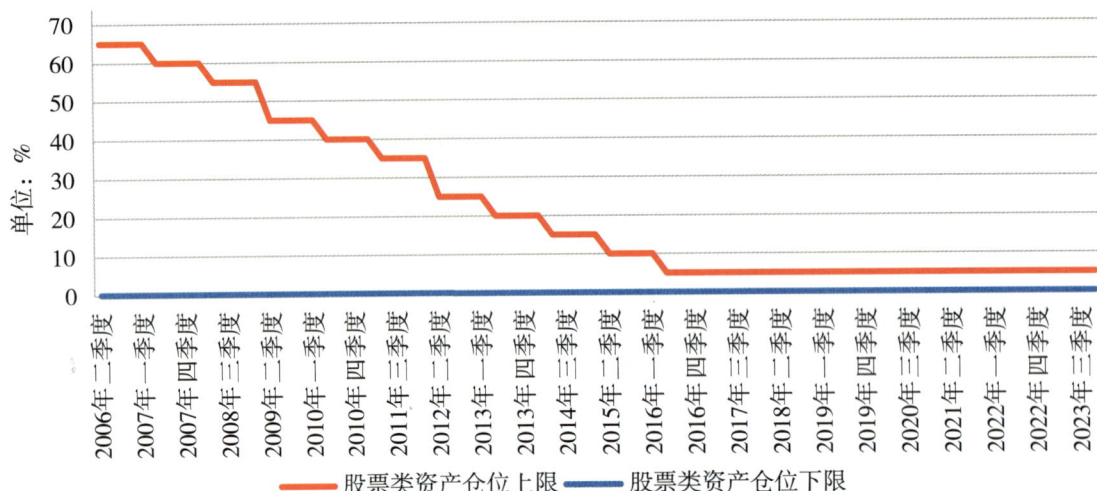

图 6-39 汇丰晋信 2016 年生命周期基金股票类资产仓位限制

数据来源：汇丰晋信基金，2006.5.23—2023.12.31，数据以季度末为准。

而汇丰晋信 2026 生命周期基金则采用了"大阶梯"策略，每 4—5 年下调一次权益资产配置上下限。通过这种方式，汇丰晋信 2026 生命周期基金拥有相对更大的业绩弹性和波动率，使其在生命周期前中期取得了相对更好的收益积累，也使其较受风险偏好相对较高的投资者的欢迎。

两只产品的生命周期均设定在 10 年以上，有助于投资者通过长期投资穿越市场波动，最终实现较好的投资结果。

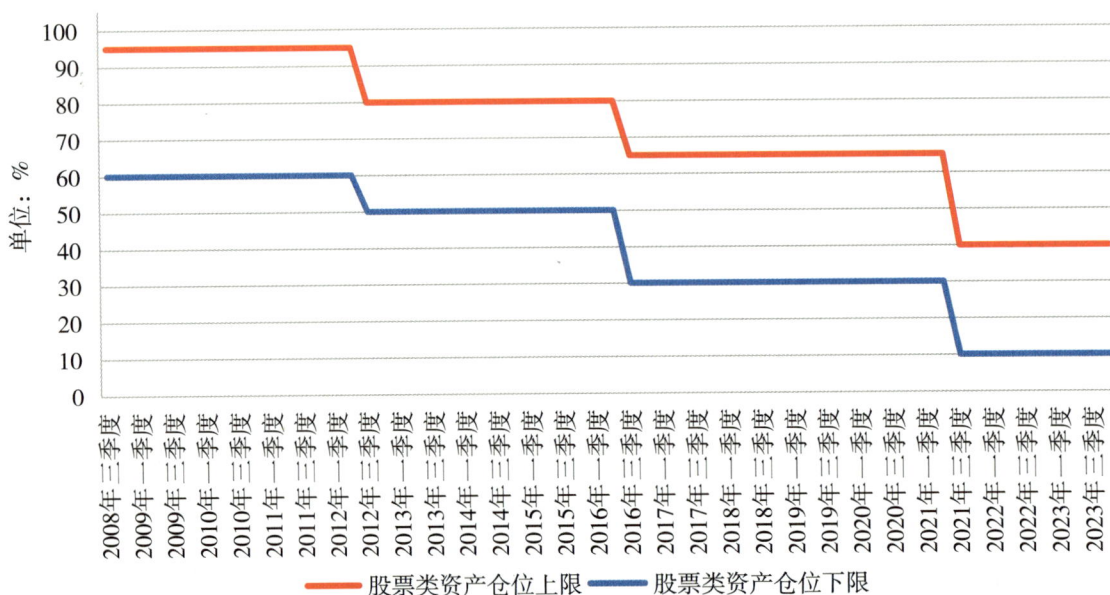

图 6-40 汇丰晋信 2026 年生命周期基金股票类资产仓位限制

数据来源：汇丰晋信基金，2008.7.23—2023.12.31，数据以季度末为准。

2. 穿越牛熊的业绩表现

汇丰晋信 2016 生命周期基金 A 在 10 年的生命周期内，累计收益率为 173%，年化收益率超过 10.5%。汇丰晋信 2026 生命周期基金成立近 16 年来累计收益率达 367%，年化收益率同样超过 10.5%。这两只生命周期基金均成功穿越多轮牛熊转换，为投资者取得了相对较好的长期业绩表现，帮助投资者实现积累养老金等长期投资目标。

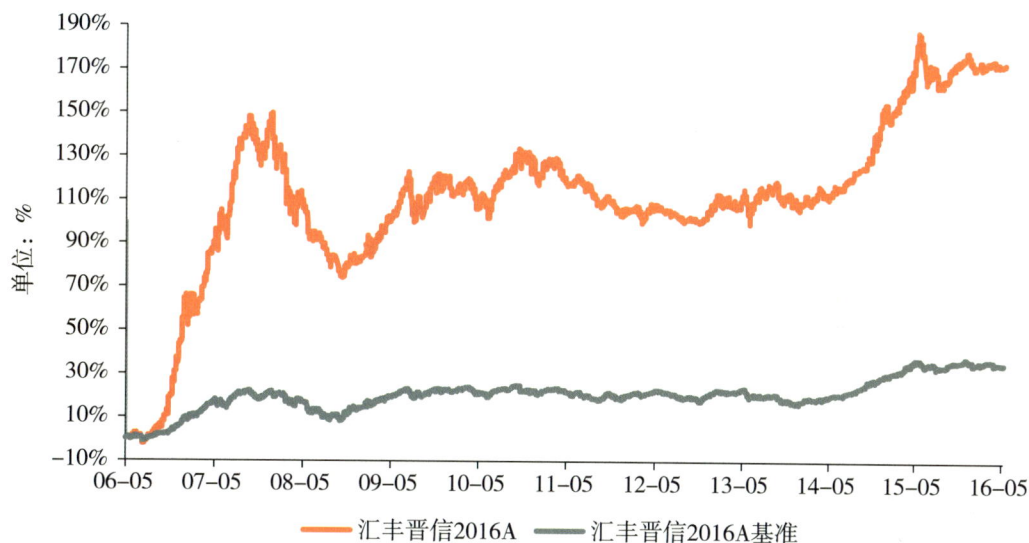

图 6-41　汇丰晋信 2016 生命周期基金 A 生命周期内业绩表现

数据来源：汇丰晋信基金，2006.5.23—2016.5.31，业绩经托管行复核。年化收益率＝[（1+ 期间累计收益率）^（1/N）-1］×100，其中 N 为年数。基金的过往业绩及其净值高低并不预示其未来表现，基金管理人管理的其他基金的业绩并不构成本基金业绩表现的保证。市场有风险，投资需谨慎。

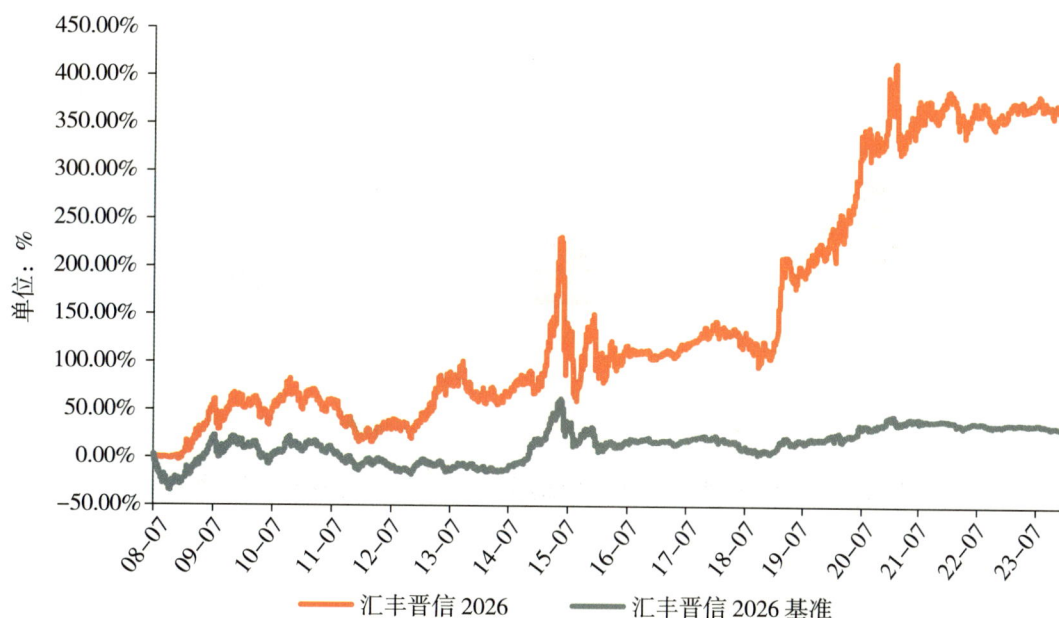

图 6-42　汇丰晋信 2026 生命周期基金成立以来业绩表现

数据来源：汇丰晋信基金，2008.7.23—2023.12.31，业绩经托管行复核。年化收益率＝[（1+ 期间累计收益率）^（1/N）-1］×100，其中 N 为年数。

3. 有效的风险控制

汇丰晋信 2016 生命周期基金通过良好的仓位控制和严格的风险管理手段，带领投资者穿越 2008 年、2015 年、2016 年、2018 年等多轮市场调整。在生命周期的各阶段，最大回撤与年化波动率等指标均优于同类基金平均水平。在多数时间段内，基金的夏普比率（年化）也优于同类基金平均水平。

有效的风险控制在一定程度上帮助投资者过滤了市场风险，尤其是在生命周期后期，更好地帮助投资者守住了长期投资成果。

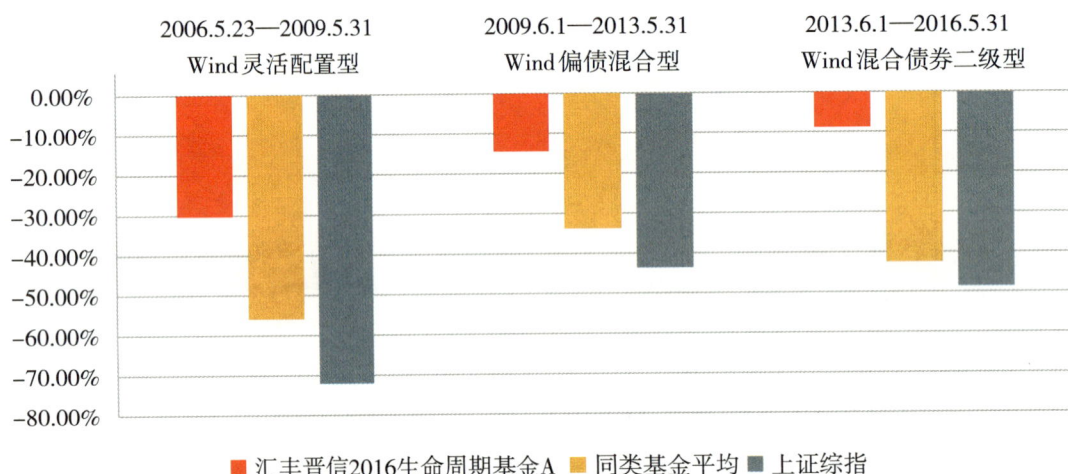

图 6-43　汇丰晋信 2016 生命周期基金 A 各阶段最大回撤

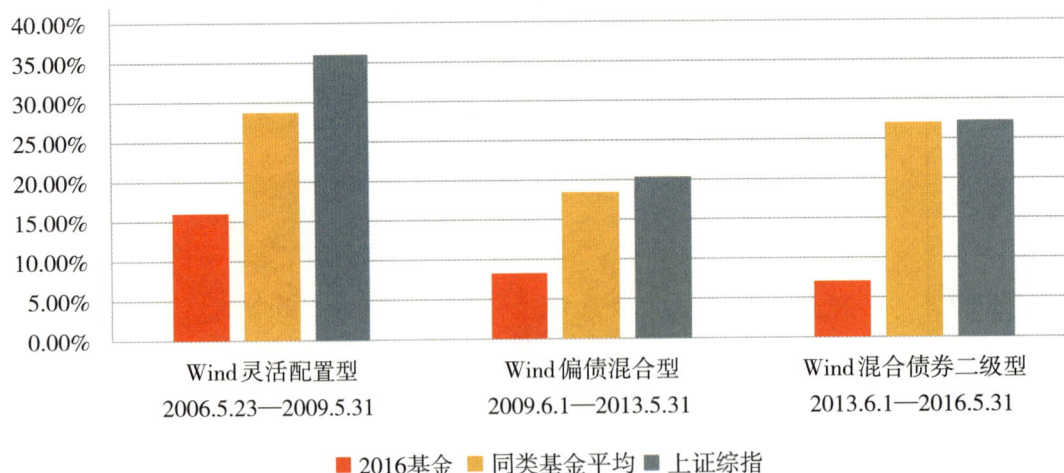

图 6-44　汇丰晋信 2016 生命周期基金 A 各阶段年化波动率

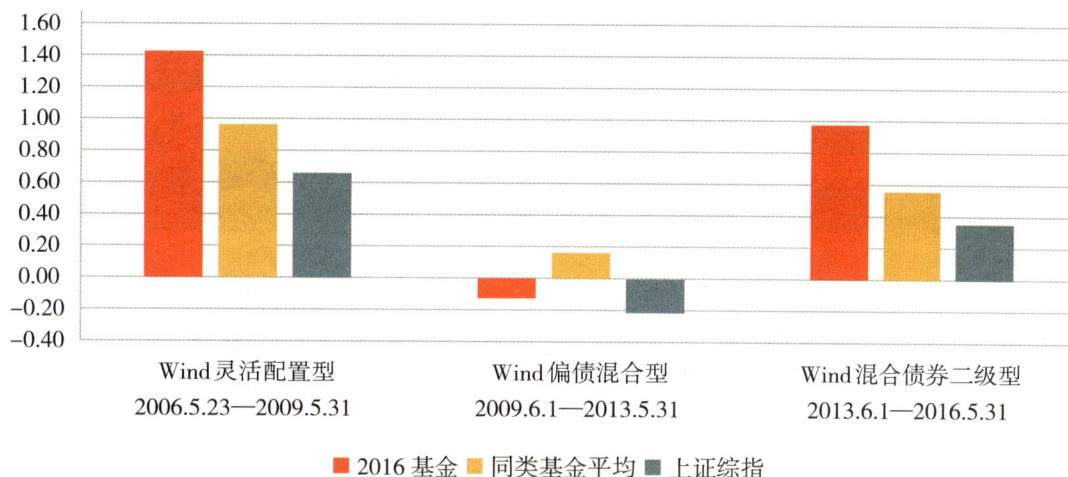

图 6-45　汇丰晋信 2016 生命周期基金各阶段夏普比率（年化）

数据来源：Wind，2006.5.23—2016.5.31。其中，2006.5.23—2009.5.31 期间，基金权益类资产的投资范围上下限之差 >=50%，且上限 >50%、下限 <50%，符合 Wind 灵活配置型基金分类条件；2009.6.1—2013.5.31 期间，基金权益类资产投资下限 <25%，且上限 <=50%，符合 Wind 偏债混合型基金分类条件；2013.6.1—2016.5.31 期间，基金权益仓位上限 <=20%，符合 Wind 混合债券二级型基金分类条件。

4. 集 18 年经验大成之作——汇丰晋信养老目标日期 2036 一年持有期混合型基金中基金（FOF）

在总结 2016 和 2026 两只生命周期基金过往管理经验的基础上，汇丰晋信对产品设计、投资策略等进一步升级，推出了汇丰晋信养老目标日期 2036 一年持有期混合型基金中基金（FOF）。

产品设计升级。在权益仓位逐步下降的基础上，进一步引入"组合波动率容忍度阈值"，为市场波动设置双重"防火墙"，尽量使产品的风险收益特征和其所处的产品生命周期阶段相匹配，减少产品风险发生重大偏差的可能，同时在一定程度内减轻因市场巨大波动对产品业绩带来的重大回撤，守住投资者长期投资成果，尽力确保投资者的养老生活。

更适合市场环境。为了应对近年来的市场剧烈波动，2036 基金设计时融入了"固收 +"的原理，以固收类资产作为底仓，通过多元策略和多资产配置力求增厚收益，并通过权益仓位的逐步下降，逐步从一只偏债混合 FOF 基金过渡为二级债基，力争为投资者提供更稳健的长期回报。

（三）科学养老理念传播者

投教"基因"深深植根于汇丰晋信的企业文化。公司提出"让投资更简单"，一方面为投资者提供简单易懂的公募基金产品，帮助投资者更方便地参与资本市场；另一方面希望通过持续的投资者教育和投资知识普及，让投资者能够做出更合理的长期投资决策，从而实现基金公司与投资者的"双向奔赴"。

公司成立 18 年以来，致力于投资者教育形式和内容的不断创新，陆续制作和出版了《十大投资金律》《投基 36 计》《红楼理财》《她汇理财》等多本理财科普书籍，并创下多个业内第一：2007 年《红楼理财》成为国内第一批被海外出版社翻译出版的理财书籍；2013 年开播的《她汇理财》成为国内第一档财经泡面剧和女性理财微节目；《她汇理财》财经泡面剧（含广播剧）成为国内首档总播放量破亿的投教类节目。

图 6-46　汇丰晋信基金出版的理财书籍和《她汇理财》剧照

在投教过程中，汇丰晋信高度重视形式的创新和内容的"降维"，不断结合当下最"潮"内容形式，做投资者爱看的内容，力争扩大投教宣传影响力。在投教内容上做"减法"，用通俗易懂的语言讲述专业知识，力求让投资者"看得懂，学得会，用得上"，让投教的效果落到实处。

图 6-47　汇丰晋信基金近年来推出了多档养老投教栏目

除了在日常投教中融入养老投资相关内容之外，汇丰晋信还针对当下投资者最迫切的养老投资需求，制作了多档专栏和专题节目，以求集中地解答投资者在养老方面的困惑。

"养老36计"投教专栏。2023年，汇丰晋信携手《中国证券报》等推出了"养老36计"系列投教专栏，把当下最新的养老政策、实用的养老工具、科学的养老理念和一些可行的养老方案汇总在一起，为所有对养老规划感兴趣和有需求的投资者提供"一站式"参考，帮助投资者树立"趁年轻，早规划"的个人养老意识，尽早规划养老生活。感兴趣的投资者可以在《中国证券报》官方微信公众号搜索"养老36计"阅读详细内容。

"90后说养老"音频播客。2024年，汇丰晋信联合某电台推出了"90后说养老"音频播客。由两位90后主持人，以自身为例，畅聊当下年轻人的养老憧憬、期待、计划和困惑，分享养老投资小Tips，以轻松平等的聊天形式，普及养老投资理念，分享养老投资知识。

八、中欧基金管理有限公司

作为业界领先布局养老业务的基金公司之一，中欧基金始终重视对于个人养老业务的布局和投入。一方面，公司积极培育个人养老金产品投资能力，引入国内一流保险背景固定收益及资产配置团队，布局完善养老产品线；另一方面，自 2022 年个人养老金制度落地以来，中欧基金积极响应，从更体系化、更降维、跨界联合等方面，围绕"让更多群体关注养老投资"的话题，持续探索养老投教的多元方式，为进一步助力个人养老金高质量发展不懈努力。

（一）中欧基金养老 FOF 团队及产品布局情况

目前，中欧基金的养老投资团队，基金经理平均从业经验超 10 年，团队成员背景多元，大类资产配置的管理经验丰富。团队中既有曾从事保险投资组合的管理和量化风险管理的资深老将，也有长期专注资产配置、风险控制能力突出的实力专家，在中欧基金专业化、工业化、数智化投研体系的支持下中欧养老投资团队能够以更多元的视角看待收益和风险，做好跨资产的投资组合管理。

在产品线布局上，公司还积极参与个人养老金基金的布局，作为首批基金行业个人养老金专属产品——养老目标基金的管理人，公司从 2018 年开始，陆续布局了 10 只养老目标基金，形成了全年龄段和全风险覆盖的完备产品线。公司在个人养老金业务开闸后积极推广个人养老金专属 Y 份额，截至目前，中欧基金已有 8 只养老目标基金纳入《个人养老金基金名录》，具备一定市场占有率及知名度。（数据截至 2024 年 3 月 31 日）

表 6-48　中欧预见系列养老目标基金产品

类型	证券简称	适合客群的风险偏好	是否有 Y 份额	基金经理	成立日期
TDF	中欧预见养老 2025 一年持有（FOF）	较低风险	是	邓达	2020-04-15
	中欧预见养老 2035 三年持有（FOF）	中风险	是	桑磊	2018-10-10
	中欧预见养老 2040 三年持有（FOF）	中风险	是	邓达	2023-11-14
	中欧预见养老目标 2045 三年持有（FOF）	中风险	是	邓达	2023-02-07
	中欧预见养老 2050 五年持有（FOF）	中风险	是	桑磊	2019-05-10
	中欧预见养老 2055 五年持有（FOF）	中风险	是	邓达	2022-12-29
TRF	中欧预见稳健养老一年持有（FOF）	较低风险	是	桑磊	2022-07-19
	中欧预见平衡养老三年持有（FOF）	中风险	—	邓达	2023-01-18
	中欧颐享平衡养老目标三年持有（FOF）	中风险	—	邓达	2023-05-23
	中欧预见积极养老目标五年持有（FOF）	中风险	是	邓达	2022-12-30

（二）积极开展养老投顾

在养老金投资中的实践近几年国内不同的投顾试点机构在产品布局方面也做了积极的尝试，除了最初的主流策略组合，如货币增强、绝对收益、股债均衡、权益进取以外，也在教育投资、养老投资等特定场景或策略的组合中做出了积极探索。以中欧基金为例，公司旗下的销售子公司中欧财富是首批获准开展基金投资顾问业务试点工作的五家机构之一，并于 2019 年 12 月 24 日正式开始为客户提供基金投资顾问服务。在养老投顾服务方面，中欧属于行业中起步较早的机构，早在 2017 年，中欧财富就开始以组合投资的形式推出了自己的养老投顾策略品牌——"水滴养老"，并在获得基金投顾牌照后将"水滴养老"升级为全委托型投顾组合。相关投顾组合会根据用户退休时间、基础收入、薪资成长水平、风险承受能力等量身定制专属养老计划，满足 65 后到 90 后养老需求。其特点是能覆盖全生命周期，动态调整资产配置。随着客户年龄增长、风险偏好下降，逐年下调权益资产占比，并预留动态配置空间，动态匹配客户风险偏好及当下市场行情，提供个性化的养老投资方案。

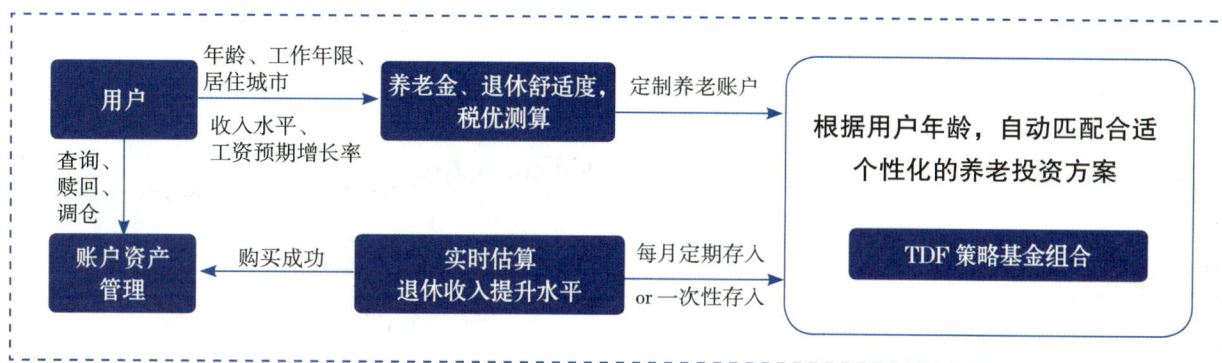

图 6-48　中欧财富养老投顾组合方案构建思路

数据来源：中欧财富，中欧基金整理。

（三）在投资者服务上的其他探索

除了贯彻执行"构建清晰优质的产品图谱"和"通过投资顾问改善个人养老金投资体验"外，中欧基金始终视养老业务为战略重点，设立养老金业务部，全面服务养老金客户，统筹推进投资管理、产品设计、销售展业、学术研究，用更多元的产品及策略，更好地服务客户需求。

在养老投教品牌上，中欧基金从"走近点"——优选场景、"说到点"——语言同频、"用得上"——实用工具和服务要跟上、"强联合"——圈内联合/跨界传播覆盖更多年轻人四个方面，围绕如何让 80 后、90 后的年轻群体关注"养老投资"的养老投教命题，探索实践养老投教工作。针对不同场景，中欧基金开展多样化投教活动。2023 年，中欧基金以"超长假期"为主题举办养老故事会。通过养老投资主题日线下创新投教活动，联合权威媒体等推出《"更好的养老生活"洞察报告》，邀请行业专家、权威媒体、投资者代表等分享最新养老投资趋势洞察。中欧基金还推出养老品牌宣传片，通过与投资者共同畅想养老生活无限可能的方式，推进养老投资科普，唤醒投资者对"投资更好的养老生活"理念的关注。针对贴近养老话题的亲子场景，中欧基金开展"牛拉松公益徒步挑战赛"，通过轻徒步任务以及一系列创新互动打卡形式，向广大投资者普及养老理财知识。面对高校学子，中欧基金结合"养老"话题，先后与 15 所全国高校联合开展养老投教"进校园"系列活动——邀请高校讲师、基金经理及相关专业人士，通过线下讲座、快闪店、线上直播等形式在大学校园中开展以养老政策为主题的各类活动，将养老投资知识内容融入校园活动的方方面面。

在养老投教内容上，中欧基金通过推出两档自媒体王牌栏目"一分钟理财经"、"欧欧说养老"的核心内容线，推出超百篇投教推文及投教视频，累计吸引超 750 万的播放及阅读量，及时、深度、常态化地构建了养老知识科普的基础工作。此外，通过制作养老主题专属周边，将养老投教植入日常生活环节，通过更高频的生活场景，唤醒投资者养老投资的意识。在年轻人聚集、喜爱的流量平台，如抖音、小红书、B 站等进行趣味短视频内容创作与传播，打造"牛欧欧的 24 节气——养老投资系列""牛欧欧的理想生活周记"等栏目，将"养老"变成一个日常话题，以融入年轻人的生活方式，提高大家对养老主题的关注度。

图 6-49　中欧基金开展多样化投教活动

第七章
他山之石

引 言

经过多年的努力，中国的养老金体系已经建立了三支柱养老金体系，并取得了显著的发展成果。

而美国和澳大利亚作为典型代表的三支柱养老金体系，其根据各自的国情特点，建立了较为成熟的社会保障制度和养老制度。通过分析这两国的养老金体系对于中国养老金体系的改革和完善具有积极的启示意义，有助于提高养老金的长期投资收益，保障老年人的基本生活需求，实现全体人民共同富裕的宏伟目标。

本章详细探讨了美国和澳大利亚养老金投资、退休市场趋势、资产管理等方面的内容。最后，强调了两国养老金体系在覆盖范围、强制性缴纳、市场竞争机制以及与资本市场的协同发展等方面的优势和借鉴意义。

一、美国

（一）美国养老体系概述

作为国际上最早推出保障计划概念的国家，美国的退休制度现在已经形成完整的三支柱体系：以政府提供的退休储蓄为主的联邦社保基金作为第一支柱、以雇主发起的养老计划为主的第二支柱［与就业相关的企业年金和职业年金的退休储蓄，其中分为固定收益计划（DB）和固定缴款计划（DC）］和以个人养老账户为主的第三支柱（以下简称 IRA）。

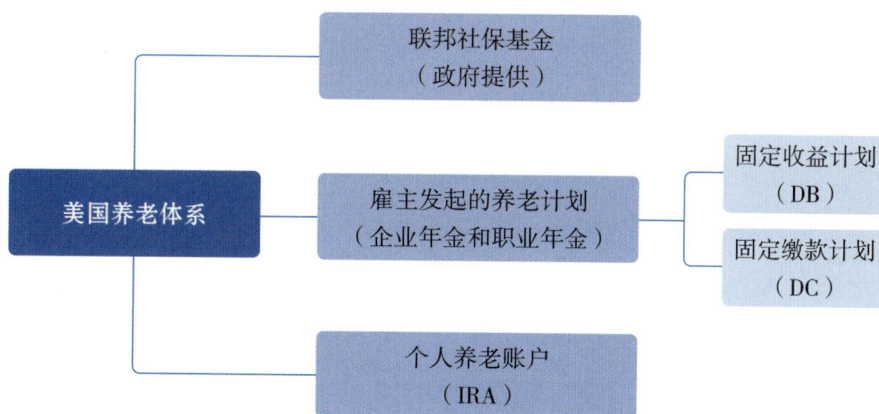

图 7-1　美国养老金体系

自 19 世纪末开始，美国的公司就开始向其员工提供固定福利式养老金。1935 年，美国开始将政府资助的社会保障作为制度的第二支柱，为那些没有公司保障的人提供养老金。1974 年，《雇员退休收入保障法》创建了 IRA，创建了美国的第三支柱退休储蓄。1978 年，国会通过了《税收法》，其中第 401K 条为建立固定缴款计划扫清了道路。经过一系列的改革和发展，如今的第二支柱是美国养老体系中最重要的一部分。

为了推动第二支柱和第三支柱的可持续发展，美国政府利用税收优惠来激励企业和个人主动进行养老金储蓄。无论是企业还是个人，只要为养老金计划供款，均可对供款部分实行税收优惠。

随着养老金计划的发展，如今美国平均每个成年人有 10.9 万美元的退休储蓄。截至 2021 年底，美国拥有超过 35 万亿美元的退休资产。大约 40% 是 IRA，40% 是雇主发起的养老储蓄，20% 是政府雇员的养老储蓄。此外，政府的社会保障福利为所有退休工人提供了一个支付安全网。美国的退休总资产通常以每年 3.5%—4.5% 的长期增长率增长。

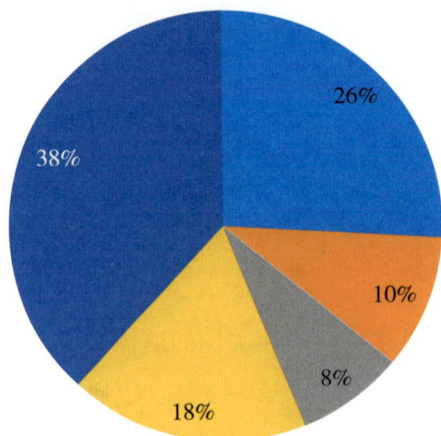

图 7-2　按计划类型划分的美国退休资产

数据来源：Cerulli，一家总部位于美国的退休分析公司。

随着养老体系的不断发展，私营企业正在引领一种趋势，即将退休储蓄从 DB 计划转移至 DC 计划。在 DB 计划中，公司为员工缴纳一定的退休储蓄，并承担投资的风险、决定投资管理模式，当员工退休后可以根据工龄和职位等因素确定一个固定的数额，通常按月发放。在 DC 计划中，公司按时给员工的退休账户中存入一定的储蓄，由员工将自己的储蓄进行投资，并由雇员自主承担投资风险。目前，在私人公司养老金计划中，DC 计划占所有资产的 72%。对于上市公司的养老金计划，DB 计划仍占所有退休储蓄的 69%。

表 7-1　DB 计划与 DC 计划对比

	固定收益计划（DB）	固定缴款计划（DC）
风险承担	雇主承担	雇员承担
资产所有权	雇主所有	雇员所有
资产管理	雇主决定投资管理人	雇员主导投资
雇主义务	支付预设款	周期性打款
雇员收益	提前决定	根据投资收益决定

在美国，一般的个人退休储蓄会有以下几个部分：

1. 开启与工作相关的退休储蓄。当一个人开始他们的第一份工作时，他们通常会自动加入一个固定缴款计划，该计划收取他们工资的 3%—10%，以及雇主匹配的 3%—5%。

2. 在扣除工资的情况下继续通过雇主发起的养老计划进行储蓄。通过从每份工资中提取一小笔钱，员工可以激励他们实现持续的储蓄。

3. 通常在财务顾问的帮助下，将资金从工作场所的退休账户转移到 IRA。个人可以将资金转入 IRA，而无须缴纳税款，财务顾问通常会激励个人采取这一行动，以便他们能够为这些资产提供建议并从中赚取收入。个人退休账户的所有资金流中，88% 来自工作相关的 DC 计划。

4. 开始领取社会保障来应对退休后的支出。社会保障（美国的第一支柱）是一个安全网，平均支付所有退休收入的30%。但一旦个人的工资达到约9万美元（约占收入的75%），它将不到你退休前收入的50%。因此，许多美国人需要从退休储蓄中提取收入，以确保退休后的收入。

（二）美国养老金投资

依据所采用的退休账户类型，美国的养老金投资呈现显著差异。在美国，个人主要面临DC计划和IRA两种退休投资选择。在DC计划中，投资范围由雇主确定，并通常在专业财务顾问的指导下进行。随后，员工在列出的投资项目中选择资产分配。

当公司及其顾问为DC计划选择投资时，根据美国ERISA法律，他们作为投资受托人负有法律责任。这意味着他们有责任做出"审慎"的决策，合理地确定费用和投资选择的基准，并对所做出的决策进行记录，同时后期需要持续对决策进行审查。这些义务通常通过使用书面投资政策声明来履行。投资政策声明是一份书面文件，对投资计划的投资方法、选择投资的标准以及撤资的标准等有着翔实的设定。

鉴于DC计划的投资方案是专为美国普通民众设计的，因此该计划中的投资选项普遍采用简洁明了的共同基金形式。以典型的投资基金为例，其涵盖了大中型企业的美国股票、国际股票、核心固定收益以及DC计划特有的稳定价值投资（一种特定于DC计划的特殊类型的保险固定收益投资）。员工可依据这些基金，为自己的退休资产构建均衡的资产配置。此外，DC计划还推出了资产配置基金，其中最常见的是目标日期基金。此类基金设计为"交钥匙"式的共同基金，随着个人年龄的增长和时间的推移，其资产配置风险逐渐降低。计划参与者只需了解自己的目标退休日期，即可找到合适的基金。目前，平均每个DC计划拥有约18种投资选项，其中目标日期基金被视为单一投资选择。DC计划在提供足够选择以实现投资组合多元化的同时，也避免了提供过多导致普通民众无所适从的投资选项，实现了良好的平衡。

在DC计划中，所选基金皆是经过定量和定性方法严格筛选而来。公司及其财务顾问通常首先对3年和5年期基金的业绩、价格和风险指标（如夏普比率）进行量化筛选。此外，他们还会关注基金经理的任期以及经理是否会严格执行他们的投资准则。在缩小可用基金范围后，再根据定性标准从中选取符合要求的管理子集合。一旦选定基金，企业通常会每季度评估一次长期业绩指标，如滚动三年和五年业绩。若绩效指标低于设定标准，基金将被列入观察名单，并随后予以替换。

当公司将自己的资产投资于DB计划时，投资分配就与DC计划完全不同。公司需要考虑如何投资养老金资产，以确保他们能够向员工支付固定的养老金。特别是DB计划对收益的分配要高得多——DB计划超过50%，而DC计划不到15%。此外，根据Willis Towers Watson的数据，私募股权、房地产和对冲基金这些另类资产占DB计划资产的12%以上。而大部分的DC计划则不会参与这些投资，因为一般的DC计划投资者通常不了解这些较为复杂的资产类别。

IRA的投资选项由每个人及其财务顾问选择。其中，55%的资产是个股、债券和交易所交易基金（ETF），其余45%的资产属于共同基金。在共同基金配置中，58%投资于股票，19%投资于资产配置基金，17% 投资于债券，6% 投资于货币市场。[①] 表 7-2 显示了 DC 计划、DB 计划和 IRA 账户的资产配置比较。阴影越深表示分配越高。

表 7-2　DC 计划、DB 计划和 IRA 的资产分配比较

	DC 计划	DB 计划	IRA
股票基金	>30%	>30%	>30%
固定收益基金	5%—10%	>30%	5%—10%
稳定价值基金	5%—10%	0%	0%
资产配置基金（目标日期）	>30%	0%—5%	5%—10%
另类投资	0%	5%—10%	0%—5%
个股、债券和 ETF	0%—5%	5%—10%	>30%

数据来源：美国投资公司协会 Willis Towers Watson。

（三）美国退休市场的趋势

1. 默认投资和目标日期基金的增加

自 2006 年《养老金保护法》通过以来，目标日期基金的兴起一直是退休投资的最大趋势之一，该法案为计划的供款雇主提供了一个信托责任"安全港"，让新员工默认进入目标日期基金和某些其他资产配置工具。401K 账户中超过 50% 的供款进入目标日期基金。图 7-3 显示了 2019 年至 2023 年目标日期基金资产的增长趋势。

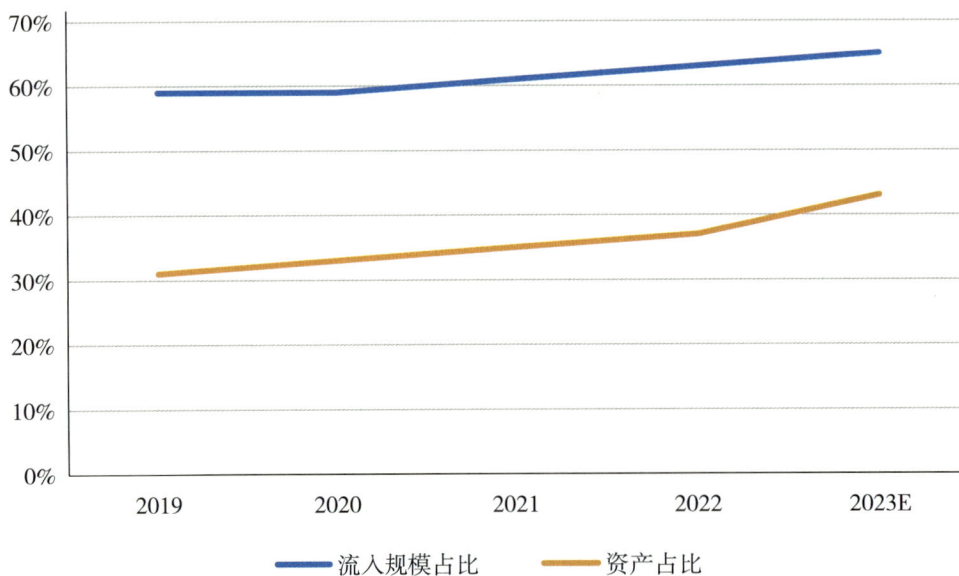

图 7-3　401K 流入目标日期基金资产的规模占比和资产占比

数据来源：Cerulli，2023 年 DC 计划分配。
注：其中 2023 年数据暂为预估。

---

① 投资公司协会，ICI 观点，James Duvall。

目标日期基金之所以成功，是因为它们易于使用，而且是默认投资的首选。DC 计划中经常使用的两种默认策略是"自动注册"和"自动增加"。这两种策略都利用了人的依赖心理。如果员工选择运用这种投资策略，他们通常不会主动退出；如果必须主动做出选择，那么会选择某种特定投资策略的员工要少得多。

在"自动注册"策略中，加入公司并符合 DC 计划条件的员工将自动注册到该计划中。他们可以选择退出，但如果他们什么都不做，他们将为这个计划进行供款。这意味着员工需要从每个月的工资中提取一定比例的收入，通常一家公司会匹配这些供款的一定部分。然后，这些资产被投资于一项被称为默认投资的组合中。目标日期基金是最常用的默认投资，因为个人可以很容易地根据年龄进行正确的投资。

在"自动增加"策略中，每个员工对其 DC 计划的缴款每年都会增加。由于大多数员工的储蓄不足，无法确保退休后他们所需的收入替代率，所以公司会继续制定策略，鼓励和推动更多储蓄。

2. 投资机构和雇主都开始考虑员工退休后的收入解决方案

在美国，每天有 1.2 万人年满 65 岁。预计在未来几十年内，这一年龄段人口的数量将翻一番以上，达到 8800 万人，到 2050 年占人口的 20% 以上[①]。在摩根大通最近的一项调查中，提供 DC 计划的 10 家公司中有 8 家认为有责任帮助参与者在退休后增加收入。同一项调查显示，45% 的公司可能在未来 12 个月内增加退休收入解决方案。

当前的美国退休收入解决方案市场仍在发展中。有一些解决方案通过线下或线上的经验介绍，来指导个人如何投资以及退休后从投资组合中如何提取资金。一些资产管理公司已经开始创建目标日期基金系列产品，将年金模式嵌入其中，为个人退休时提供有保障的收入。最后，一些公司会提供有更高回报的投资基金为个人提供更多收入。会有许多不同的解决方案来适应不同的公司和员工偏好。

3. 美国公司感到有责任提供更多解决方案

对许多美国人来说，在工作的时候为退休储蓄既简单又方便。人们通常倾向于信任他们的雇主，使用工资扣除（自动从工资中提取储蓄）和默认工具等可以大大有助于促进储蓄。目前，85% 提供退休计划的美国公司认为有责任为员工提供超出 DC 计划的整体财务健康解决方案。此外，有七成的员工认为雇主有责任为他们提供财务健康解决方案。因此，近 3/4 提供 DC 计划的美国公司目前正在提供或考虑提供财务健康计划。

这些项目通常包括线上或线下培训，涵盖债务管理或预算平衡等问题。此外，DC 计划也已开始将退休储蓄与额外福利挂钩。这些福利包括紧急储蓄账户、健康储蓄账户、大学储蓄账户和偿还学生贷款。越来越多的公司认为，拥有这些项目对吸引和留住员工很重要。

4. 大力推动确保更多的人有机会在工作中为退休储蓄

美国的退休制度主要依赖于政府对企业和个人提供税收优惠政策，以促进退休储蓄的积极性。这一制度推动了企业和个体在退休储蓄方面的重大举措。然而，仍有大量美国人在此方面未能跟上步伐。

---

① 美国退休人员协会、美国人口普查局数据。

据统计，美国有超过 5000 万人尚未设立退休储蓄。尤其是在提供退休计划福利方面，特别是小企业，表现出了较大的滞后性。许多企业由于资源和时间的限制，无法设立和管理复杂的退休计划。

雇主发起的养老金计划的覆盖率

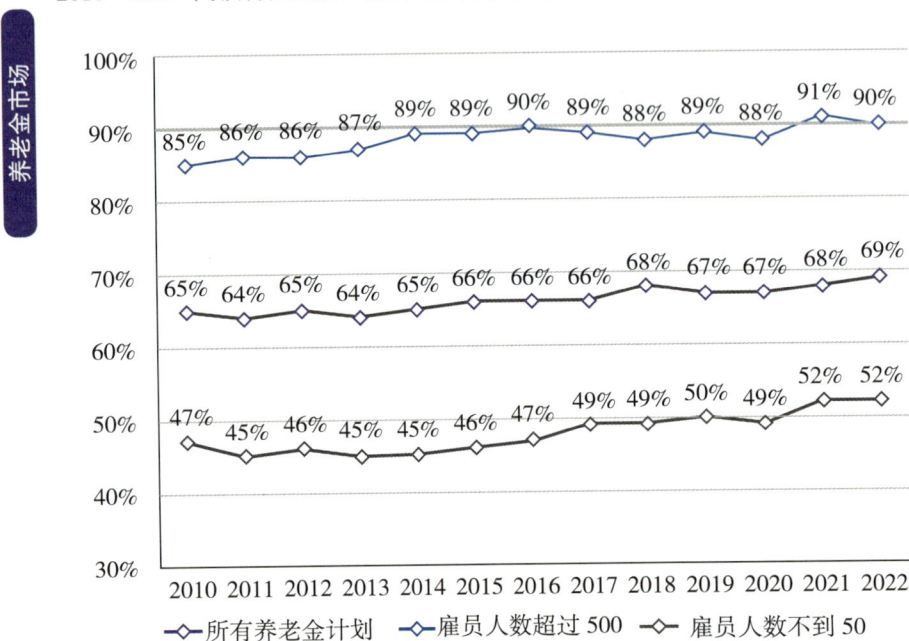

2010—2022 年拥有养老金计划的私营部门门劳动者比例

小企业的机遇

若能有机会参与雇主发起的养老金计划，人们就更有可能为退休而储蓄包括州级养老金计划委外投资以及最新退休法案安全 2.0 在内的立法工作都是为了拓展小企业员工参与养老金计划的机会。

养老金市场

──◇── 所有养老金计划　──◇── 雇员人数超过 500　──◇── 雇员人数不到 50

图 7-4　美国员工根据公司规模获得雇主供款退休福利的比例

数据来源：美国劳工统计局，国家赔偿调查。

美国已经开始着手解决这个问题。最近的联邦立法"安全 2.0"为开始第一个退休计划的小企业提供了慷慨的税收抵免。此外，包括加利福尼亚州、伊利诺伊州和纽约州在内的 12 个州已强制要求一定规模以上的小企业为其员工提供退休计划。这些举措推动了创建退休计划的小企业大幅增加。同时还激励私营部门公司创建重点关注小企业的更简易、成本更低的退休计划。有许多新的技术提供商提供了专注于小企业的解决方案。摩根大通也参与了这一趋势，推出了一款名为 Everyday 401K 的解决方案，这是一款低成本、易于使用的退休计划管理解决方案，面向小企业领域。

即使取得了这一进展，美国的退休制度仍有很多工作要做，以确保每个美国人都有机会为退休储蓄。例如，优步（Uber）或 Doordash 等公司雇用的一些临时工目前无法获得简单的退休储蓄解决方案。此外，美国政府还有大量工作要做，以确保所有小企业都能提供工作场所退休计划。

（四）结论

在任何国家，帮助个人为退休储蓄都是一项具有挑战性的任务，但成功的模式将促使人们围绕这个复杂且可能没有吸引力的话题进行长期思考。在美国，政府的重点一直是利用工作场所来支持退休储蓄。通过公司和员工的共同努力，可以使退休储蓄变得简单有效。尽管有 5000 多万美国人没有享受退休计划这样的挑战，政府将继续努力，力争每个人都拥有实现体面退休的工具。

二、澳大利亚

（一）澳大利亚多支柱养老体系改革历程

1. 基础养老金制度（Age Pension）

（1）基础养老金制度的起源

在联邦制确立之前，澳大利亚殖民地尚未建立完整的社会保障体系，老年人的赡养主要依赖家庭成员。一些慈善组织也会为贫困的老年人提供慈善救济。19 世纪后期，由于澳大利亚殖民地人口迅速增长，65 岁以上人口比例显著增加，加上 19 世纪 90 年代经济衰退的影响，老年护理的志愿系统承受较大压力，社会上开始形成一种观念，即对老年人的支持不仅仅是个体的责任，还是整个社区的集体责任。当时的政府开始效仿德国、丹麦、比利时等国家，引入保险或养老金计划。

1900 年，新南威尔士州（NSW）通过第 74 号法案，率先引入年龄养老金制度。年龄养老金采用非缴费形式，由州政府财政提供资金，为 60 岁以上的老年人口发放养老金。该制度规定申领人需要通过资产和收入水平测试，以确保以最低成本援助真正有需要的人。随后，维多利亚州和昆士兰州分别于 1900 年和 1908 年引入州立年龄养老金制度。

1901 年，澳大利亚联邦政府成立，新的联邦议会拥有关于年龄和伤残养老金的立法权。然而，早期宪法规定联邦政府需要将每月财政盈余分配到各州，导致联邦政府没有盈余的财政资金用于养老金分配，国家层面的养老金制度难以建立。直到 1908 年《财政盈余法案》出台，允许联邦政府保留所有财政盈余，这一问题才得到解决。随后，澳大利亚通过《1908 年伤残和老年养老金法案》，正式以立法的形式确立国家层面的基础养老金计划，也就是后来澳大利亚养老金第一支柱的基础。

（2）基础养老金制度的完善和发展

澳大利亚基础养老金制度自 1908 年确立以来共经历了三次重大改革，分别是 20 世纪 30 年代引入指数化、20 世纪 60 年代引入单身和夫妻不同养老金费率，以及在 1997 年将最低基础养老金费率定为男性平均每周收入的 25%。经过三次调整，基础养老金的费率水平得到显著提升，费率的确定机制也更具合理性、灵活性和公平性。

❑ 基础养老金的指数化调整机制

1932 年，为应对经济大萧条，联邦政府出台《金融救济法》，首次引入养老金指数调整机制，规定基础养老金的费率应反映申领人的生活成本变化，每年根据食品和零售价格指数进行调整。然而该调整机制仅仅是为了应对大萧条时期财政资金紧张以及居民生活成本下降的情况，1937 年经济恢复后，基础养老金费率重新回到大萧条前的水平，指数调整机制也被取消。直到 1973 年，为了提高基础养老金水平，惠特拉姆政府再次引入指数调整机制，规定将养老金费率根据平均周收入每年进行两次调整。1976 年，联邦政府进一步将消费者价格指数纳入费率调整基准，基础养老金的指数化调整机制正式形成。该调整机制可以确保基础养老金水平能够及时反映物价水平和申领人生活成本的变化，为养老金申领人提供足够的生活保障。

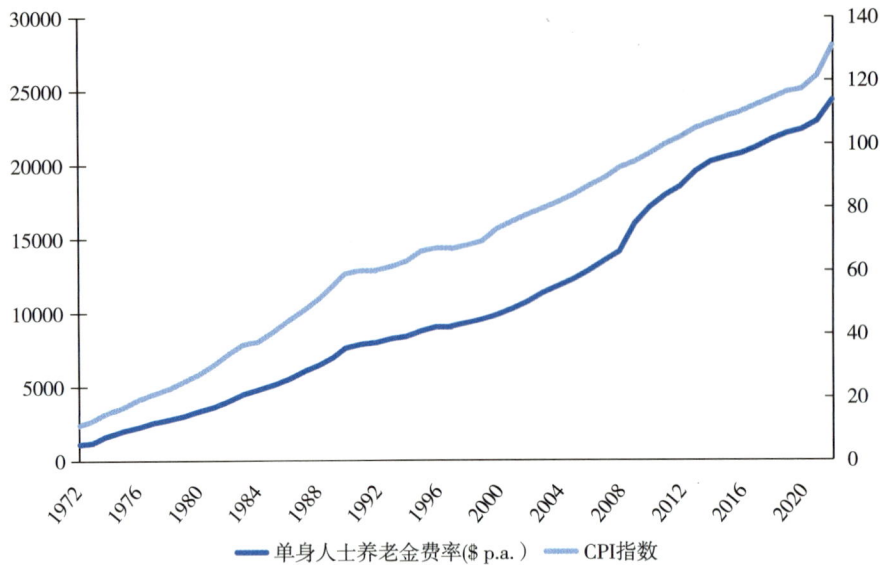

图 7-5　1972—2022 年澳大利亚单身养老金费率与 CPI 变化趋势

数据来源：澳大利亚统计局。

❑ **差异化费率机制**

在 1963 年实行养老金标准费率前，澳大利亚单身与已婚人士的养老金最高限额相同。1963 年，考虑到已婚夫妇可以共同承担一部分生活费用，而单身人士则需要独自承担所有生活开支，澳洲开始针对单身和已婚人士实行差异化的养老金标准费率，允许单身的养老金领取者获得更高的支付金额。1997 年，《社会保障和退伍军人事务立法修正法案》出台，进一步规定夫妇单人的养老金费率应为单身领取者费率的 83%。

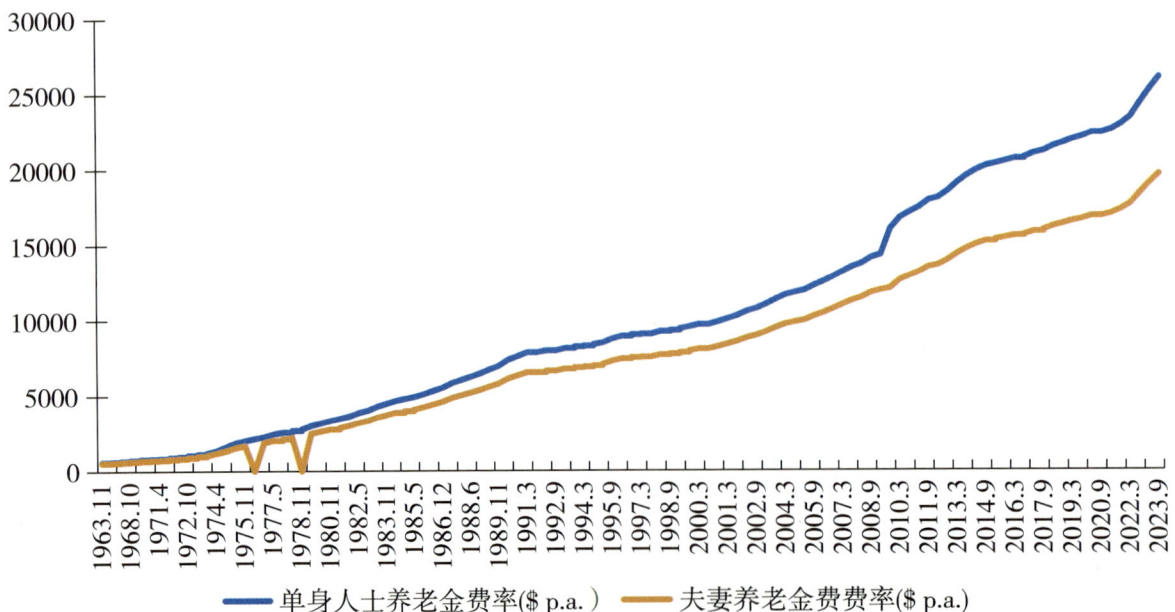

图 7-6　1963—2023 年澳大利亚基本养老金费率变化情况

数据来源：澳大利亚统计局。

❏ **基础养老金费率最低标准**

澳大利亚设立基础养老金的目标一直是为老年人提供基本的生活保障，基础养老金需要能够覆盖申领人日常生活的基本开支。然而在 1972 年以前，有关基础养老金的最低费率标准并未有明确规定。1972 年 12 月，时任总理戈夫·惠特拉姆承诺将基本养老金水平提升至男性平均每周收入（The Male Total Average Weekly Earnings, MTAWE）的 25%。1997 年，这一最低标准通过《社会保障和退伍军人事务立法修正法案》被正式立法。

图 7-7 展示了自 1965 年以来单身基础养老金费率与男性平均每周收入 s 比率的变化。在最低标准确定以前，养老金费率水平整体波动较大，在 1971 年仅为男性平均周收入的 20%，过低的费率水平无法为老年人口提供基本的生活收入保障。而在 1972 年最低标准确定后，基本养老金费率一度增长至 MTAWE 的 28%，并在以后年份一直保持在 25% 的水平之上。

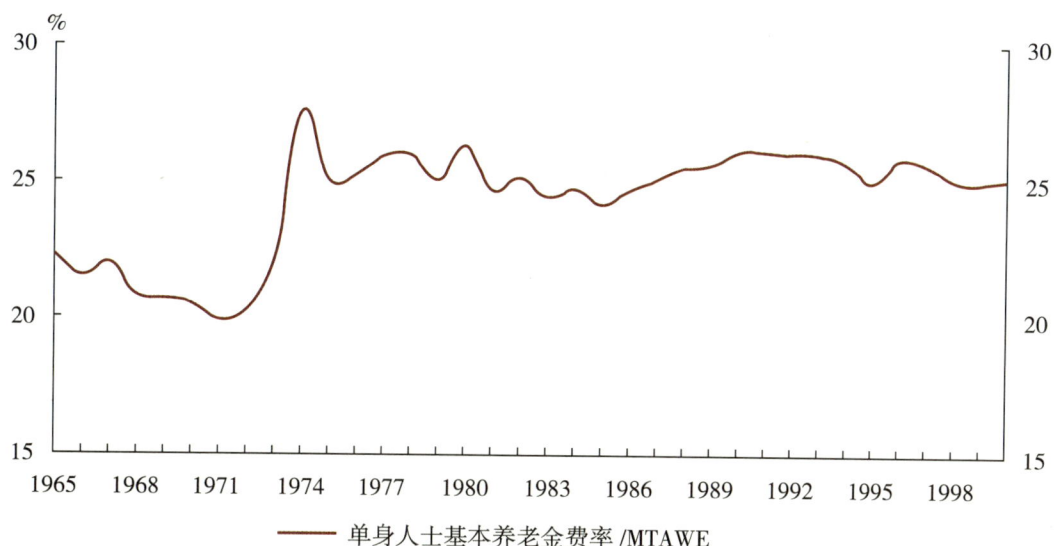

单身人士基本养老金费率 /MTAWE

图 7-7 澳大利亚单身养老金费率与男性平均每周收入比例

数据来源：澳大利亚审慎监管局。

2. 超级年金制度

（1）超级年金制度的起源

澳大利亚职业年金的概念最早出现于 19 世纪，最初仅面向小部分领取薪酬的雇员，后来扩大至白领员工。20 世纪以来，澳洲政府多次尝试引入全民缴纳的职业年金计划，但由于职业年金会显著增加劳动成本，该计划一直未能成功实施。直到 20 世纪 70 年代工会运动的兴起大幅推动了职业年金制度的发展。通过养老金储蓄的形式，职业年金可以增加工会会员的潜在工资水平，而不会越过澳大利亚当时集中式工资制度的界限。在 1985 年的全国工资案中，澳洲政府与贸易工会（Australian Council of Trade Unions, ACTU）达成协议，由雇主为员工缴纳 3% 的超级年金，作为生产力奖励。1986 年，调解和仲裁委员会正式将生产力奖励超级年金纳入工资制定原则，为后来作为第二支柱的超级年金制度奠定重要基础。此后，澳大利亚职业年金覆盖率迅速增长，由 1986 年的 47% 增长至 1990 年的 79%。

（2）超级年金制度的发展阶段

为了应对人口老龄化和提早退休的趋势，同时考虑到 3% 的生产力奖励年金并不足以为老年人提供足够的生活保障，1992 年 7 月，澳大利亚出台《1992 年超级年金保障法》，正式确立"超级年金担保"（Superannuation Guarantee, SG）制度，强制要求雇主为雇员缴纳超级年金。该法案的出台标志着澳洲养老金体系的第二支柱正式形成。值得注意的是，该管理法对雇主和雇员的定义十分广泛，包括公司董事会成员、承包商、国会代表、艺术界和体育界人士、联邦、州和地区官员以及地方政府议员等，仅对月收入低于 450 美元的员工、18 岁以下的兼职员工、65 岁或以上的员工以及自雇人士提供豁免。因此，在超级年金担保制度出台后，超级年金覆盖率由 1992 年的 80% 进一步上升至 1999 年的 91%，其中全职员工覆盖率由 88% 增长至 97%，兼职员工年金覆盖率由 54% 增长至 76%。

表 7-3　1986—1999 年澳大利亚超级年金覆盖率（%）

年份	全职雇员	兼职雇员	合计
1986	46.5	7.0	39.4
1989	55.1	17.8	48.1
1992	88.0	54.1	80.3
1995	94.4	71.6	89.4
1999	96.9	76.3	91.0

资料来源：澳大利亚审慎监管局。

（3）超级年金制度的成熟阶段

2010 年 6 月，澳洲启动了超级年金系统审查（Cooper Review），对超级年金体系的治理、效率、结构和运行情况进行全面审查。根据此次审查中的问题，政府制定了一系列超级年金改革措施，包括设立 MySuper 产品用于替代雇主默认基金的投资；改革超级年金行政制度（SuperStream），通过引入标准化流程、改善数据质量和减少手动干预，降低行政成本，提升运行效率和用户体验；加强对自主管理的超级年金基金的监管等。根据澳洲政府测算，对于一位 30 岁的平均周薪工人来说，这些措施会使其退休储蓄额外增加 4 万澳元。此次改革也被称为更强超级年金改革（Stronger Super reforms），是澳洲超级年金保障制度自 1992 年确立以来影响最为深远的一次改革在此后的十年间，澳洲超级年金规模迅速扩张，由 1.2 万亿澳元增长至 2.8 万亿澳元，涨幅达 133%。

费率方面，最初超级年金保障制度设置了高、低两种费率，并允许雇主可以根据企业的经济效益自行选择，直到 1996 年澳洲才开始实行统一的强制缴费标准。最初，统一标准设定为普通时间收入（OTE）的 6%，之后费率一直保持上升趋势，并于 2014 年达到 9.5%。从 2021 年开始，超级年金费率将每年固定增加 0.5 个百分点，预计到 2025 年费率将达到 OTE 的 12%。

表 7-4　澳大利亚超级年金缴费标准变化情况

年份	1992	1993	1994	1995	1996	1998	2000	2002	2013	2014	2021	2022	2023	2024	2025
缴费标准（%）	3/4	3/5	4/5	5/6	6	7	8	9	9.25	9.5	10	10.5	11	11.5	12

资料来源：澳大利亚政府公共服务部。

（4）超级年金审慎监管制度

职业年金的监管主要涉及税收制度和账户管理两个方面。税收制度上，确定合适的养老金税率标准不仅关系国家财政的充裕程度，也会影响企业和个人缴纳年金的积极性。税率水平过低会影响税收收入，导致国家财政资金紧张，进而影响财政对于作为兜底性保障的第一支柱的支持；而税率水平过高，则会影响个人和企业参与养老金计划的积极性，不利于养老金体系的长期可持续发展。养老金账户管理则涉及对于养老金基金的监管，以及基金管理费率的确定。

通过长期的探索，澳大利亚建立了超级年金的审慎监管框架。1987 年 12 月，澳洲出台《1987 年职业年金标准法》（OSSA），这是澳大利亚首个专门针对职业年金基金管理的法案。该法案要求年金基金需设立由雇员和雇主组成的委员会，并每年提交收益报告，以保障年金持有人权益，只有符合 OSSA 标准的年金基金才能获得税收优惠。1988 年，澳大利亚职业年金的覆盖率超过了 50%，随着覆盖率的提升，针对年金的税收优惠规模逐渐扩大，间接导致了财政收入的损失。为了缓解这一不利影响，1988 年，澳大利亚政府发布超级年金税收改革声明，规定对雇主缴纳的生产力奖励年金加征 15% 的税收，并对年金投资收益征收 15% 的税款，但针对投资收益的新增税额允许全免分红税信用抵消。这一政策提高了年金缴纳阶段的税率，但由于允许信用抵税，对于养老金收益部分的税负实际有所下降。

1992 年超级年金担保制度的设立使职业年金的缴纳变为强制性、全民性的义务。为了确保超级年金基金能够有效管理养老金资产，为公民退休提供足够的福利保障，增强公众信心，澳大利亚在 OSSA 的基础上进一步改革其审慎监管框架，通过《1993 年超级管理法》（SIS 法案），提高对于养老金基金的披露要求和审计标准，这一法案构成了目前澳洲审慎管理框架的基础。

2012 年，根据此前超级年金系统审查的结果，澳洲开始实行超级年金账户改革。由于澳洲人群对养老金投资的积极参与率比较低，在账户改革前，约 80% 的雇员会选择将超级年金投入雇主选择的默认基金，默认基金的投资风险较高，且收取高昂的管理费。为了解决这一问题，澳洲政府于 2012 年出台《退休金立法修正案》，进行养老金账户改革，规定如果雇员选择将年金存入默认账户，则该账户会自动投资于 MySuper 类型产品。MySuper 产品采用单一化的投资策略，限制所有不必要或过高的管理费用，并需每年通过澳大利亚审慎监管局（APRA）的绩效审核。根据澳大利亚政府估算，MySuper 在短期内将使超级年金基金会员支付的总费用下降 5.5 亿澳元，长期内下降约 17 亿澳元。

至此，澳洲三支柱养老金体系正式形成。通过上述分析可以看出，澳洲高度重视养老金相关立法，主要通过出台法案、修正案来推动养老金体系改革，逐步完善养老金制度，建立覆盖范围广泛、运行高效、资金可持续的养老金体系。

表 7-5　澳大利亚养老金体系改革法案

法案／政策	主要内容
《1908 年伤残和老年养老金法案》	正式以立法的形式确立国家层面的基础养老金计划
1932 年《金融救济法》	为应对经济大萧条，联邦政府出台该法案，首次引入基础养老金指数调整机制
澳洲政府与贸易工会协议（Accord IMk II）	1985 年全国工资案中，澳洲政府与贸易工会（ACTU）达成协议，由雇主为员工缴纳 3% 的超级年金，作为生产力奖励
《1987 年职业年金标准法》（OSSA）	1987 年 12 月出台，是澳大利亚首个专门针对职业年金基金管理的法案
《1992 年超级年金保障法》	正式确立"超级年金担保"（SG）制度，强制要求雇主为雇员缴纳超级年金。该法案的出台标志着澳洲养老金体系的第二支柱正式形成
《1993 年超级管理法》（SIS 法案）	提高对于养老金基金的披露要求和审计标准，这一法案构成了目前澳洲审慎管理框架的基础
1997 年《社会保障和退伍军人事务立法修正法案》	确定基本养老金最低费率标准为男性平均每周收入（MTAWE）的 25%；规定夫妇单人的养老金费率应为单身领取者费率的 83%
2012 年《退休金立法修正案》	进行养老金账户改革，规定如果雇员选择将年金存入默认账户，则该账户会自动投资于 MySuper 类型产品

（二）澳大利亚三支柱养老金体系结构及功能定位

经过数十年的改革和完善，澳大利亚形成了典型的三支柱养老金体系，各个支柱之间相互配合，为解决老年群体的贫困问题、保障老年群体较高水平的退休生活发挥了重要作用。澳大利亚三支柱养老金体系结构相对合理、保障较为充分，世界银行在《避免老龄危机》报告中指出，澳大利亚的三支柱养老金体系是应对人口老龄化趋势，具备财政可持续性、改善国家储蓄、确保代际公平并提高退休收入的最佳方法。

（1）澳大利亚基础养老金

在澳大利亚三支柱养老金管理体系中，第一支柱为基本养老金，覆盖所有澳大利亚公民，是澳大利亚养老金体系中兜底性的制度安排，目的是为老年人提供基本的生活保障，并补充个人储蓄水平较低的人群的退休收入。基础养老金不需要公民缴费，资金来源为一般预算收入，待遇给付方式为 DB 型，根据申领人的资产、收入情况实行阶梯式费率标准。该计划除了提供基本收入保障外，还提供医疗、残障、育儿等补贴。

一般来说，基本养老金费率会在每年的 3 月和 9 月进行两次调整，主要依据为物价水平、领取人的生活成本以及平均工资水平。基本养老金每两周发放一次，截至 2024 年 1 月，基本养老金最高费率标准为单身 1096.7 澳元，夫妇每人 826.7 澳元。双周收入低于 204 澳元、资产不超过 54 万澳元的单身，以及双周收入不超过 360 澳元、合计资产不超过 69 万澳元的夫妇可适用最高标准。

表 7-6　澳大利亚基本养老金阶梯式费率标准（截至 2024 年 1 月）

收入及资产水平	适用补助标准（双周）
双周收入不超过 \$204 且资产低于 \$543750	\$1,096.70
双周收入每超过 \$1	养老金下降 \$0.5
双周收入高于 \$2397.4 或资产超过 \$909500	0
双周收入不超过 \$360 且资产低于 \$693500	\$1,653.40
双周收入每超过 \$1	养老金下降 \$0.5
双周收入高于 \$3666.8 或资产超过 \$1 245000	0

资料来源：澳大利亚政府公共服务部。

（2）澳大利亚强制型超级年金

图 7-8　2015—2022 年澳洲超级年金资产总规模与 GDP 变化情况

数据来源：澳大利亚审慎监管局《超级年金年度公报》。

（3）超级年金待遇给付方式

澳大利亚超级年金的给付方式包括收益确定型（DB）、缴费固定型（DC）以及混合型。DB 计划下，雇员退休后由雇主为其提供每月固定的终身退休收入，固定金额一般根据工作年限、工作收入水平等确定。在该计划下，雇员和雇主每月缴纳的养老金将存入雇主提供的统一养老金账户，由雇主负责管理，确保有足够的资金能够覆盖雇员的退休收入，因此在 DB 计划下，养老金投资风险主要由雇主承担。而 DC 计划下，养老金由个人和雇主以工资的固定比例缴纳，资金存入个人账户，雇员可以自主选择投资的基金类型，并在退休后自行从基金中领取退休收入。在 DC 计划下，养老金投资风险需要由个人承担。混合计划同时具备二者的特点。在平均寿命延长、劳动人口数下降以及低利率的全球趋势下，DB 模式越来越不可持续，目前澳大利亚超级年金计划主要以 DC 类型为主，仅有少量的 DB 和混合型年金，DC 账户类型占比达 90%，DC 账户下的年金收益总额占比 80% 以上。

（4）澳大利亚自愿型超级年金

第三支柱为自愿型超级年金计划。与强制性超级年金不同，第三支柱计划允许个人自愿参与进行养老金储蓄，旨在为个人提供更高水平的退休收入。参与自愿型养老金计划主要有两种方式：一种是个税福利抵扣（Salary Sacrifice），通过雇主将部分税前工资存入超级年金账户，每年最高额度为 27500 澳元。由于额度内的养老金缴费将适用 15% 的税率，对于高收入群体来说远低于工资的边际税率，因此通过缴纳个人养老金可以获得一定的税收优惠福利。第二种是个人缴费（Personal Contribution），将税后个人所得，如工资、资产出售收益等存入超级年金账户，每年最高额度为 11 万澳元。税后缴费无法获得优惠税率，但年金基金收益部分可以适用 15% 的优惠税率。此外，低收入人群通过个人缴费形式缴纳个人养老金，可以获得政府提供的每年最高 500 澳元的共同缴费补贴（co-contribution），以及每年最高 500 澳元的低收入退休金税收抵免（LISTO）。

表 7-7　澳大利亚超级年金缴费方式

雇主缴费			雇员缴费	政府缴费
强制缴费	额外雇主缴费	工资牺牲（税前缴费）	税后个人缴费	政府匹配缴费
			配偶缴费	
税收优惠缴费			非税收优惠缴费	

资料来源：李双《澳大利亚超级年金制度研究》。

自愿缴费部分与第二支柱保障型超级年金共同投资运营。根据超级年金年度公报，2022 年超级年金缴费中 70% 来自雇主缴费，30% 来源于雇员缴费。

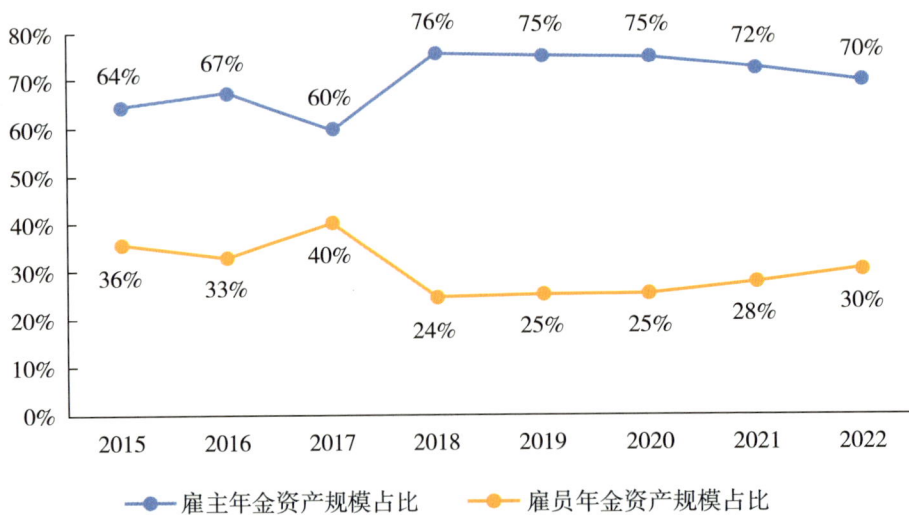

图 7-9　2015—2022 年超级年金雇主与雇员缴费比例

数据来源：澳大利亚审慎监管局《超级年金年度公报》。

（5）澳大利亚未来基金

在三支柱养老金体系外，澳大利亚还建立了储备养老金，即未来基金（Future Fund），于 2006 年 4 月依据《2006 年未来基金法》设立。作为国家主权养老基金，未来基金旨在通过投资获得长期性收益，缓解人口老龄化带来的政府养老金支付压力，增强养老金体系的安全性和可持续性。未来基金的资金主要来源为政府财政盈余、股权出售和转让收入，由未来基金委员会（Future Fund Board of Guardians）受托管理，未来基金管理机构（Future Fund Management Agency）负责日常投资运营。未来基金的目标资产水平根据同一时间点的养老金资金缺口值确定，当基金规模低于目标水平时，委员会可以向基金投放新资金。未来基金的投资目标是在可控的风险范围内实现长期平均年回报率至少超过 CPI 的 4%—5%。截至 2023 年 12 月，澳大利亚未来基金总规模达到 2119 亿澳元，其中累计净收益达 1514 亿澳元，自成立以来的年化回报率为 7.6%。澳大利亚政府预计将从 2026—2027 年开始从未来基金中提款，用于部分养老金支付。

（三）澳大利亚养老金的资产管理

1. 澳大利亚超级年金的管理

（1）运作模式

根据 1992 年《超级年金保障法》和 1993 年《超级年金监管法》规定，澳大利亚超级年金采用信托模式进行管理。由雇主为雇员以工资的一定比例缴纳超级年金，资金存入个人养老金账户，交由信托机构管理，信托机构再委托基金公司投资运营，雇员即成为该年金基金的成员。

澳大利亚超级年金基金目前主要由 5 种类型，分别是企业基金（Corporate funds）、行业基金（Industry funds）、公共部门基金（Public sector funds）、零售基金（Retail funds）和小型基金（Small funds）。前三类基金的主要区别为基金发起人不同，一般有严格的成员资格限制。其中，企业基金由单一或多个雇主发起，成员限定为公司雇员，大多数企业基金都采用 DC 计划；行业基金由行业协会运营，包括单一行业或多个相关行业；公共部门基金则由政府机构或政府控股企业发起，以 DB 类型计划为主。而零售基金为公开发行基金，由银行或投资机构运营，其成员没有资格限制，一般为自雇人士或缴纳补充年金的个人。小型基金的成员数在 5 人以下，又可以进一步分为自我管理型基金（Self-managed superannuation funds, SMSFs）和小型 APRA 基金。

截至 2022 年 6 月，澳洲超级年金基金总计管理 2340 万个会员账户，涉及 3.3 万亿澳元资产，会员平均账户余额为 13.6 万澳元。其中，行业基金的资产规模最大，为 1.08 万亿澳元；其次为小型基金，其规模达到 0.87 万亿澳元，并且小型基金的会员账户平均余额远高于其他类型基金，达到 74.6 万澳元。

表 7-8　澳洲超级年金基金类型及规模情况

基金类型	总资产（十亿澳元）	会员账户数（万）	会员账户平均余额（万澳元）	基金个数（个）
企业基金	57	24	22.2	12
行业基金	1080	1249	8.0	27

基金类型	总资产（十亿澳元）	会员账户数（万）	会员账户平均余额（万澳元）	基金个数（个）
公共部门基金	635	293	21.9	32
零售基金	639	661	9.6	77
小型基金	871	113	74.6	604815
合计	3282	2340	136.3	604963

资料来源：澳大利亚审慎监管局。

（2）监管体系

澳洲对超级年金行业实行"双峰监管模式"，包含审慎监管和行为监管，监管主体为澳大利亚审慎监管局（APRA）、澳大利亚证券和投资委员会（ASIC），以及澳大利亚税务局（ATO）。

审慎监管局成立于1998年，是澳大利亚银行、保险和养老金机构的监管机构，旨在维护金融机构的安全和稳健。作为养老金体系的审慎监管主体，审慎监管局负责养老金的审慎监管标准的制定和监督实施，注册超级年金基金许可证（RSE）的颁发，以及对超级年金基金的治理、风险管理、商业运行、进入和退出情况进行审核，确保养老金行业的稳健运行。

证券和投资委员会依据《2001年澳大利亚证券和投资委员会法》（ASIC）成立，主要负责监督企业、金融市场和金融服务机构。证券和投资委员会是澳洲超级年金的行为监管主体，侧重对超级年金基金受托人的经营行为和信息披露进行监管，确保其符合《2001年公司法》、ASIC以及SIS法案的要求。

澳大利亚税务局的主要职能为制定养老金的税收政策，并负责管理小型年金基金中的自我管理型基金。此类基金的受托人和委托人一致，不存在代理人冲突问题，但相比于其他类型基金，自我管理基金的数量繁多且较为分散，难以通过受托人统一管理，容易产生避税问题，因此由ATO单独负责监管。

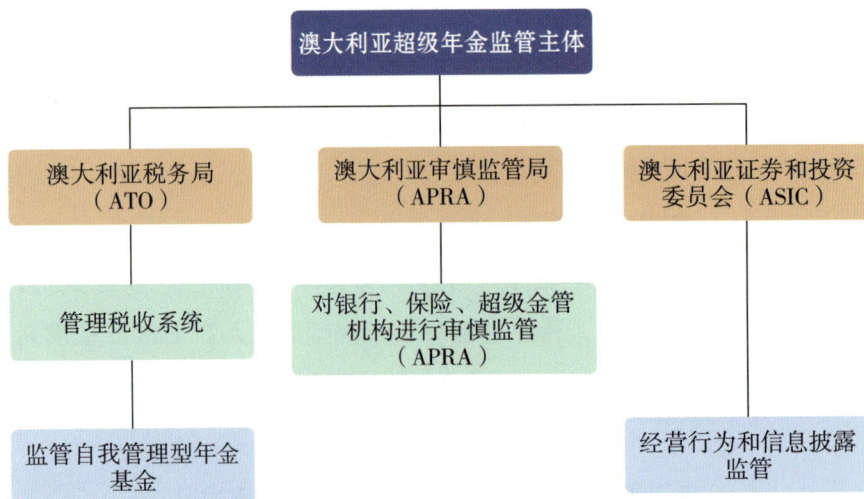

图 7-10 澳大利亚超级年金监管体系

（3）资产配置情况

超级年金基金通常根据投资目标和资产配置提供不同的投资组合，会员对年金投资享有很大的主动权，可以选择基金提供的投资组合，也可直接投资具体的产品。一般来说，基金投资组合主要分为成长型、均衡型、保守型和现金型四种。其中，成长型85%以上投资于股票或房产等高风险产品，15%以下投资固定收益产品及现金，目标为获得较高的长期平均回报率；均衡型基金中高、低风险投资比重为7：3或5：5，投资目标为获取合理的回报率，同时避免遭受重大损失的风险；保守型基金的高、低风险投资比重一般在3：7左右，此类基金的投资目的主要是降低风险损失，因此长期回报率也较低；而现金型基金则100%投资于存款机构或保险产品中，旨在完全规避风险损失。此外，如果雇员选择将年金存入雇主提供的默认账户，则将自动投资于MySuper组合产品。

从资产配置来看，澳洲超级年金的投资品种十分丰富，既包含股票、私募股权等高风险高收益品种，也包括固定收益、现金等安全类资产，此外还投资了对冲产品、基础设施建设以及地产等非标产品。具体来说，澳洲超级年金投资主要有以下特点：第一，权益类产品占比较高，其中股票类投资占比将近50%，说明超级年金的投资策略较为积极，注重通过主动管理实现长期较高的投资收益水平。第二，投资组合产品丰富，除标准产品外，还涉及地产、基建等非标类资产，并进行通过对冲基金进行风险对冲，确保组合的投资风险保持在可控水平。第三，投资市场分散，海外市场投资规模达8320亿澳元，占超级年金总投资比重为35%，其中固收和股票类投资的海外市场比重超过澳大利亚国内市场。通过布局不同区域的市场，可以降低投资组合对单一市场的依赖程度，进一步降低风险，并通过对冲基金来分散汇率风险。第四，保证充足流动性。在超级年金投资组合中，现金类资产占比一直稳定在10%左右，为组合提供了充足流动性，确保能够有效应对年金的提取需求。

表7-9　2023年第二季度澳大利亚超级年金投资情况

资产类别	资产规模（十亿澳元）	占比（%）
现金	208	9
固收类投资	456	19
澳大利亚固收资产	265	11
海外固收资产	191	8
股票类投资	1144	49
澳大利亚股票	512	22
海外股票	632	27
地产类投资	172	8
上市地产	60	3
非上市地产	.112	5
基建投资	192	8
对冲基金	17	1
私募股权	114	5

续表

资产类别	资产规模（十亿澳元）	占比（%）
其他	32	1
总计	2339	100

资料来源：澳大利亚超级年金基金协会（ASFA）。

与普通超级年金基金相比，MySuper 账户主要有两点不同：一是不能投资于对冲类产品，主要为了规避过高的投资风险；二是现金类产品比重较低，为 3%，主要是由于 MySuper 产品规模较低，面临的养老金支付压力相对较小，因此对于流动性的需求也小于普通超级年金基金。

表 7-10   2023 年第二季度 MySuper 账户投资情况

资产类别	资产规模（十亿澳元）	占比（%）
现金	33	3
固收类投资	182	18
澳大利亚固收资产	114	12
海外固收资产	68	7
股票类投资	466	47
澳大利亚股票	189	19
海外股票	277	28
地产类投资	74	8
上市地产	17	2
非上市地产	57	6
基建投资	101	10
私募股权	57	6
其他	77	8
总计	990	100

资料来源：澳大利亚超级年金基金协会（ASFA）。

（4）投资收益情况

2023 年超级年金基金（不含 4 人以下规模基金）的收益率为 9.2%，最近 5 年的年化收益率 5.8%。从图 7-11 可以看出，超级年金的年收益率波动较大，主要是由于其资产配置中股票资产的比重较高，同时有相当一部分资金投资于海外市场，因此全球市场波动对超级年金收益有较大影响。2021 年，受益于疫情好转和政策刺激，全球主要股票市场大幅上涨，澳大利亚年金收益率也达到近 5 年以来最高值，为 16.8%；而 2022 年，全球主要经济体面临高通胀和加息的压力，资产价格大幅下跌，澳大利亚超级年金也呈现亏损状态，收益率为 -4%。

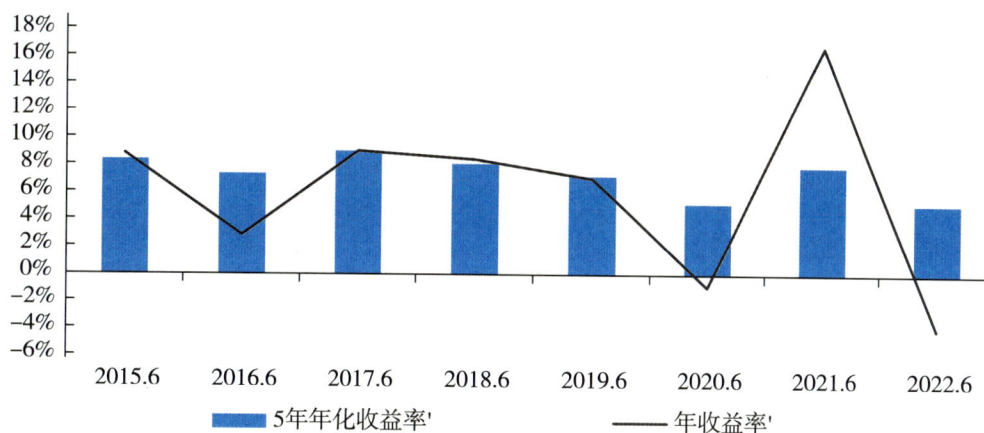

图 7-11　2015—2022 年超级年金投资收益情况

数据来源：澳大利亚审慎监管局。

从长期来看，超级年金基金表现出稳定且较高的长期收益水平。最近 10 年的年化收益率为 7.4%，剔除 CPI 后为 4.6%；最近 20 年和 30 年的年化收益率也均在 7% 以上，剔除 CPI 后仍保持在 4% 以上。可以看出，超级年金通过分散投资策略较为有效地抵抗了通货膨胀和经济周期等宏观环境变化，在长期能够实现较为优异的投资收益，从而保证养老金资产的适度充裕。

表 7-11　截至 2023 年 6 月澳大利亚超级年金年化收益率情况

时间	基金收益（%）	扣除 CPI（%）
1 年	9.2	3
5 年	5.8	2.3
10 年	7.4	4.6
20 年	7.1	4.3
30 年	7.3	4.5

资料来源：澳大利亚超级年金基金协会（ASFA）。

2. 澳大利亚未来基金的管理

从资产配置来看，澳大利亚未来基金采用主动型投资策略，持有的权益类产品合计规模为 716 亿澳元，占未来基金规模比重达 34%。衍生品类投资规模也较高，达 327 亿澳元，占比近 16%。债券、现金等安全类资产投资比重为 20%。此外，未来基金还投资了地产、基础设施等非标资产。可以看出，澳大利亚未来基金对于收益的要求比较高，因此持有较高份额的股票、衍生品等高风险资产，并通过产品、国内外市场的分散投资策略，在保证风险可控的前提下实现长期较高的收益水平。

表 7-12　截至 2023 年 12 月澳大利亚未来基金投资情况

投资品种	规模（百万澳元）	占比（%）
澳大利亚股市	20408	9.6
全球股市（发达市场）	37734	17.8
全球股市（新兴市场）	13416.	6.3

投资品种	规模（百万澳元）	占比（%）
私募股权	31888	15.1
地产	13567	6.4
基础设施 & 林地	20533	9.7
债券	22588	10.7
衍生品	32744	15.5
现金	18972	9.0
累计	211850	100.0

资料来源：未来基金委员会年度报告。

表 7-13　截至 2023 年 6 月澳大利亚未来基金分地区投资情况

地区	上市股权（%）	私募股权（%）	地产（%）	基础设施和林地（%）	债券（%）	衍生品（%）
澳大利亚	28	3	6	58	7	2
美国	34	65	62	22	45	55
欧洲（除英国）	8	9	13	10	13	17
英国	2	5	7	7	13	3
日本	8	4	0	5		
发达市场（其他）	3	4	4	3		
新兴市场	18	14	4	0	19	10

资料来源：未来基金委员会年度报告。

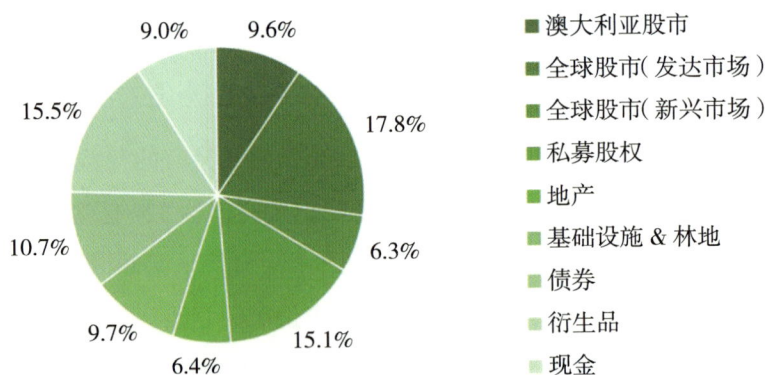

图 7-12　截至 2023 年 12 月澳大利亚未来基金投资组合

数据来源：未来基金委员会年度报告。

在投资收益和风险的平衡方面，澳大利亚未来基金采取的主要策略为：强调基金的可持续性和长期增长，追求较长时期内基金价值的最大化；强调短中期的风险管理，以三年为周期进行风险评估，将发生重大资本损失的风险降至最低。通过长期价值最大化和短中期风险最小化的管理策略,未来基金实现了长期较为优异的投资表现。最近 10 年,未来基金投资回报率达 8.8%,远高于 6.9% 的目标收益率,波动率为 4.7%;自 2006 年成立以来的回报率为 7.7%。从中短期来看,最近 3 年的回报率达 8.6%,波动率为 5.8%,夏普比率为 1.3。

表 7-14　澳大利亚未来基金投资收益情况

	回报率(%)	目标回报率(%)	波动率(%)	夏普比率
至 2006 年 5 月成立以来	7.7	7.0	4.6	1.0
10 年	8.8	6.9	4.7	1.5
7 年	7.7	7.1	5.0	1.3
5 年	7.2	7.4	5.5	1.1
3 年	8.6	9.3	5.8	1.3
2022—2023 年	6.0	10	5.5	0.6

资料来源:未来基金委员会《未来基金年度报告 2023》。

三、小结

美国和澳大利亚作为三支柱养老金体系的典型代表,根据各自的国情特点,建立了较为成熟的社会保障和养老制度,在机制设计、行业监管和政策支持等方面对中国养老金建设有很大的借鉴意义。

(一)建立了覆盖范围广泛的基础养老金制度

美国和澳大利亚养老金体系的第一支柱均为政府提供的保障性养老金,其中美国的第一支柱为联邦退休金制度,在大萧条时期通过 1935 年的《社会保障法》设立,涵盖了美国约 96% 的工作人群;澳大利亚的第一支柱是由政府主导的养老金计划,即 Age Pension,为 65 岁及以上的澳大利亚公民提供基本的养老金福利。由于第一支柱资金来源为一般财政预算,不需要公民缴费,因此具有兜底性的功能,能够为老年人群提供基本的退休生活保障。

(二)实行企业年金强制性缴纳

美国和澳大利亚养老金体系的第二支柱均为企业补充养老保险制度,即企业年金计划。其中,美国的企业年金由企业主导、雇主和雇员共同出资,采用 DB 和 DC 两种给付方式;澳大利亚的企业年金,即超级年金担保制度(Superannuation Guarantee),由雇主为员工缴纳,固定缴纳比例为工资收入的 9.5%,待遇给付以 DC 方式为主。企业年金是老年群体退休收入中最重要的组成部分,可以显著提高退休人群的收入水平和生活质量。作为一项福利制度,企业年金能够提升员工的福利待遇,并且企业年金的缴纳与工资收入、工作年限等因素挂钩,具备"多劳多得"的特点,更具公平性和激励性。

（三）建立了合理的市场竞争和淘汰机制

美国和澳大利亚的养老金市场引入了较为完全的竞争和淘汰机制。在澳大利亚，超级年金管理采用受托模式，取得澳大利亚审慎监管局颁发的注册超级年金基金许可证（RSE）即可成为年金基金投资管理人，目前澳大利亚共有超过 60 万个年金基金。而在美国，平均每个 DC 计划拥有约 18 种投资选项，公司及财务顾问会采用定性和定量的方法对基金进行筛选，并于每季度对基金长期业绩指标进行评估，业绩低于设定标准的基金将被替换。放宽市场准入提升了养老金市场的开发程度，并增强了市场竞争，能够倒逼基金管理人提升其产品和服务的质量。从长期来看，基于业绩表现的市场淘汰机制有助于提升养老金的长期投资收益，提高资金管理的效率。

（四）关注多支柱养老金制度与资本市场的协调发展

随着人口老龄化和劳动人口下降的趋势，养老金资产面临着越来越紧迫的保值增值要求，需要实现长期稳定的投资回报，从而降低养老金的缺口风险。权益类投资是提高养老金投资收益的重要途径，美国养老金资产中超过 30% 投资于股票基金，澳洲超级年金资产中股票类投资占比超过 50%。一方面，养老金资产具有长期性、大规模、稳定性的特点，进入资本市场能够显著提升市场流动性，有助于资本市场的长期稳定发展；另一方面，完善的资本市场能够为养老金资产提供长期良好的收益水平，实现养老金资产的保值增值。因此，完善养老金体系需要重视与资本市场的协同发展，逐步完善资本市场运作，从而为养老金投资收益的提升提供保障。

附录

我国个人养老金政策的主要内容问答

1. 哪些人可以参加个人养老金保险?

在中国境内参加城镇职工基本养老保险或者城乡居民基本养老保险的劳动者。

2. 参与个人养老金要如何开户?

个人养老金的参与要求开设两个账户:个人养老金账户和个人养老金资金账户。

首先,个人养老金账户可以通过国家社会保险公共服务平台、全国人社政务服务平台、电子社保卡,以及"掌上12333"等全国统一线上服务入口,或者选择商业银行等渠道,在个人养老金信息管理服务平台开户。该账户用于记录、查询和提供服务等功能,是参与个人养老金计划并享受税收优惠政策的基础。

其次,开设或指定个人养老金资金账户需在符合规定的商业银行,该账户用于缴费、购买产品、汇总收益、领取个人养老金等用途。

这两个账户都是唯一的,且彼此相互对应。通过商业银行渠道,可以一次性完成这两个账户的开设。需要强调的是,这两个账户属于个人养老金制度内的账户,与基本养老保险、企业年金和职业年金的个人账户是不同的。

3. 个人养老金要如何缴费?

个人养老金支持现金、手机银行或个人网银等多种渠道向个人养老金资金账户缴费。目前缴费上限为12000元/年,缴费上限会根据经济社会发展水平、多层次养老保险体系发展情况适时调整。参加人可以决定是全程参加还是部分年度参加,是一次性缴纳还是分次缴纳。

4. 个人养老金可以投资哪些金融产品?

金融监管部门负责确定个人养老金可投资的产品名单,并通过个人养老金信息管理服务平台、金融行业平台公布和更新产品名单。目前主要包括储蓄存款、理财产品、商业养老保险和公募基金等四大类金融产品。

5. 个人养老金要如何领取?

参加人在达到领取基本养老金年龄、完全丧失劳动能力、出国(境)定居,以及国家规定的其他条件时,才能领取个人养老金。参加人死亡后,其个人养老金资金账户中的资产可以继承。

参加人达到领取条件后,可以根据需要按月、分次或者一次性赎回相应的个人养老金产品。商业银行会根据个人选择的领取方式和额度,把资金转入参加人的社会保障卡银行账户。

6. 个人养老金如何享受税收优惠?

在缴费环节,个人向个人养老金资金账户的缴费,按照 12000 元 / 年的限额标准,在综合所得或者经营所得中据实扣除;在投资环节,计入个人养老金资金账户的投资收益暂不征收个人所得税;在领取环节,个人领取的个人养老金,不并入综合所得,单独按照 3% 的税率计算缴纳个人所得税,其缴纳的税款计入"工资、薪金所得"项目。